国家出版基金项目
NATIONAL PUBLICATION FOUNDATION

高校马克思主义理论教学与研究文库

思想政治教育理论与实践问题的研究视角

王学俭◎著

SIXIANG ZHENGZHI JIAOYU LILUN
YU SHIJIAN WENTI DE YANJIU SHIJIAO

中国人民大学出版社
·北京·

总　序

高校承担着学习、研究、宣传马克思主义，培育和弘扬社会主义核心价值观，为实现中华民族伟大复兴的中国梦提供人才保障和智力支持的重要任务。为推动高校马克思主义理论教学研究人员围绕重大理论和现实问题以及学生关心的热点问题开展研究，提升马克思主义理论学科发展中基础性、导向性和战略性重要问题的研究水平，教育部社科司精心策划，组织相关领域知名专家编写出版“高校马克思主义理论教学与研究文库”，集中推出了一批高质量的研究成果。

本套丛书在已有相关研究成果的基础上，着眼于马克思主义理论的运用，着眼于对实际问题的理论思考，着眼于帮助大学生解决思想认识问题和理论困惑，着眼于新的实践和新的发展，从马克思主义经典著作研究、马克思主义理论学科基础理论研究、中国特色社会主义重大理论和现实问题研究、思想政治理论课理论和现实问题研究、大学生高度关注的热点难点研究等方面，开展了全面深入的研究，提出了具有较强创新性和重要学术价值的观点。

本套丛书从编委会到每卷作者，体现了国内相关学科领域老、中、青三代的结合，既有相关领域的权威作者，也有近几年成长起来的中青年学者；既有国内著名的马克思主义理论专家，也有具有丰富一线教学经验的名师。队伍齐整，阵容强大。

希望本套丛书的出版，可以从理论和实践两个方面更好地助力和推进高校马克思主义理论教学与研究工作，从而促进马克思主义理论学科建设与发展，扎实推进高校宣传思想工作，促进高校马克思主义理论教师素质提升，提高学生对思想政治理论课的认同度和满意度。希望本套丛书成为推动马克思主义中国化、大众化、时代化，坚定中国特色社会主义道路自信、理论自信和制度自信的重要的理论成果。

前　言

自1982年从兰州大学毕业留校后，我就一直在母校从事学生思想政治教育的管理、教学与理论研究工作。中国人民大学出版社邀请我就个人从事思想政治教育的体会写一本书，我也感到进行一个学术研究的总结是必要的。虽然一本书并不能沉淀所有的昨日，却总能捕捉一些光影。呈现在大家面前的《思想政治教育理论与实践问题的研究视角》一书，是我多年来对思想政治教育理论与实践问题进行集中思考的一个阶段性总结，也是作为省察自己在思想政治教育职业生涯的一个记录。

对于思想政治教育，我走的是一条实践切入理论、理论与实践相结合的发展道路，这同我的职业生涯中的经历有关。1973年，我高中毕业后到农村做知青，接受锻炼，1977年恢复高考后我考入兰州大学学习地质地理学。虽然在考学的过程以及学生时期我一直以工程师作为职业理想，但临近毕业的时候，学校看到了我担任校学生会副主席时所表现出的服务学生、热心公益活动的精神和素养，决定让我留校做学生工作。由于自己是党员，服从组织的决定是要求。因此一毕业，我就放弃了原专业的追求，开始了学生辅导员的工作，奔走在学生思想政治教育实践的第一线。其间我担任了不同的职务，从辅导员到系团总支书记、从校团委副书记和学生处副处长到校党委学生工作部负责人，在对学生进行具体事务的管理过程中，我对思想政治教育有了更切实的体验，并发现了一些亟待解决的问题。

1984 年，我到西安交通大学攻读思想政治教育专业第二学位，系统地进行了思想政治教育理论学习，成为思想政治教育专业创立后培养的第一届学生。1993 年我经过教育部选拔，到美国威斯康星大学学习高等教育管理学两年半，归国后仍然回到母校继续从事学生思想政治理论教育教学工作。根据不同时期的课程要求和学科建设的发展，我讲授的课程也在不断发生变化，从“社会学原理”到“公共政策分析”，从“法律基础”到“法律社会问题”，从“思想道德修养”到“思想政治教育学原理和方法”，从“当代中国马克思主义基本问题”到“思想政治教育前沿问题研究”，坚持在思想政治教育教学第一线授课 30 余年的经历让我能够收集到最鲜活的青年教育的经验材料，并由之碰撞出一系列青年教育问题的思考。

1995 年回国后，我先后担任了兰州大学德育部主任、国际政治系主任、思想理论教学部主任、政治与行政学院院长、马克思主义学院院长等职务。在长达 18 年的时光中，我始终坚信虽然在青年教育过程中有许多因素在起作用，但关键是要有一批理论功底好并热心从事思想政治理论教育教学的队伍。所以，学科建设是学院发展的中心点和关键点，只有学科优化发展，才能凝聚和激励大批有志之士从事这份事业，教师的科研和教学才有支撑平台、前进动力和成长空间，因此我狠抓学科建设这个“牛鼻子”不动摇，在这过程中对学科建设也有自己的一些思考和实践。在密切关注社会历史发展前沿、理性观察社会生活实际、积极总结思想政治教育实践经验、认真把握思想政治教育学科建设的过程中，以马克思主义理论为指导，把系列思考探索付诸文字以求教于方家，则成为我执着于学术研究的重要动因。可以说我的职业生涯看似不断变化，但实际上我却只做了一件事，就是致力于对学生进行思想政治教育。

没有理论的实践是盲目的，没有实践的理论是虚无的，理论与实践相互需要并相互支撑。本书定名为“思想政治教育理论与实践问题的研究视角”，则缘于我对思想政治教育理论与实践的关注。诚然，研究思想政治教育理论与实践的视角有很多，例如哲学、政治学、社会学、教育学、心理学、法学等不同学科理论都可以成为透视思想政治教育的一面棱镜，不少学界同人也致力于从不同视角出发，开阔思想政治教育的视野，并取得了令人瞩目的成果。本书并没有拘泥于某一理论视角，也不是以构建某种系统的概论、体系、原理为旨趣，而是以问题导向为视角，着眼于思想政治教育理论与实践过程中存在的真问题、新问题、大问题，“聚焦问题不跑偏、扭住问题不放松”。本书虽有挂一漏万之疑，但也有持续探新之志，共分四篇展开。

第一篇“思想政治教育研究的学科基础视角”，分别探讨了思想政治教育的本质、思想政治教育的研究范式、思想政治教育学科的建设重点、思想政治教育的整体观念、思想政治教育的总体格局、思想政治教育的制度保障、思想政治教育专业建设以及思想政治教育的人才储备等基础性问题。行稳才能致远，本篇旨在廓清思想政治教育研究的学科基础，澄清一些认识上的困惑，为思想政治教育研究奠定科学而坚实的学理依据、学术规范、立场基石、研究界域和方法路径。

第二篇“思想政治教育研究的多维考量视角”，分别探讨了思想政治教育的多维空间、数据时代的思想政治教育发展、思想政治教育的意识创新、思想政治教育的供给改革、思想政治教育的社会实践、思想政治教育的遵循方略、思想政治教育的信任构筑等问题。开放包容才能推陈出新，本篇把思想政治教育放在一个更广阔的背景下进行考察，旨在从不同层次、不同侧面揭示思想政治教育的复杂样态，激活思想政治教育的发展动力，展望思想政治教育的优质推进。

第三篇“思想政治教育研究的重点领域视角”，分别探讨了思想政治教育关涉的立德树人、信仰守护、社会动员、法治教育、生态培育、权威生成和日常生活等问题。有的放矢才能游刃有余，本篇旨在自觉探寻和深入把握一系列思想政治教育的重点研究领域，进一步明晰思想政治教育的目标和内容，找准思想政治教育发展的着力点和突破点，从而有效带动整个思想政治教育研究的科学发展、内涵发展和持续发展，并提升思想政治教育的实效，彰显思想政治教育的价值。

第四篇“思想政治教育研究的价值引领视角”，分别探讨了社会主义五百年发展历程中的价值问题和价值观演进，评析了学术界的社会主义核心价值观研究，阐释了培育和践行社会主义核心价值观的动力和路径，分析了如何厘清社会主义核心价值观与宗教信仰以及社会主义核心价值观如何融入高校思想政治教育等问题。凝魂才能聚气，本篇旨在阐明思想政治教育的特定价值立场和鲜明价值追求，直面世界范围内思想文化交流交融交锋态势，直面改革开放进程中国内思想意识多元多样多变态势，捍卫主流意识形态，引领先进文化建设。

虽然在前行的途中，也会遇到“不识庐山真面目，只缘身在此山中”的困惑，但我始终怀着“不畏浮云遮望眼，自缘身在最高层”的初心，努力前行。马克思曾经说过：“一个时代的迫切问题，有着和任何在内容上有根据的因而也是合理的问题共同的命运：主要的困难不是答案，而是问题。因此，真正的批判要分析的不是答案，而是问题。”① 勇于发现问题、及时聚焦问题、积极解决问题是思想政治教育的优良传统和宝贵经验。当前，我国思想政治教育的理论建设与教学实践都取得了令人瞩目的成就，但仍需审慎地诊断其中的问题，以更加实践化、更加系统化、更加规范化、更加内涵化、更加包容化的发展策略，在学术研究、人才培养和队伍建设等方面继往开来，开拓创新，更加自觉地增进学科共识，爱护学科立场，彰显学科特色，提升学科声誉，实现学科使命。“世易则时移，时移则备变”。今日之中国，社会大变革，思想有出路。诚如习近平总书记在哲学社会科学工作座谈会上的讲话所言：“这是一个需要理论而且一定能够产生理论的时代，这是一个需要思想而且一定能够产生思想的时代。”② 思想政治教育工作者是中国特色社会主义事业的拥护者和推动者，波澜壮阔的社会变革和宏大独特的实践创新是思想政治教育发展的舞台，思想政治教育工作者要自觉融入中国特色社会主义伟大实践，坚守思想阵地，实现思想政治教育理论与实践的长足发展。

---

① 马克思．集权问题：从问题本身和1842年5月17日星期二《莱茵报》第137号附刊谈起//马克思，恩格斯．马克思恩格斯全集：第1卷．北京：人民出版社，2002：203．

② 结合中国特色社会主义伟大实践　加快构建中国特色哲学社会科学．人民日报，2016-05-18（1）．

目　录

第一篇　思想政治教育研究的学科基础视角

第二篇　思想政治教育研究的多维考量视角

第一篇　思想政治教育研究的学科基础视角

在思想政治教育理论与实践研究的诸视角之中，思想政治教育研究的学科基础是首要的视角和最基本的任务。只有廓清思想政治教育研究的学科基础，才能为思想政治教育研究奠定科学而坚实的学理依据、学术规范、立场基石、研究界域和方法路径。本篇正是从思想政治教育研究的学科基础视角出发，分别探讨了思想政治教育的本质、思想政治教育的研究范式、思想政治教育学科的建设重点、思想政治教育的整体观念、思想政治教育的总体格局、思想政治教育的制度保障、思想政治教育专业建设以及思想政治教育专业的人才储备等问题。

一、本质梳理：思想政治教育本质问题的深入探讨

任何事物都有质的规定，有什么样的事物也就有与之相应的本质，这是毋庸置疑的事实，因为某事物的本质一旦改变，那么这个事物的基本性质和整体面貌也必然随之改变。“质是与存在同一的直接的规定性……某物之所以是某物，乃由于其质，如失掉其质，便会停止其为某物。”① 思想政治教育也必定有其自身的本质，这是思想政治教育诞生、存在与发展的充要条件。“任何一种思想政治教育理论都包含着对思想政治教育本质的认识，都要以某种思想政治教育本质观作为基础。任何一种思想政治教育实践都是在某种思想政治教育本质观指导下的实践活动，都体现着某种思想政治教育本质观。可以说，思想政治教育本质问题是一切思想政治教育问题的总纽结，是整个思想政治教育学的立论之本。”② 一言以蔽之，思想政治教育本质问题，是思想政治教育理论体系完善与实践策略优化的“元”问题，即最根本和最基础的命题，对这个命题的科学解答是确立思想政治教育范畴中其他论题的逻辑前提和首要问题。

实事求是地讲，关于思想政治教育本质的探析愈来愈受到理论界的热切关注，但学界同人就思想政治教育本质的阐论仍存在诸多争论而未形成

① 黑格尔. 小逻辑. 贺麟，译. 北京：商务印书馆，1980：202.

② 褚凤英. 思想政治教育本质再认识. 探索，2010（3）：129.

一致见解，对思想政治教育的理论构建和实践操作的掣肘日益凸显。当然，对思想政治教育本质的探析已有诸多学者做出了十分可贵的努力，从而使我们对思想政治教育本质的认识正在不断深化，但其中尚有一些问题未能辨明和厘清，由此可见，对思想政治教育本质的研究仍是理论界较为薄弱的环节。正因为如此，准确廓清思想政治教育的本质具有十分重要的理论价值和非常重大的实践效益。

（一）学术界关于思想政治教育本质的基本观点

在我国学术界，自二十世纪八十年代中后期以来，已有数十本研讨思想政治教育学的专著面世，但其中专一考察思想政治教育本质的论著却寥寥无几。虽然许多学者对思想政治教育的本质予以了多方剖析和多种界定，并使得学术界对思想政治教育本质研究的数量和质量都在逐步提升，但关于思想政治教育本质问题的解说可谓“仁者见仁，智者见智”，至今仍众说纷纭、莫衷一是。尽管如此，一些的确具有重要借鉴价值和宝贵启发意义的见解已经被提出来了。具体而言，可以将它们归纳为三种基本的观点。

第一种观点认为思想政治教育的本质是意识形态的灌输引导者与教育软控的主要途径。在学术界，持这种观点的学者比较多。该观点认为思想政治教育从本质上讲就是灌输主流意识形态、开展意识形态教育进而推行意识形态的引导与软控的实践活动。立足于这个根本观点，学者们大致有以下三种看法：一是认为思想政治教育是价值观的灌输活动，即思想政治教育的本质是特定的阶级、国家、政党促使其成员认同或者确立符合特定价值观体系的规范和要求的实践活动；二是认为思想政治教育是思想观念的软控途径，这指的是思想政治教育的本质就是在社会实践中运用意识能动性原理履行对人们思想观念的软控职能以引导甚或统一人们的理想信念；三是认为思想政治教育是意识形态的掌握方式，它讲的是思想政治教育的本质在于用意识形态去掌握群众并以此实现意识形态的目的。

第二种观点认为思想政治教育的本质是阶级统治合法性的维护者与社会化的推动者。赞同这类观点的学者人数也不少。这类观点从思想政治教育客观存在和持续发展的必然原因出发，认识到了思想政治教育理论与实践所受到的政治制约性，即思想政治教育终究是从政治衍生出来并确实附着于政治之上的，并由此将思想政治教育的本质作用归纳为为维护阶级统治的合法性并促进政治社会化的进程。认可上述观点的学者们认为，就思想政治教育本质所体现的维护阶级统治的合法性而言，思想政治教育是一个工具，它促进阶级之政治目标的达成或者维护阶级之政治统治的稳固；就思想政治教育本质所蕴含的促进政治社会化而言，思想政治教育是一种手段，它既要求个体成员学习践行又要求群体组织教授传播那些特定的政治认知、政治情感、政治态度和政治倾向。

第三种观点是认为思想政治教育的本质是社会成员角色转化的主要目标与文化延续。这是学术界近年才逐渐流行起来的一类观点。这类观点将思想政治教育的本质视作提升社会成员的“社会化”的教育活动。秉持这种观点的学者主要从三个方面对此做了较详细的阐述：第一，思想政治教育是一种精神生产实践，这种活动在立足社会“视界”的基础上追求“人之建设”，它着眼于“人怎样成为人”和“人成为怎样的人”，进而实现人的自由全面发展；第二，思想政治教育是一种关注并改善人的生存状态以及培养并实现人的社会性的活动，它促使人们在认识和改造自我主观世界和外在客观世界的过程中由“自然人”转变为“社会人”；第三，思想政治教育是一种文化存在、文化现象和文化力量，它推动着文化的传承、延续与发展并以此完善人的精神成长。

（二）对思想政治教育本质的逻辑追问

通过对上述三种观点进行梳理可以发现，在诸多学者对思想政治教育本质予以解说的过程中，忽略了这样的逻辑脉络：要想真正从根本上破解一个难题，遵照逻辑的追问是非常重要的条件。正是出于弥补这样的缺陷的初衷和意图，我们在解读思想政治教育本质的时候试图依照合理的逻辑主线去前后相继地层层追问，进而为解开思想政治教育本质之谜奠定基础和铺平道路。

首先，追问“本质”的内涵是首要的前提。对思想政治教育本质认识分歧的产生根源往往是由于对“本质”的不同理解及其相应运用，因而需要首先清楚地理解“本质”的内在涵义。“本质”是一个具有鲜明比较性的概念，倘若没有比较的考量，“本质”的存在就无多大意义；“本质”也是一个具有明显依附性的概念，如果脱离特定对象，“本质”的运用就会陷入空洞无物和不知所云。简而言之，本质指的是某事物“是其所是”而且“本源上之所是”的最根本的固有规定性和最核心的内在驱动力。对于思想政治教育本质而言，这种规定性和驱动力为思想政治教育自身所必然具有。

其次，追问“思想政治教育”的界定是必要的铺垫。如果不对“思想政治教育”做出明确界定，那么在探析“思想政治教育本质”的时候就会给人的认识造成“捉摸不定”的混乱。在此，思想政治教育可按照“泛指”和“特指”予以区分。泛指的思想政治教育即人类步入阶级社会之后的所有思想政治教育活动；特指的思想政治教育则为特定的阶级及其政党团体和特定的国家及其统治机器等所开展的思想政治教育活动。这里所要探讨的思想政治教育本质具有“普适性”，也就是说，对思想政治教育本质所做的解析，既要适用于泛指的思想政治教育，也要契合于特指的思想政治教育。

最后，追问“思想政治教育本质”的概念是重要的基础。既然要解答思想政治教育本质的具体要义，那么就应将考究视角的选择和推理思维的探索与“思想政治教育本质”这一专业术语紧密地联系起来。综上所述，“思想政治教育本质”的概念是指：“思想政治教育实践活动内在生成的最普遍和最稳定的理据，以及思想政治教育实践活动中固有实存的最主要和最深刻的性质，这种理据和性质既贯穿于泛指的思想政治教育和特指的思想政治教育施行过程的始终，又统摄并决定着泛指的思想政治教育和特指的思想政治教育存在的性质面貌以及发展的趋势状态”。

（三）对思想政治教育本质的探寻路径

毛泽东曾强调：“我们不但要提出任务，而且要解决完成任务的方法问题。我们的任务是过河，但是没有桥或没有船就不能过。不解决桥或船的问题，过河就是一句空话。不解决方法问题，任务也只是瞎说一顿。”①因此，在探寻思想政治教育本质时，恰当择取并合理运用正确的方法路径是必不可少的，只有借助于这些路径，才能逐步地“到达”思想政治教育的本质。在此，笔者分别简要地介绍十个方面的路径：

第一，深入梳理思想政治教育的起源演进是认清思想政治教育本质的必要途径。恩格斯曾指出，“一个伟大的基本思想，即认为世界不是既成事物的集合体，而是过程的集合体”②。所以，“在社会科学问题上有一种最可靠的方法，它是真正养成正确分析这个问题的本领而不致淹没在一大堆细节或大量争执意见之中所必需的，对于用科学眼光分析这个问题来说是最重要的，那就是不要忘记基本的历史联系，考察每个问题都要看某种现象在历史上怎样产生、在发展中经过了哪些主要阶段，并根据它的这种发展去考察这一事物现在是怎样的”③。思想政治教育是人类社会发展到一定阶段的必然产物，因而有其得以产生、存在和发展的因缘。对此，有两个要点必须被足够重视：首先，“思想政治教育”虽然是一个具有中国特色的称谓，但它作为一种社会现象或社会实践普遍存在于人类进入阶级社会以来的一切时代中，换言之，思想政治教育在不同国家或不同时期具有不同的语汇指代和表现形式，尽管如此，不同历史条件下的思想政治教育有其共性，揭示这种共性对于考察思想政治教育本质是非常有意义的；其次，社会总是处于一定历史发展阶段，并且每个阶段都具有各自特征，在各个社会形态中的思想政治教育也有其相应的时空境遇，只有正确把握思想政治教育的时空境遇，才能正确考察符合特定历史条件之规定性的思想政治教育本质。据此概略而言，无论从各种社会形态或各个历史阶段的各类思想政治教育形式的共性而言，还是从特定社会形态或特殊历史时期的思想政治教育活动的特性而言，构建由诸多因素决定并与这些因素相适应的上层建筑，进而塑造与这样的上层建筑相契合的个体成员，这是思想政

① 毛泽东．关心群众生活　注重工作方法//毛泽东．毛泽东选集：第1卷．北京：人民出版社，1991：139.

② 恩格斯．路德维希·费尔巴哈和德国古典哲学的终结//马克思，恩格斯．马克思恩格斯选集：第4卷．北京：人民出版社，1995：244.

③ 列宁．论国家//列宁．列宁全集：第37卷．北京：人民出版社，1986：61.

治教育所必然包含的内容。

第二，思想政治教育的本质应当而且必须在思想政治教育的实践中得以洞察。“思想政治教育的产生、存在和发展具有不以人的意志为转移的客观必然性，它的产生、存在和发展同社会实践有着本质的、必然的联系，社会实践是思想政治教育产生、存在和发展的重要根源。”① 由此可见，“社会实践是证明思想政治教育本性的基础和桥梁……指出了思想政治教育本质的认识路线和正确方向，提供了思想政治教育本质的最终所在”②。辩证唯物主义认为，实践是检验真理的唯一标准。与此同理，脱离实践去探寻思想政治教育的本质即陷入了“无源之水，无本之木”的主观随意性错误，因此，“只有将思想政治教育实践视为思想政治教育本质认识的出发点，才可能科学地揭示出其本质”③。倘若分析各类思想政治教育实践活动，则会发现思想政治教育内在地隐含着对一定意识形态的内容构建和形式构造，在这个过程中同时对特定个体成员之思想与行为进行培育。

第三，思想政治教育的本质主要在自身的特殊矛盾中存在并且必须通过自身的特殊矛盾而展现出来，故从特殊矛盾来把握思想政治教育的本质是可取的。毛泽东曾指出：“任何运动形式，其内部都包含着本身特殊的矛盾。这种特殊的矛盾，就构成一事物区别于他事物的特殊的本质。这就是世界上诸种事物所以有千差万别的内在的原因，或者叫做根据。”④ 他由此进一步断定：“每一物质的运动形式所具有的特殊的本质，为它自己的特殊的矛盾所规定。”⑤ 思想政治教育也是由多种矛盾构成的矛盾系统，其中的特殊矛盾就是特定社会的思想政治规范与个体的思想政治素质状况之间的矛盾，或者说是社会价值体系要求与个体价值观素养水平之间的矛盾。如果从这一特殊矛盾出发，思想政治教育必显露出训练与特定社会或

---

① 骆郁廷，杨威．论思想政治教育的实践根源．武汉大学学报（哲学社会科学版），2008（5）：655.

② 孙其昂．思想政治教育本质的唯物史观解读．学校党建与思想教育，2010（14）：10.

③ 陶磊．意识形态性，还是政治性?：与石书臣《思想政治教育的本质规定及其把握》商榷．河海大学学报（哲学社会科学版），2011（4）：14.

④ 毛泽东．矛盾论//毛泽东．毛泽东选集：第1卷．北京：人民出版社，1991：308-309.

⑤ 同④309.

集团的思想政治规范或价值观体系相适应的个体对象的思想观念和行为表现。思想政治教育是一种对特定个体的发展状况进行引导的强有力的方式，也正是通过这样的引导去实现对社会或集团运行的调节。

第四，思想政治教育的根本规律揭示了思想政治教育的本质，因而从思想政治教育根本规律来窥探思想政治教育本质的路径是正确和有效的。思想政治教育当然有它本身的规律系统，且亦是诸多规律联结而成的具有层次性的系统。思想政治教育的根本规律是体现思想政治教育复杂的各种现象之间具有主导作用的本质联系，这种联系反映着这些现象运动过程的根本而必然的趋势，它在所有思想政治教育中普遍存在并贯穿于各个思想政治教育始终。因此，如果忽视、错断甚或误用、背离思想政治教育的根本规律，那么就会导致无法准确把握思想政治教育的本质。理论界普遍认为，在思想政治教育的各个规律中，最根本的应当是个体成员的思想政治素质形成与提升的规律以及对个体成员进行思想政治教育的规律。正是从这样的规律出发并对其进行演绎推敲，思想政治教育才彰显出它所具有的意义：通过规范特定个体对象的思想政治素质，规范引导一定社会或组织运行所呈现出的现实状态和所内隐的未来趋向。

第五，思想政治教育过程中纷繁复杂的客观现象是思想政治教育本质的外部联系和外在表征，深入思想政治教育的现象表征而探究思想政治教育本质是具有可操作性的。“就是说，非本质的东西，外观的东西，表面的东西常常消失，不像‘本质’那样‘扎实’，那样‘稳固’。比如：河水的流动就是泡沫在上面，深流在下面。然而就连泡沫也是本质的表现!”① 因此，毛泽东也强调：“我们看事情必须要看它的实质，而把它的现象只看作入门的向导，一进了门就要抓住它的实质，这才是可靠的科学的分析方法。”② 可见，思想政治教育过程的客观现象总要这样或那样体现出思想政治教育的本质。“本质需要通过现象来抽象，并通过现象获得自身的规定性。离开现象就不从论及本质。这是对本质理解的第一前提。”③ 总的来

① 列宁. 黑格尔《逻辑学》一书摘要//列宁. 列宁全集：第55卷. 北京：人民出版社，1990：107.
② 毛泽东. 星星之火，可以燎原//毛泽东：毛泽东选集：第1卷. 北京：人民出版社，1991：99.
③ 李辉. 思想政治教育本质认识分歧探源. 思想教育研究，2011（7）：15.

说，探究思想政治教育的本质必须注意思想政治教育的诸现象，而审视这些现象则不难因之抽象出思想政治教育本质所包罗的重要方面。具体而言，思想政治教育或主动或被动地但总是积极地影响它自身所处的社会话语体系，它通过这种影响以使社会话语体系与社会发展的现状境遇或动向趋势互为呼应。

第六，思想政治教育的本质属性是思想政治教育本质最显著的标志，从思想政治教育的本质属性来探究思想政治教育的本质确实为一条十分重要的途径。众所周知，事物的本质可以派生出并往往派生出诸多相应的属性，这些属性必然受到本质的规定。本质与本质属性“均体现事物的内在规定性及与他物的差异性，但却具有不同的辖域和侧重”①，尽管本质属性也只能局部地、片面地反映事物的规定性，但这种规定性是事物各个规定性中具有重要地位或决定作用的性质，故思想政治教育的本质属性依然是考察思想政治教育本质的重要切入点。从这个切入点去窥探思想政治教育的本质，可得出这么一个十分重要的结论，即思想政治教育总是积极地作用于社会价值体系的内容结构及其运转方式，并在此基础上解释、说明及印证、表现着现实社会已存的或潜在的发展向度和前进轨迹，这种向度和轨迹是特定社会或一定集团所选择并遵循的某种发展构想或价值诉求的体现。

第七，思想政治教育的内容承载着思想政治教育的本质，因而思想政治教育的基本内容是分析思想政治教育本质的重要桥梁。思想政治教育的内容必然随着社会条件和时代状况的变化而相应变化，但思想政治教育的基本内容在国内学术界基本达成了共识，它们分别是：世界观和人生观教育、价值观和道德观教育、政治观和法制观教育。从这三大板块的基本内容来看，思想政治教育涵盖理想信念、价值追求、道德修养、社会规范等方面。诚然，列宁曾指出，“在为阶级矛盾所分裂的社会中，任何时候也不可能有非阶级的或超阶级的思想体系”②。毛泽东也强调：“在阶级社会中，每一个人都在一定的阶级地位中生活，各种思想无不打上阶级的烙印。”③ 所以思想

① 高珊．思想政治教育本质研究述评．学校党建与思想教育，2010（28）：81.

② 列宁．怎么办？//列宁．列宁全集：第6卷．北京：人民出版社，1986：38.

③ 毛泽东．实践论//毛泽东．毛泽东选集：第1卷．北京：人民出版社，1991：283.

政治教育的内容具有鲜明的阶级性特征。但我们不应回避这样的事实：随着人类社会文明的持续前进，在某一特定社会中抑或这个社会的一段相当长的时期内存在的矛盾大多数不具有阶级斗争的性质，而诸如“人民群众日益增长的物质文化需求同落后的社会生产力之间的矛盾”等非阶级性的矛盾则会成为社会主要矛盾，思想政治教育因而增添了不少基本不具有甚或根本不具有“阶级性”的内容。因此，若是运用系统和综合的观点对思想政治教育本质加以理解，就必须正视思想政治教育包含着对特定共同体（不仅仅是阶级或国家）价值规范的贯彻与强化的事实，而这样的贯彻与强化则是为了联合最广大个体成员从而使特定共同体的任务或目标得以落实和实现。

第八，思想政治教育的主要功能也理所当然地是思想政治教育本质的集中体现，分析思想政治教育本质当然要研究思想政治教育的主要功能。马克思和恩格斯在《神圣家族》中指出：“思想根本不能实现什么东西。为了实现思想，就要有使用实践力量的人。”① 马克思则更加深刻地指明，“但是理论一经掌握群众，也会变成物质力量。理论只要说服人［ad hominem］，就能掌握群众”②。显然，思想政治教育是一种教导人并造就人的社会活动，它的功能在于根据时代条件、社会需要和共同体要求培养与之相匹配或相融洽的个体成员，进而使人在这个过程中发挥积极的促进作用。从学理上讲，功能是事物所发挥的有利作用或积极效能。所以说，思想政治教育的功能，不仅体现在它传播和维护特定的理想信念、价值追求、道德规范及发展和提升这个共同体中的个体成员的思想政治道德素质等方面，还体现在它化解社会矛盾、促进社会和谐以及推动社会管理、实现社会整合等方面。

第九，只有正确地认识了人的本质，才能找到打开思想政治教育本质之“门”的钥匙。思想政治教育是立足于并着眼于“人”的特殊实践，不论何种类型的思想政治教育都不可脱离现实的和具体的人，因为人既是主体也是客体，还因为人既是出发点又是落脚点。马克思和恩格斯认为，在

---

① 马克思，恩格斯．神圣家族//马克思，恩格斯．马克思恩格斯全集：第2卷．北京：人民出版社，1957：152.

② 马克思．《黑格尔法哲学批判》导言//马克思，恩格斯．马克思恩格斯选集：第1卷．北京：人民出版社，1995：9.

理解人的时候应当一刻也不离开现实的前提，“它的前提是人，但不是处在某种虚幻的离群索居和固定不变状态中的人，而是处在现实的、可以通过经验观察到的、在一定条件下进行的发展过程中的人”①。因而现实的和具体的人是思想政治教育的逻辑起点，思想政治教育本质须建立在正确认识人的本质的基础之上。马克思明确而深邃地指出，“人的本质不是单个人所固有的抽象物，在其现实性上，它是一切社会关系的总和”②，这为我们把握人的本质进而洞悉思想政治教育本质提供了十分重要的理论指导。总而言之，研讨思想政治教育的本质时，必须注意到，思想政治教育是引导现实的人的发展、调节人的一定社会关系的张力、规范处于特定条件中的人的存在状态的重要手段。

第十，研讨思想政治教育本质时，切不可忽视了对思想政治教育理论与实践所追求的品格的关注。如若要明确而正确地揭示思想政治教育的本质，就必须立足于这个品格。所谓“思想政治教育的品格”，指的是思想政治教育须实现合事实性与合价值性的辩证统一。具体而言，“思想政治教育是什么”与“思想政治教育应该是什么”的协调互动理应为思想政治教育理论与实践所关切。正因为思想政治教育追求并践行着这样的品格，所以在研讨并回答思想政治教育本质时，谋求合事实的思想政治教育与合价值的思想政治教育的有机统一必不可偏废，因为这是论析思想政治教育本质的必要基础和关键要点。照此推论，思想政治教育不仅囊括了对现实而具体的人的发展的牵引，也囊括了对人与人、人与集体、人与社会甚至人与自然的关系的规约或协调。

（四）对思想政治教育本质之“一元”与“立体”的论证

以上十个方面的论析，可以进一步地印证这样的道理：任何事物的本

---

① 马克思，恩格斯．德意志意识形态（节选）//马克思，恩格斯．马克思恩格斯选集：第1卷．北京：人民出版社，1995：73．

② 马克思．关于费尔巴哈的提纲//马克思，恩格斯．马克思恩格斯选集：第1卷．北京：人民出版社，1995：56．

质均是“一元”的，但事物的本质并非平面和单一的。恩格斯曾指出：“两种不同的物总有某些质（至少在物体性的属性上）是共有的，另一些质在程度上有所不同，还有一些质可能是两种物中的一个所完全没有的。”① 英国著名思想家约翰·洛克把事物的质分为“第一性的质”和“第二性的质”，列宁在《辩证法的要素》中谈到人的认识过程时也提出“不甚深刻的本质”与“更深刻的本质”②。现象学派的创始人胡塞尔不仅认为存在“本质的层级系列”，而且把事物的本质划分为“种本质”和“属本质”，这与生物学一般把植物按照“纲、目、科、属、种、亚种”予以分类具有异曲同工之妙。这类卓见给我们解读思想政治教育本质提供了重要的思路和尺度。一方面，某事物的本质表现出区别于其他事物的根源性依据。另一方面，某事物的本质与它同类的事物的本质也具有共域，即共同点。因此，我们在偏重本质的差异性规定的同时也不可忽略它的共同性内容。

思想政治教育的本质是“一元”的，它应当是人类进入阶级社会以后，特定社会共同体（诸如阶级、政党、集团、群体）所开展的有目的性、有计划性、有组织性的特殊治理活动——对居于国家统治地位的共同体而言，它是一种政治统治或社会管理的机制；对处在非统治地位的共同体而言，它是一种政治运作或组织监管的策略。这样的治理活动以相应共同体在一系列特殊的情境因素和条件状况中所认同并选择的上层建筑为基本依据，它通过转化或调控特定个体成员的思想意识、价值信念并且训导或塑造特定个体成员的人格心理、行为表现而贯彻实施并履行实现。

同时，思想政治教育本质也是“立体”的。也就是说，思想政治教育本质存在着“质级”，即本质的层次、级别和维度、序列，这些“质级”是相互联系并有机统一的，但这些“质级”的侧重点和落脚点在范围和层次以及广度和深度上又有所区别，因而具有一定的独立性。遵循这样的论析，思想政治教育教育本质可以划分为以下四个质级。

第一个质级是对共同体成员对象的引导和塑造。思想政治教育以往

---

① 恩格斯. 自然辩证法//马克思，恩格斯. 马克思恩格斯选集：第 4 卷. 北京：人民出版社，1995：339.

② 列宁. 辩证法的要素//列宁. 列宁选集：第 2 卷. 北京：人民出版社，1972：608.

是，而且当下和未来也是具有特殊规定性的教育实践活动，它通过规范和强化特定共同体中的成员的思想和行为，从而培养符合这个共同体之“顶层设计”（如所秉持的宗旨或所追求的目标）的人才，因而它成为促进这些人才的某种特定思想政治素质和人格品行之确立和发展的特殊工具，这种工具拥有十分鲜明和非常重要的治理特性及治理效应，在客观上牵引和助推着人的发展和进步。

第二个质级是对共同体上层建筑的确证和维系。在人的观念体系的形成过程中，思想政治教育的引导力量和规范作用是巨大的，它的一个非常重要的目的和功用就是推行一套让特定的人或人群认同并遵循的价值观体系，这个价值观体系必是服从并服务于特定共同体的存在和发展的。正因为如此，思想政治教育必须通过保持所在社会共同体的主导思想或主流价值的引领地位，从而论证和维持这个共同体的政治上层建筑或思想上层建筑以及这个共同体本身。

第三个质级是对共同体运行秩序的规约和整合。思想政治教育总是力图实现和维系一定的秩序，它既是它所认同的某种秩序的“卫士”，又是这种秩序的动力。思想政治教育是提高集体认同度、群体协同力和团体稳定性的基本而重要的手段，这主要体现于它在社会共同体中构建着特定话语模式，整合着多种利益目标，推行着某个规范体系，因而它能够较为显著地调节共同体的运行秩序，而保持相应共同体内部的良好联动并维护这些秩序网络的协调稳定是断定思想政治教育本质和评判思想政治教育成效的关键指标。

第四个质级是对社会发展状况的干预和调控。思想政治教育所影响的范围和层次突破了它所在的特定社会共同体的界限，它对社会发展进步的速度和程度的作用力是不可忽视的，并越来越成为干预社会前行步伐的重要方式或途径。通过一系列有策略且有措施的广泛而深入的干预，思想政治教育不仅意在宣传和贯彻一定时期的路线、方针和政策，也旨在树立一定社会的理想、信念和目标，从而尽可能地凝聚社会成员，促进社会动员，以实现社会成员与社会发展的互动，并最终影响着社会发展的状况。尤其要指出的是，为推动社会的良性发展提供思想保证与精神支撑是思想政治教育要追求的题中应有之义。

“许多学科都是发展到一定阶段才有条件回头思考并加强元理论研究的。”① 自高校思想政治教育本科专业于1984年正式设立以来，经过三十多年的探索、磨砺和积累，思想政治教育理论不断得以深化，思想政治教育实践不断持续深入，探究思想政治教育本质的一系列条件正趋向成熟。此外，对思想政治教育的本质所做出的科学的求解和理性的阐释是大力推进思想政治教育理论与实践的创新发展和完善成熟的现实诉求。所以，明晰思想政治教育的本质不仅显得十分必要而且已经非常迫切——它不仅是充实和完善思想政治教育学科理论进而推动思想政治教育学科发展的必然要求，也是拓展和优化思想政治教育研究视野并且提升思想政治教育研究水平的现实要求；不仅是改进和整合思想政治教育工作路径以及增强思想政治教育工作实效的客观要求，也是确保和发挥思想政治教育实践特色以及推进思想政治教育实践优势的内在要求。毛泽东指出：“客观现实世界的变化运动永远没有完结，人们在实践中对于真理的认识也就永远没有完结。”② 可见，获得对真理的认识是不可能一蹴而就和一劳永逸的，其必须经历一个由稚嫩到成熟、从粗浅到深刻的有序演进的过程。因此，对思想政治教育本质予以不懈探究进而正确解答，是思想政治教育理论研究者和实践工作者的责任与义务。

① 张耀灿．推进思想政治教育研究范式的人学转换．思想教育研究，2010（7）：3.
② 毛泽东．实践论//毛泽东．毛泽东选集：第1卷．北京：人民出版社，1991：296.

二、体系建构：思想政治教育研究范式的系统架构

"范式"（paradigm）是由美国科学哲学家托马斯·库恩（Thomas S. Kuhn）首先提出的概念，但他并未对"范式"做出明确的定义。"所谓的范式，即相应学术领域中由基本学术旨趣、核心学术概念、主要研究方法、整体话语形态等所构成，且为本学术领域的人们广为认可、遵循、持用的学术研究的范例、模式。从一定意义上讲，一个学术领域的研究范式，就是该领域学术研究在相应时期基本的特征总括，是该领域学术研究特征的重要标识。"① 思想政治教育研究范式，是指思想政治教育的研究成员与研究活动所共有的基本的学科传统、理论信念、价值旨趣、规范框架、概念体系、认知原则、研究指南、思维脉络、观察角度、探索视域、方法背景、分析模型和话语系统，它提供了一种探索、把握和论析思想政治教育理论与实践的可供参照和仿效的内在研究范例和知识生产方式，它规定、表征和指导着一定时期内思想政治教育的学术研究路径、学科发展方向和学者理论素养。思想政治教育研究已形成了相对确定和较为稳定的研究范式，为思想政治教育的纵深研究奠定了基点、铺展了前提，也为思想政治教育学术共同体的逐渐形成夯实了凝聚力，充实了正能量，还为思

① 沈壮海．论思想政治教育理论研究的新范式与新形态．思想理论教育导刊，2007（2）：40.

想政治教育学科的不断发展指引了演进的路向，增添了创新的引擎。因此，对思想政治教育研究范式进行审慎考察和辨证省思是非常重要和必要的。

（一）思想政治教育研究的范式体系

许多学者认为思想政治教育研究是“单一范式”。这种观点脱离和违背了思想政治教育研究的发展历程与客观规律。思想政治教育研究实际上是“多样范式”且有其“范式体系”：马克思主义研究范式是主导范式，它居于指导地位和内核层次；跨学科研究范式和比较研究是辅助范式，它们具有十分重要而强大的助推作用，且都接受马克思主义研究范式的统辖。

1．马克思主义研究范式

马克思主义研究范式之所以能成为思想政治教育研究的主导范式（旗帜和灵魂），其原因主要在于：第一，思想政治教育研究始终坚持的指导思想是马克思主义尤其是中国化的马克思主义，思想政治教育一以贯之的核心职责就是对发展着的马克思主义实行传播和教育。第二，2005 年 12 月 23 日，国务院学位委员会和教育部联合发布《关于调整增设马克思主义理论一级学科及所属二级学科的通知》，思想政治教育正式成为马克思主义理论一级学科统摄下的二级学科。换言之，思想政治教育是一门马克思主义的学科。尽管“思想政治教育”的称谓中没有直接出现“马克思主义”的字眼，但它归根结底仍然是一门马克思主义思想政治教育学。这种学科设定十分鲜明地规定了思想政治教育学术研究的马克思主义内涵及属性。第三，无论从目前的状况还是今后的趋势来看，研究思想政治教育的学者绝大多数具有马克思主义理论的学科背景。

马克思主义研究范式以辩证唯物主义与历史唯物主义的世界观和方法论为鲜明的理论指向，这就要求研究者要完整而准确地理解马克思主义科学体系，并系统而科学地运用马克思主义的立场、理论、观点与方法。近年来，正是深入而紧密地植根于马克思主义研究范式，思想政治教育研究的人学范式、交往范式和实践范式成为学术界的热点和重点。

2. 跨学科研究范式

思想政治教育研究具有典型的多学科交叉性和高度的多领域综合性，此外在马克思主义理论一级学科下设的六个二级学科中，除了“中国近现代史基本问题研究”之外，“思想政治教育”是另一个没有在名称上冠以“马克思主义”的二级学科，这从侧面也蕴含着它具有跨学科的显著特征。因此，不能仅从马克思主义研究范式去审察和探索思想政治教育的理论与实践，这就催生了思想政治教育的跨学科研究范式。跨学科研究范式的优点主要体现在：顺应了当代世界科学研究的现实规律与发展趋势，也契合了思想政治教育研究的理论呼唤与实践诉求；开阔了研究者的思维视野及理论资源，也提高了研究者的业务素养及解题能力；拓宽了思想政治教育研究的广度和深度，也创新了思想政治教育研究的质量和水平。概略而言，跨学科研究以两个及两个以上学科的理论、观点和方法、技术的相互借鉴、渗透、跨越、交叉、支撑和融合为显著特征，以深入理解、科学解读或有效解决单个学科无法解决的问题为目的，故跨学科研究范式通常也被称为交叉学科研究范式。

思想政治教育研究的跨学科研究范式主要借鉴了以下学科范式：(1) 哲学的研究范式；(2) 教育学的研究范式；(3) 政治学的研究范式；(4) 历史学的研究范式；(5) 传播学的研究范式；(6) 社会学的研究范式；(7) 文化学的研究范式；(8) 心理学的研究范式；(9) 伦理学的研究范式；(10) 系统工程学的研究范式；(11) 管理学的研究范式；(12) 语言学的研究范式；(13) 生态学的研究范式；(14) 审美学的研究范式。上述 14 个学科范式被创造性地应用到思想政治教育研究中，因而形成了思想政治教育跨学科研究范式的相应分支范式。

在此以教育学的研究范式和政治学的研究范式为例。思想政治教育研究范式与教育学的研究范式以及政治学的研究范式均具有明显的亲近感，这主要体现在思想政治教育研究注重对教育学和政治学的关注和借鉴。造成这种状况的主要原因除了学科理论之间的相互辉映之外，还有学科发展的历史渊源，当回顾思想政治教育的学科发展史和专业建设史时，这种历史渊源便愈加清晰：在思想政治教育专业设立之初，并未对其学科属性做出具体设定。当时思想政治教育专业主要设立在师范类院校或综合性院校，并被划归为教育学或法学学科，这一时期思想政治教育被认为是总括思想品德教育、政治素养教育、道德规范教育和心理人格教育的特殊教育形式，因此教育学成为思想政治教育学发展起步的直接参照，这就为思想政治教育之理论旨趣和学术框架的孕化与发展铺设了深深的教育学底色。比如，我国一些教育学著作中曾设有思想政治教育的专门章节；再如，在2012—2013年的CSSCI来源期刊和CSSCI扩展版期刊中，明确将《思想理论教育导刊》《思想理论教育》和《思想教育研究》等思想政治教育领域的专业期刊划归到“教育学”学科中。后来，理论界深刻认识到了思想政治教育具有鲜明的阶级斗争性、重大的政治导向性和突出的意识形态性，因此越来越多的理论学者和实务专家开始把政治思想教育作为思想政治教育的核心和方向。正因为如此，“马克思主义理论与思想政治教育”随即被调整为政治学一级学科下属的二级学科。在这一时期，思想政治教育的政治学研究范式得到了广泛的认可、应用和发展。比如，2011年，在由中国科教评价网和中国科学评价研究中心联合举办的第二届中国学术期刊评价中，《思想政治教育研究》被评为“政治学”学科中的“RCCSE中国权威学术期刊（A^{+}）”。

3. 比较研究范式

虽然国外未使用“思想政治教育”这个概念，但也实施着思想政治教育的实践，其虽无思想政治教育之名却有思想政治教育之实。“思想政治教育的比较研究”这一研究方向于20世纪80年代中后期被正式提出来，而学术界对比较思想政治教育的系统研究则始于20世纪90年代。在1988年6月于广州召开的思想政治教育专业会议上，原国家教委提出要把思想政治教育比较研究的内容正式列入教材编写计划，由此思想政治比较研究驶入快车道。近年来，思想政治教育比较研究已成为国内学界关注的热点领域和思想政治教育研究的前沿课题。正是在这样的背景下，比较研究范式也发展为思想政治教育研究的重要范式。

思想政治教育比较研究是一种跨国度、跨文化和跨时间的开放性和综合性研究。“思想政治教育的普遍性寓于特殊性之中，思想政治教育的特殊性是普遍性的具体表现形态。比较思想政治教育学正是通过对思想政治教育在不同时空形态中的不同表现形态的比较，来探寻思想政治教育的普遍规律和特殊规律。即是说，比较思想政治教育学通过比较思想政治教育的不同表现形态来概括出其中‘一以贯之’的‘共有’本质，再通过深刻把握这种‘一以贯之’的本质来更加生动地理解思想政治教育的‘独有’形态。”① 具体而言，关于比较思想政治教育的研究范围，从时间维度来看，既有共时态的比较，也有历时态的比较；从空间维度来看，既有中国与其他国家之间的比较，也有中国以外的其他国家或地区之间的比较；从内容维度来看，既有实践操作的比较，也有理论思想的比较。

比较法是思想政治教育比较研究范式最重要的方法。比较的旨归在于反思、鉴别、选择、借鉴和发展。“它基于‘比较’又以‘比较’为旨归，以实现两个‘可能’。一是在特定的社会历史和文化视野下探索各国思想政治教育的特殊规律和形态，二是构建比较的共时态和历时态分析框架，对不同国家的思想政治教育和我国的思想政治教育进行‘共同点和不同点’的分析，从而对我国的思想政治教育进行反思和创新。”② 当前思想政治教育比较研究主要体现在：质的比较与量的比较、静态比较和动态比较、现象比较和本质比较、横向比较和纵向比较。

目前，思想政治教育的比较研究范式主要应用在国别比较研究方面，探讨了美国、英国、法国和德国等西方发达国家以及日本、韩国、新加坡等亚洲国家的思想政治教育。总而言之，经过20多年的探索，学术界从理论框架、目标要求、内容理念、措施途径、方法手段、规律模式、经验启示和特点表征等方面对中外思想政治教育所做的比较研究为思想政治教育研究视野的开拓与健全，以及思想政治教育研究体系的创新与升跃均起到了重要的推进作用，也为我国深化思想政治教育的改革创新提供了有益的启示借鉴。

---

① 杨威. 学科视野中的比较思想政治教育学. 思想理论教育，2009（9）：28.

② 周琪. 关于思想政治教育比较研究的思考. 思想教育研究，2007（10）：22.

（二）思想政治教育研究范式之主要问题

在对思想政治教育研究范式进行反思的过程中，应当承认思想政治教育研究范式仍存在着不少问题，这些问题阻碍和伤害了思想政治教育理论与实践的科学发展。作为一个特定体系的思想政治教育研究范式体系，其存在着一系列普遍性问题。就构成思想政治教育研究范式体系的三个研究范式而言，它们各彰显出了一系列具有一定特殊性的问题。总体而言，上述普遍性问题寓于特殊性问题之中，并且通过特殊性问题表现出来，而特殊性问题则包含着普遍性问题。但是，切不可赞同甚或支持某些学者所做出的“范式危机”之判定。这种判定未免太过武断，因而显得言过其实和夸大其词了。

1. 思想政治教育研究范式体系中的普遍性问题

首先，范式自觉意识较为淡薄。思想政治教育共同体较为缺乏对范式进行探索、把握、驾驭和应用的自觉意识，这种现象羁绊和束缚着思想政治教育研究对学术思维的张扬、对学术对话的崇敬、对学术规范的护持以及对学术价值的追索，并损伤和耗费了思想政治教育学术共同体的凝聚力、创新力和影响力以及协同度、认可度和美誉度。

其次，思想政治教育学已经被认为是一门科学，但一些学者试图贬低甚或摒弃思想政治教育研究中的本质内蕴和价值指向，刻意追求“纯学术”“纯科学”以及“去政治化”“去意识形态性”，从而陷入“唯科学主义”甚至“历史虚无主义”的泥潭。

最后，从当前思想政治教育研究的总体状况来看，那种过度的“开疆拓土”和低水平的“纷纭杂沓”妨碍了思想政治教育研究的内涵式发展，从而离散了思想政治教育理论或实践的有效性。造成上述境况的重要原因是思想政治教育研究人员缺乏对思想政治教育研究范式的自觉和自信，以及对思想政治教育实践之现实需要和长远要求缺乏生动感触和深刻体验。

2. 思想政治教育研究范式体系中的特殊性问题

首先，在马克思主义研究范式方面，思想政治教育研究对马克思主义思想政治教育的研究与运用还存在简单照搬和局部套用、生硬嫁接和片面移植、追附热点和空泛注解等误区，从而使得马克思主义研究范式的整体性构建和系统化应用均显得乏力，这会导致马克思主义研究范式的碎片化、形式化甚或异体化、边缘化等风险，进而使得思想政治教育学术研究在回应实际时出现“雾里看花”式的“破题不准”以及“隔靴搔痒”般的“解题低效”等问题。

其次，在跨学科研究范式方面，思想政治教育跨学科研究中的主要问题有：其一，一些跨学科研究出现偏移，脱离了思想政治教育的学科属性和学科定位；其二，思想政治教育学科与一些传统学科的界限较为模糊，导致跨学科研究的定位和范围不准确；其三，已经形成的分支学科还不够完善和成熟；其四，跨学科研究成果没有在教材体系中体现出来；其五，跨学科研究人员缺乏①。

最后，在比较研究范式方面，我国的比较思想政治教育研究仍是一个十分年轻的学科分支，它仍存在诸多薄弱环节。例如重视宏观比较研究，轻视微观比较研究；研究主要集中在宏观的理论介绍和个别的经验介绍层面，未能纵深到国外思想政治教育实践的内在机理层面；研究基本围绕历史脉络和现实境况，而缺乏对未来发展趋势的深度思考；研究视野仍具有局限性，因为主要探讨发达国家的思想政治教育状况，而对广大发展中国家以及社会主义国家的思想政治教育的关注是不够的。

（三）思想政治教育研究范式的建构

思想政治教育已步入规范化和制度化、学科化和体系化、科学化和现代化的发展阶段。这个阶段应当是思想政治教育研究范式进一步确立与内涵式提升的重要时期。建构思想政治教育研究范式的意义，可以用“磨刀不误砍柴工”来形容。

---

① 谢晓娟．试论思想政治教育的跨学科研究．教学与研究，2013（9）：99-105．

1. 尽心护持学科品性，合力摒弃范式缺陷

“范式”是库恩在20世纪对科学史和科学学做出的重大贡献。在库恩的话语逻辑中，“范式”主要针对的是自然科学的研究与发展，因此并不能“放诸四海而皆准”。因此，哲学社会科学领域不能完全照搬和教条式地应用库恩的“范式”理论，思想政治教育研究也应当辩证地借鉴和恰当地应用库恩的“范式”以彰显思想政治教育研究范式的特质和特色。“思想政治教育研究‘借用’范式，唯有‘借’得范式的‘传神’之处，才可能实现方法创新，不然，实际上就成了方法套用或方法移植，毁伤思想政治教育研究范式应有的逻辑结构。”① 具体而言，探讨思想政治教育研究范式，必须积极构建思想政治教育的学术家园。这种构建的意义主要有：其一，让思想政治教育获得真正意义上的学科地位。其二，让思想政治教育研究拥有特定的理论平台。其三，让思想政治教育者形成学科归属，真正实现职业认同、价值认同和自我认同②。

要探讨思想政治教育的研究范式，就必须要厘清以思想政治教育的“学科立场”“学科定位”和“学科责任”为主要支撑的思想政治教育“学科品性”。一方面，通观现代学科发展的内在规律，可以看到“学科与学科之间在研究对象、研究内容、研究方法等方面越来越呈现出重叠共享现象，学科研究方法之间相互借鉴、相互交叉和彼此融合就成为一个学科能否最优化发展的内在必然。在这种背景下，研究学科立场就成为学科融合，创新知识时期确立学科性质、保持学科独立性，进而推进学科深入发展的基本标志和根本前提”③。另一方面，“‘学科定位’就是把某个学科放到一定的学科背景中，考察它在这个体系中所占的地位，并揭示该学科的性质和特点以及学科建设的意义和方向”④。此外，思想政治教育共同体应

---

① 钱广荣．思想政治教育研究如何借用范式：范式的本义与本质及方法论阈限之考查．思想政治教育研究，2012（1）：11.

② 殷学东．建构思想政治教育的学术家园：评《思想政治教育学科范式的哲学沉思》．江苏大学学报（社会科学版），2013（6）：43-45.

③ 李堂，熊茜．困境与超越：思想政治教育研究新视角展望．江西师范大学学报（哲学社会科学版），2013（1）：33.

④ 张麦兰，刘建军．关于思想政治教育学科定位的思考．思想理论教育，2006（17）：37-38.

当主动担当学科责任，履行学术研究和学科建设的历史使命。总而言之，在明确学科定位、把握学科性质、凝练学科方向、完善学科体系、培养学科队伍、凸显学科特色、推动学科发展和构筑学科高地等方面，必须统一学科立场，优化学科内涵，升华学科方法，丰富学科话语，践行学科责任，提升学科地位。

2. 科学提倡范式转换，坚决反对范式改换

库恩站在自然科学立场上赋予了“范式”以下重要特性：其一，“排他性”，也被称作“不可通约性”，因为范式是归纳导出某些思想理论之间结合或排斥的基本准则与核心理路，这是根本特性；其二，“历史性”，这是说新范式会不断取代旧范式，从而推进研究水平的跃升甚或实现“科学革命”。但是，应当清醒地认识到，哲学社会科学的研究范式与自然科学的研究范式不尽相同：对自然科学的研究范式来说，范式革命是一种范式代替另一种范式或者正确范式取代错误范式；就哲学社会科学的研究范式而言，范式革命则主要表现为多个范式的相互扬长补短与合力协同。因为每个具体的哲学社会科学的研究范式只是研究复杂社会现象的一个路径，只有多个范式建筑的立体视域，才能更加全面地揭示社会现象的复杂性和特殊性①。

回顾思想政治教育这几十年的发展历程，可以看到思想政治教育研究范式是有其转换之必要的。“遵循一定的范式可以做到研究的规范化，但长期固守特定的范式却会导致研究的僵化和封闭。所以，与时俱进地推动范式的转换是科学研究中的革命。范式转化是在前沿问题的创造性解答中实现的。”② 范式转换通常“是科学革命所赖以转动的轴心”③。但是，“范式的转换或变革并不是一种新范式打倒另一种范式，不是线性的因果替代，也不是对旧范式的全盘否定，而只是否定或抛弃旧范式中已为现实证明不合理的部分，其中合理的部分则将理所当然地包容在新范式中”④。因此，应当提倡思想政治教育研究范式的“转换”、“转型”和“创新”而非

---

① 佘双好．关于思想政治教育学科科学化的思考．思想理论教育，2011（21）：33-38.

② 王学俭．现代思想政治教育前沿问题研究．北京：人民出版社，2012：8.

③ 托马斯·库恩．科学革命的结构．金吾伦，胡新和，译．北京：北京大学出版社，2003：31.

④ 吴琼．论思想政治教育范式的转换．学校党建与思想教育，2010（23）：9.

“改换”、“变换”和“替换”；应当提倡思想政治教育研究范式的“辩证扬弃”和“添砖加瓦”而非“推倒重建”和“另起炉灶”。“转换”、“转型”和“创新”是在十分确定的前提条件下生成实现的，它并非要彻底脱离或全盘否定那些既有的研究传统，也并非要完全抛弃或死板恪守那些累积的学术经验。这就要求研究者在思想政治教育的研究范式转换过程中，不仅需要充分认识到其中存在着不必要的束缚、掣肘、桎梏，而且需要勇于和善于对研究范式进行创造性发展，彰显思想政治教育研究的社会性、时代性、现实性、应用性。

3. 始终坚持主导范式，积极融合辅助范式

古语云：“皮之不存，毛将焉附。”在马克思主义指导下，思想政治教育综合地借鉴和应用了多学科理论与方法中的有益成果。因此，思想政治教育研究必须始终坚持作为主导范式的马克思主义研究范式，并在此基础上积极促进包括跨学科研究范式和比较研究范式在内的多样研究范式的合力协同。主导性要以多样性为基础，多样性要以主导性为根据；主导性包容且协调多样性，多样性包含并服务于主导性；既要在坚持主导性的前提下发展多样性，又要坚持在多样性的基础上发展主导性；既不能以主导性排斥多样性，也不能以多样性冲击主导性。换言之，“主导过度”、“多样不及”或“主导不及”、“多样过度”都会阻碍甚至损害思想政治教育研究以及思想政治教育发展①。

简而言之，如果对于马克思主义研究范式这一主导范式都没有搞清楚或没有掌握好的话，那么要做到包括跨学科研究范式和比较研究范式这两大辅助范式在内的多样范式的合力协同就无从谈起。因此，必须正确处理好主导范式与辅助范式的张力关系，在立足当代中国特色社会主义建设实践和当代中国思想政治教育发展实践的基础上，对于马克思主义研究范式，应当追本溯源、与时俱进、返本开新、扬长补短；对于跨学科研究范式和比较研究范式，则应解放思想、实事求是、包容开放，以“古为今用、洋为中用”的态度，博采众长、融会贯通、开拓创新，并由此逐步打造符合中国

① 郑永廷．试论坚持思想政治教育学科建设的主导性与前沿性．教学与研究，2012（2）：31-37.

实际、推进中国特色、具有中国气派的思想政治教育研究范式。

4. 理性优化学科镜鉴，自觉驱除盲目嫁接

思想政治教育研究的发展历程及其规律和趋势表明，多学科的镜鉴是思想政治教育研究生长创新、持续发展和成熟完善的必然要求和基本表现。“思想政治教育理论研究者和实际工作者既应主动适应学科交叉的潮流，高度重视不同学科的研究模式、理念、机制、方法的比较研究，也应学会借鉴运用交叉学科的研究成果和方法，丰富和完善思想政治教育的实践方法，不断提高思想政治教育解决实际问题的能力。”①

正是由于思想政治教育的问题集合及其原因累积的多样性、动态性和复杂性，思想政治教育研究必须自觉而自为并又好又快地推进自身的协同建设，这种协同建设内在地要求解决好如何科学合理地确定其他学科与思想政治教育学科的结合部抑或交叉点。“如果交叉点过多，将冲淡和削弱思想政治教育学科的主题；如果交叉点过窄，则思想政治教育所面对的时代课题将难以得到有效的解决。”② 总而言之，聚焦、吸纳和借鉴其他学科的理论知识与实践资源是十分必要的，但应当避免盲目崇拜、简单趋附、削足适履、本末倒置、生搬硬套、囫囵吞枣、邯郸学步。

5. 主动强化对比研讨，内涵突破研究局限

思想政治教育研究是民族性与时代性、本土化与国际化的统一：既要立足本国，又要面向世界；既要继承传统，又要面向未来；既要胸怀博大和视野开放，又要头脑清醒和价值鲜明。“国外思想政治教育的研究，为我国思想政治教育理论的创新和发展提供了新的视角。我们要看到思想政治教育在各个国家发展的合理性，将其他国家的理论、做法与我国的历史、制度、文化等因素连接起来进行考察，揭示其共通和相似之处，从而接受其可借鉴性；但要注意的是，我国与其他国家在国家性质、政治制度等方面存在很大差异，因而在研究国外思想政治教育的过程中，必须认清差异，与各国具体的思想政治教育实际状况相结合，分析其可比性与优

① 冯刚．交叉学科视野下思想政治教育的创新发展．思想理论教育导刊，2011（11）：85.

② 刘云林．交叉学科视野下的思想政治教育研究．学校党建与思想教育，2011（32）：6.

势，鉴别其差异性和不足，吸收国外思想政治教育中的成功经验，并对其失败或不足引以为戒，使国外思想政治教育的成果为我所用。”① 在思想政治教育比较研究过程中，应当借鉴其他地区、其他文化中有益于我国思想政治教育理论和实践发展的优秀成果和先进经验，牢牢把握思想政治教育的学科立场和科学要件、中国风格和中国气派、学术意蕴和实践价值，提升比较研究的多样性和可靠性，注重外国思想政治教育理论与实践的“本土化”建设，在以我为主的前提下为我所用。换言之，“开创现代思想政治教育国际化与民族化并存发展新局面的一个极为重要的方面，就是要认真研究和正确处理继承和借鉴之间的辩证关系。任何思想政治教育在其发展过程中都不能脱离自己的传统根基和本民族的文化土壤，这是它的继承性所决定的；同时，一个国家的思想政治教育又是与世界各国的思想政治教育相比较而存在的，它的发展又需要不断吸收和利用其他国家的先进教育成果，这是它的借鉴性决定的”②。

比较研究还应当是一个完整的比较研究过程，这个过程“包括通过事实比较以发现异同的描述性比较，通过因果比较以发现规律的探究性比较，通过价值比较以评价优劣的判别性比较，通过操作过程比较以寻求借鉴的应用性比较。只有通过这种广域比较，才能真正揭示出思想政治教育的规律性”③。一言以蔽之，思想政治教育研究切忌因循守旧、故步自封和墨守成规。只有把握时代脉搏、诠释时代规律、蕴含时代精神、围绕时代主题、突出时代特点、解决时代问题，掌握新情况和新动向，思想政治教育才能保持旺盛的生命力和巨大的实效性。

---

① 叶超群．王习胜．近年来国外思想政治教育研究述评．皖西学院学报，2012（3）：24.

② 张耀灿．徐志远．论现代思想政治教育的发展趋势．学校党建与思想教育，2003（9）：15-16.

③ 戴锐．思想政治教育研究范式的回顾与前瞻．思想政治教育研究，2009（3）：21.

三、发展省思：思想政治教育学科建设的重点问题

自国务院学位委员会和教育部《关于调整增设马克思主义理论一级学科及所属二级学科的通知》颁布以来，学界掀起了研究思想政治教育学科建设和发展的新高潮，这一问题旋即成为理论研究的热点。众多专家学者就思想政治教育学科的发展历程、学科定位、学科特点、研究对象、学科体系、现存问题和发展路径等方面展开广泛而深入的探讨，有力地推动了学科的规范化建设和科学化发展。构建科学化的思想政治教育学科体系，切实推动学科新发展，既需要对学科发展的历程和成就进行客观的回顾和整理，又需要对学科建设的经验理论进行系统的研究和梳理，更需要对学科发展的现状和未来进行科学的探索和展望。如何在马克思主义理论一级学科之下加强思想政治教育学科建设，需要我们以实事求是和科学严谨的态度深入研究思想政治教育在学科定位、发展理念、建设过程等方面的突出问题，从多学科依托角度来探寻学科发展的未来路径。

（一）新形势下思想政治教育学科建设的突出问题

当前，思想政治教育学科建设面临着新的机遇和挑战。经济全球化的

进一步发展，国际形势的深刻变化，世界范围内文化思潮的相互激荡，我国改革开放进程的深入推进，这一系列变化导致人们价值取向日趋多元化和功利化，表现出思想观念多元、理想信念淡化、伦理道德退化等不良倾向。因此，如何引导人们树立科学的世界观、人生观、价值观，冷静和理性看待我国改革发展中的问题与世界发展趋势和格局，成为思想政治教育学科建设的新任务、新要求和新挑战。同时，思想政治教育学科归属于马克思主义理论一级学科之后，逐渐呈现复杂化、系统化和综合化的发展趋势，这对于实现学科的跨越式和科学化发展提出了更高的要求和挑战。思想政治教育学科建设的突出问题主要表现在以下五个方面：

1. 重视和强调学科意识形态性的同时，弱化人文性和科学性研究

思想政治教育是运用马克思主义理论与方法，专门研究人们思想品德形成、发展和思想政治教育规律，培养人们正确世界观、人生观、价值观的学科。在本质上思想政治教育是意识形态领域的工作，带有鲜明的意识形态性。在社会主义和谐社会建设的新阶段，思想政治教育的指导思想和理论基础是马克思主义，核心内容是马克思主义理论和中国特色社会主义理论体系，基本目标是引导人们树立科学的世界观、人生观、价值观，促进人的全面发展。目前学界充分认识到坚持和加强学科意识形态性的重要性，认为“我国思想政治教育学科的意识形态性是指这一学科以马克思主义为指导，以社会主义意识形态为主导，以中华民族文化为基础，坚持遵循科学规律的学术方向和社会主义政治方向的统一”①，“思想政治教育学科存在与发展，是建立在当代中国社会对马克思主义主流意识形态建设与发展现实需要的基础之上的”②。学者强调学科建设必须坚持意识形态性，主张用马克思主义理论教育和武装人民群众，反对“淡化意识形态”和“去意识形态”的论调；学界对于意识形态问题的充分重视和科学研究，厘清了思想政治教育学科的本质特征和根本任务。

与此同时，研究呈现弱化人文性和科学性研究的特征。“思想政治教

① 郑永廷，胡梅花．思想政治教育学科的创立与发展：改革开放30年思想政治教育学科建设新成果．学校党建与思想教育，2009（1）：29.

② 沈壮海．思想政治教育学科的依托与发展．江汉论坛，2006（8）：76.

育学科是一门综合性和应用性很强的学科，它的发展需要学科内部的努力，同时也要依托其他人文社会科学学科的发展和支持”①。思想政治教育是政治学、教育学、哲学、社会学、心理学、伦理学等人文社会科学相互渗透、交叉与综合的产物，内在地蕴含着人文性的研究趋向。作为一门学科，科学性是其存在和发展的本质规定性要求，这就要求学科在坚持马克思主义理论指导的前提下，对于基本概念、范畴、规律、体系的科学性进行把握和构建，促进学科的规范化和科学化。目前思想政治教育研究由于偏重于学科的意识形态性，导致出现对人文性和科学性研究偏弱的局面，主要表现为对其他人文学科理论和知识的借鉴与运用较少；思想政治教育实施过程中语言和形式缺乏生气活力；学科内含的人学取向和人本思想没有得到重视和研究；学科基本概念、范畴、规律、体系和发展趋势存在争议，没有形成广泛的一致意见；学科话语体系缺乏鲜明的特色和规范性；等等。

2. 解读和宣传党的理论政策的同时，忽视个体主体性的微观研究

作为我们党和国家的优良传统和政治优势，在建设社会主义和谐社会的进程中，思想政治教育必须发挥意识形态功能，引导人们树立科学发展观，深刻领会与理解党和国家的路线、方针和政策。学界从贯彻落实党和国家各项政治任务的目标出发，主张思想政治教育“必须围绕党的路线、方针、政策展开……在党和国家的路线、方针政策的指导下，围绕着一定的政治目标，用党的纲领、理论、路线、方针和政策，来对本组织的成员施加意识形态和社会心理的影响，以期转变其思想观念、政治行为和道德理念，引导其形成正确的行为规范”②。强调思想政治教育的主要任务就是解读和宣传党的理论政策，使其由外在思想理论内化为人们的观念和意志，进而外化为行为和习惯，促使人们以更加饱满的精神和积极的热情投身社会主义和谐社会建设之中。

思想政治教育不仅是党和国家政策的宣讲，还应是社会成员整体素质的提升和全面发展。在科学发展观“以人为本”思想的指导下，除却政治理想的选择、价值观念的确立之外，社会成员思想道德的发展、人文素养

① 周中之. 思想政治教育学科发展的若干关系研究. 马克思主义与现实，2007（2）：185.

② 苏振芳. 思想政治教育的学科体系和理论体系研究. 思想教育研究，2006（7）：8-9.

的提升、身心健康的维持、人格品性的养成同样是思想政治教育的重要内容，是学科发展的未来方向。目前思想政治教育研究并没有重视以社会成员个体为主的微观领域，这不利于思想政治教育的科学构建和有序发展。忽视个体微观研究主要表现在较少涉及个体心理特征的探究、个体人格品性的考察、群体价值观念的形成和发展、个体认识结构、心理结构、道德体系、外在环境与实践行为等诸多内外因素的关系研究等方面。

3. 借鉴和吸收其他学科理论前沿的同时，淡化学科基本理论研究

作为一门新兴的交叉性和综合性学科，思想政治教育尤其需要积极借鉴和合理吸收其他学科的理论研究成果。学界主张思想政治教育应主动学习和借鉴相关学科的研究成果和理论前沿，取长补短、融会贯通，促进学科建设的规范化和科学化发展。有学者认为："现代科学的发展要求进行多学科的研究，新兴学科多是横向学科，因此，只有不同流派充分发展，通过比较鉴别，实践检验，才能实现取长补短、相互融合，形成以马克思主义为指导、多学科综合应用的有中国特色的社会主义思想政治教育学。"① 当前学界既积极吸收相关学科（如政治学、哲学、教育学、社会学、伦理学、心理学等）的理论成果，从而以之丰富思想政治教育的理论体系和社会实践；又大胆引进和合理采用其他学科（如生态学、系统学、发生学、人类学、运筹学、行为科学等）的研究成果和理论前沿，进而创新和发展思想政治教育的理论内容。合理的借鉴和吸收，为思想政治教育学科的规范化和科学化发展提供了充实的理论营养和持续的发展动力。

在吸收和借鉴其他学科研究成果和理论前沿时，必须要以本学科基本理论的创新和发展作为前提条件和最终目标。学科基本理论的研究与发展是思想政治教育基础研究的重要组成部分，其重要性有待于进一步提升，关注度有待于进一步加强，成果有待于进一步完善和发展。"思想政治教育学科建设的基本工作是加强科学研究，特别是加强对该学科基本理论或基础理论的研究。"② 构建完善的理论体系，需要我们注重发展思想政治教

① 张耀灿. 关于思想政治教育学科的建设现状与发展展望. 华中师范大学学报（人文社会科学版），1998（5）：43.

② 刘建军. 思想政治教育学科建设. 思想理论教育. 2007（Z1）：40.

育学科的基本理论，深化对思想政治教育学科基本概念、范畴、规律、内容与方法的研究，强化对思想政治教育学科基本矛盾、主要问题、发展趋势的研究，从而为学科良性发展提供坚实的理论基础。由于对学科基本理论研究的淡化，思想政治教育学科的基本理论与规范性要求存在一定的差距，主要表现在学科的基本概念、研究范畴存在较大争议，实践研究与理论研究存在脱节，理论基础和基本理论存在一定程度的混淆，基本规律、研究对象和教育内容研究尚处于探讨阶段。

4. 发展和创新学科理论的同时，欠缺思想政治工作的实践研究

随着对思想政治教育学科体系的不断研究和探索，尤其在与其他相关学科的对话交流和融会贯通中，其学科理论研究呈现“百花齐放、百家争鸣”的局面。作为一门实践性很强的学科，思想政治教育学科的理论形态不能也不会处于停滞不前的状态，其必然会随着思想政治教育实践的深入和拓展而不断深化和发展。学界在与时推进思想政治教育学科理论、促进学科理论的创新和发展这一点上，取得了广泛的共识。“推进思想政治教育学科的新发展，需要我们高扬创新精神，在对基本理论框架与理论内容的新的思考中，取得新的认识成果。”① 有学者强调实现学科理论的创新与发展必须重视学科理论的系统化和再系统化，指出“学科基本理论走向成熟的基本方式之一是学科基本理论的系统化和再系统化”②。思想政治教育应不断吸收其他学科先进理论和研究成果，持续深化拓展本学科的基础理论研究。

“理论创新前进一步，理论武装就要跟进一步。”③ 思想政治教育的理论创新与发展，迫切要求理论能够有效指导思想政治工作的实践，并推动思想政治工作实践新发展。“思想政治教育是属于意识形态领域的社会实践”④，加强思想政治工作实践研究是思想政治教育学科建设和发展的价值旨归。思想政治工作的实践研究，包括思想政治教育实施过程和效果研究、社会现实问题的实证研究和思想政治工作队伍的培养研究。当前，对

① 沈壮海. 推进思想政治教育学科建设的思考. 思想·理论·教育，2006（11）：36.

② 陈秉公. 论思想政治教育学科基本理论的再系统化. 思想理论教育导刊，2006（8）：43.

③ 张耀灿. 思想政治教育学科理论体系发展创新探析. 思想教育研究，2007（4）：9.

④ 徐文良. 茹苦含辛 锲而不舍 思想政治教育学科建设历程的回顾与思考. 思想教育研究，2005（9）：2.

于思想政治工作实践研究的欠缺主要表现在对于现实问题的理论性解读较多，实证性研究较少；学科的定性研究较多，定量研究较少；对于思想政治工作队伍的培养关注度不够；对于思想政治工作人员的考察和研究不足。

5. 构建和完善学科体系的同时，缺乏问题意识和解题能力

思想政治教育学科从无到有，由半独立走向独立，由非重点学科走向重点学科，由低层次走向高层次，经历了一个迅速发展的过程，取得了令人瞩目的成就。学界在坚持不懈的探索和研究中，准确把握了学科定位，严谨阐述了学科范畴，规范研究了学科内容，科学发展了学科理论，精心构建和完善了学科体系。在这个过程中，专家学者注重学科内涵的科学性解读、学科体系的合理性构建、学科话语的特色化提炼和学科研究领域的稳固和开拓，不断"拓展学术研究的新领域，努力形成具有自身特色和优势的学术研究成果"①。这种整体性研究思维、全局性发展模式，有利于巩固思想政治教育的学科地位并获得学术界的认可和认同，进而促进学科的整体性发展。

在完善学科体系的过程中，思想政治教育必须重视对问题意识和解题能力的培养。问题意识是"在科学研究中积极主动地发现有价值的命题并采取科学的方法加以解决的自觉意识。问题意识是思想政治教育研究者必须具备的重要素质，是深化思想政治教育研究的突破口，是思想政治教育学科发展的不竭动力和学科创新增长点"②。思想政治教育要敢于面对活生生的社会现实，发现新问题，提出新问题，思考新问题，解决新问题；要善于运用思想政治教育的基本理论，在对现实生活问题的阐释和回应中培养思想政治教育的问题思维能力，提升解题能力。当前，思想政治教育问题意识和解题能力的缺乏主要表现为：对社会生动实践的观察和总结能力欠缺；对社会实际问题的研究热情不够高涨，研究意识不够强烈；对实践问题的阐释和回应能力欠缺；对学科前沿问题的把握和驾驭能力不强；等等。

---

① 骆郁廷．思想政治教育学科发展的新趋势．思想理论教育导刊，2009（3）：44.

② 王学俭．现代思想政治教育前沿问题研究．北京：人民出版社，2008：1.

(二) 进一步推进思想政治教育学科的建设与发展

思想政治教育学科的建设和发展是一项涉及该学科各个方面的系统工程，是随着时代和人的发展而不断变化和调整的长期工程。人类社会的实践和发展永无止境，思想政治教育学科的建设和发展也永不止步。我们要在依托多学科发展的前提下，在立足本学科建设的基础上，突破学科建设和发展的现存障碍，探寻思想政治教育学科发展的未来路径。从多学科依托角度而言，主要涉及三个方面的问题：一是思想政治教育如何与其他学科实现交叉、互补与融合，二是思想政治教育学科如何保持自身特色，实现科学发展，三是思想政治教育如何有效化解建设和发展中的突出问题进而构建明晰的发展路径。

1. 其他学科前沿成果的合理吸收

(1) 积极汲取其他学科成熟的理论营养。

思想政治教育学科具有交叉性和综合性，故而对于其他学科理论成果的借鉴和吸收是题中应有之义。思想政治教育既需要从政治学、哲学、教育学、社会学、伦理学、心理学等传统相关学科中汲取理论成果的营养成分，充实学科建设和发展的理论储备；又需要从管理学、人类学、发生学、行为科学等新兴相关学科中学习和吸取理论前沿成果，启发和引导学科理论的新发展，实现新突破；更需要从生态学、系统学、运筹学等相关理工类学科中引入和运用相关理论，保证学科建设理论来源的多样性，促进学科建设的优化发展。同时，“这种借鉴也必须在马克思主义指导下，批判地借鉴，并结合中国的实际情况，创造性地恰当运用，而不应不加分析地全盘吸收”①。我们需要关注和学习西方国家思想政治教育的特点和优势，观察和研究具有相同文化背景的周边国家开展思想政治教育的理念和特征，尤其是能够与我国国情密切结合的教育理念和途径，在比较鉴别中吸取合理思想，学习科学方法，实现学科发展。

---

① 张耀灿，等. 思想政治教育学前沿. 北京：人民出版社，2006：12.

（2）合理吸收其他学科科学的研究方法。

科学的研究方法是学科建设和发展的重要内容。“在思想政治教育的学术研究中，要注重积极借鉴相关学科的从研究内容到研究方法、研究思维的新发展、新成果，根据本学科学术发展的需要，及时转化和消化到本学科领域，为本学科的学术发展提供新的知识积累、新的方法论借鉴和新的思维启发。”① 思想政治教育学科建设既要吸收传统的研究方法，如以社会调查和文献研究为代表的经验研究方法、以统计处理和归纳演绎为代表的理论研究方法等，更要积极借鉴现代新型研究方法，如以系统论方法、控制论方法和信息论方法为代表的系统科学方法等，从而为思想政治教育学科建设提供合理、科学、健全的研究工具。此外，根据学科建设和发展的实际需要，实现传统研究、量化研究和质性研究的有机结合，在众多方法中撷取能够契合思想政治教育理论研究和实践运行的科学方法，博采众长，为我所用，进而在积极的实践履行中考察方法的实际效果，并最终在修正和完善中探索思想政治教育特有的研究方法，规范研究方法和模式。

（3）参考其他学科完善学科体系的途径。

“学科体系建设是影响学科进一步发展的重要因素”②，完善的学科体系是思想政治教育学科建设的基本目标之一。如何构建科学合理的学科体系，需要我们认真考察相关学科的建构过程和发展历程（如政治学主干学科和分支学科设置的理论依据和现实考量、设置原则和相互关系等），吸取经验和教训，学习和借鉴成熟的学科体系建设理论和方法，并将其运用到思想政治教育学科体系的建设过程中，“不断加强分支学科建设，形成内容完备、结构合理、动态开放的学科体系”③。同时，在这一过程中更要关注与思想政治教育学科同样具有交叉性和综合性特征的新兴学科的建设过程，在比较研究中考察学科体系建设的差距和问题，借鉴其中的有效方法和措施，努力建构系统化的思想政治教育学科体系。

---

① 沈壮海．推进思想政治教育学科建设的思考．思想·理论·教育，2006（11）：36．
② 王树荫，卢少求．思想政治教育学科建设论．教学与研究，2006（3）：61．
③ 王学俭．现代思想政治教育前沿问题研究．北京：人民出版社，2008：5．

(4) 学习其他学科确立研究对象的经验。

研究对象是学科存在和发展的重要依据，一个学科必须要有具有唯一性和科学性的专属研究对象。目前，对思想政治教育研究对象的探讨学界尚没有达成共识，但不论是一个规律论，两个规律论，还是多个规律论，这种争论本身就意味着研究对象的探讨还在持续，这不利于明晰思想政治教育的学科内涵和学科边界。学习其他学科研究对象的确立过程和基本经验，是为了通过对其他成熟学科研究对象的考察，总结研究对象确立的基本要素、途径和方法，考察研究对象唯一性和科学性的具体显现；是为了通过理论与实践、本学科与其他学科的比较，吸取其他学科探索和确立研究对象的方式和方法，借鉴其他学科表述和阐述研究对象的话语和形式，体会其他学科研究和探讨研究对象的精神和态度，推动思想政治教育研究对象的新发展，化解争议，增强学科研究对象的唯一性和科学性。

2. 与时推进学科自身建设发展

(1) 保证思想政治教育学科的意识形态性。

意识形态性是思想政治教育的本质特征。坚持和发展思想政治教育的意识形态性，既是我们党的重要历史经验和优良传统，也是构建社会主义和谐社会的现实需求，更是捍卫人民群众根本利益、促进人的全面发展的必然要求。目前有些学者回避、淡化甚至排斥意识形态教育，否认思想政治教育的政治性和党性特征，认同甚至宣扬西方发达资本主义国家主张的“意识形态终结论”和“价值中立”理论，主张思想政治教育应该“淡化意识形态”或者“去意识形态”。这种主张不仅不能解决当前人们不同程度存在着的政治信仰迷茫、理想信念淡化、价值观念西化等问题，反而极易丧失马克思主义在意识形态领域的主导地位。思想政治教育要取得实效性、具有针对性，就必须加强意识形态教育，在教育中宣传和贯彻马克思主义理论，坚持用社会主义核心价值体系引领社会思潮，引导人们正确看待改革开放中的社会问题，坚决拥护党的领导和中国特色社会主义。同时，意识形态教育也要与时俱进，具有时代性和针对性，要针对社会实践的发展、人们思想的变化，丰富意识形态教育的科学内涵，创新意识形态教育的方法途径，以更加符合人们习惯的话语、形式做到贴近实际、贴近群众、贴近生活，不断增强思想政治教育的针对性、实效性和亲和力、感染力。

（2）促进思想政治教育学科的科学性。

思想政治教育学科的科学性体现在理论形态上的逐步完善和实践过程中的效果凸显。在理论形态上，思想政治教育需要形成相对独立的研究范式、学科独有的话语体系、基本明晰的概念范畴和研究内容。在实践过程中，思想政治教育要坚持与时俱进，在宣传马克思主义理论的过程中能够有效引领社会思潮走向、转变人们思想观念、培育社会合格公民，不断扩展领域和巩固阵地，为完成党和国家的各项任务服务。针对目前思想政治教育科学性不足的现实局面，我们要在凝练学科方向、凝聚学科队伍、凝筑学科高地上下工夫，努力建设充分体现马克思主义中国化最新成果、充分体现思想政治教育实践最新经验、充分体现马克思主义理论研究最新进展的思想政治教育的学科体系、教材体系和人才培养体系①。其具体做法如下：一是尽早统一学科研究对象，明确学科边界和学科内涵；二是规范学科话语体系，构建特色学科语言，避免“庸俗化”和“神秘化”；三是提炼科学研究方法，避免低水平、重复性研究和建设；四是提升研究成果的转化功能，防止“学院化”，推进“大众化”；五是加强学科建设、理论研究和人才培养的有机结合，建设结构合理、配合有序的研究和工作队伍，为思想政治教育走向科学性提供坚实的组织保障。

（3）坚持思想政治教育学科的独立性。

“思想政治教育作为独立的学科，它的研究对象、研究方式和术语都是相对稳定的，这些应该是它的立身之本。它不应该在吸取其他学科有益因素的过程中迷失自己，失去自己的学科个性。”② 坚持思想政治教育的学科的独立性，需要在吸收和借鉴其他学科理论成果和研究方法的基础上，找准学科定位，明确学科性质，打造学科特色，创建学科体系，推动学科实践，实现学科发展。学科独立性本质上表现为学科定位归属明确和学科

---

① 刘贵芹. 大力建设思想政治教育的学科体系、教材体系和人才培养体系：在全国高校思想政治教育研究会学术委员会换届会议上的讲话. 思想教育研究，2009（12）：3-5.

② 刘建军. 关于思想政治教育的学科内涵及建设的思考. 思想理论教育导刊，2007（3）：44.

研究对象规范：思想政治教育学科是隶属于马克思主义理论一级学科下的二级学科，是为我们党的社会主义现代化建设服务的，这一学科定位将其与西方国家的“公民教育”“通识教育”等区分开来；思想政治教育学科的研究对象是人类思想政治教育现象及其基本规律，与伦理学、德育等相近学科具有本质的不同。因此，我们要在厘清学科定位和明晰研究对象的基础上，“克服目前思想政治教育研究中存在的盲目论域扩张、理论依附、简单移植导致的学科研究边界模糊不良倾向”①，摒弃并不属于思想政治教育的学科理念和行为，净化学科研究和建设队伍，保持学科独立性。

（4）明确思想政治教育学科的依托性。

加强思想政治教育学科的学科依托性，需要强化对其他学科研究成果的学习、借鉴和应用，尤其是其他学科最新理论前沿和研究成果。同时必须明确依托其他学科的底线，“学科依托是以思想政治教育学科的发展为中心而展开的。学科依托推进的结果，应该是推进思想政治教育学科的发展而不是消解思想政治教育学科的发展”②。我们既要注重积极借鉴相关学科在研究理论、研究内容、研究方法和研究范式等方面所取得的新突破、新发展和新成果，并结合学科自身特色和需要撷取合理成分和科学养分，通过转化和消化，促进学科新发展。又要根据学科建设实际需要，结合具体研究领域和问题，在以我为主的前提下，主动邀请其他学科相关专家学者参与学术研究和探讨，形成科研合力。更要提升学科自身问题意识和对话意识，在与其他学科的交流和对话及关于前沿问题的探讨和争论中，提高自身发展的理论水平和实践能力。

3. 科学破解学科建设现存障碍

（1）恪守党性与人性相结合的发展总方向。

思想政治教育既需要保持和贯彻党性原则，在学科建设、理论研究和实践落实中坚持意识形态性，宣传马克思主义理论和党的路线、方针、政策，又要秉承和发展人性原则，深入领会和贯彻落实“以人为本”的科学发展观，坚持人文关怀，促进人的全面发展。针对当前现实存在的“淡化

---

① 王学俭. 现代思想政治教育前沿问题研究. 北京：人民出版社，2008：2.

② 沈壮海. 思想政治教育学科的依托发展. 中国高等教育，2006（18）：34.

意识形态”和“过分强调人文关怀”两种不良倾向，需要我们恪守党性与人性相结合的发展总方向，在坚持思想政治教育意识形态性的基础上，以科学发展观为指导，“在理论上启发人们重新学习马克思主义关于人的本质与全面发展理论，克服实用主义倾向与片面性理解，切实确立全面发展目标；在实践中帮助人们适应社会发展的多样性与丰富性，改变过去非此即彼和抑此扬彼的简单化方式，切实在坚持全面发展中形成重点与特色”①。坚持意识形态性是学科建设和发展的基础和保障，没有意识形态教育，学科建设和发展就失去了本质性特色，学科独立性无法得以维持；坚持“以人为本”原则是学科建设和发展的目标与宗旨，没有人文关怀，学科建设和发展就不符合时代变化和要求，就失去了科学性的内在规定。因此，只有坚持党性和人性密切结合，才能实现价值观教育、知识教育、能力教育和素质教育的有机统一。

（2）坚持理论与实践相统一的发展总原则。

思想政治教育学科具有鲜明的实践性特征，不论是教育理论的发展与突破，还是教育实践的开展与贯彻，都需要坚持理论与实践相统一的发展总原则。一是要认识到生动的社会实践是思想政治教育学科发展的内在动力和必然要求，始终关注和考察社会发展变化过程中的实际需求，并结合学科发展总方向，不断总结实践经验，丰富学科建设理论。二是要认识到学科理论的丰富和发展对学科实践活动的巨大推动力和科学引领力，并按照党的要求，结合社会现实，遵循学科规律，促进学科理论由经验形态向科学形态的新发展，以更好地指导思想政治教育实践。三是要认识到当前学科建设中存在的“重理论、轻实践”的现实问题，积极探寻破除理论与实践“两张皮”的尴尬现状的路径与方法。四是要认识到“发展实践与发展理论相结合，是我们认识和实现思想政治教育学科发展的根本途径”②，在学科理论创新和实践履行中着力体现时代性、把握规律性、富于创造性和增强实效性。

---

① 郑永廷，张国启．论思想政治教育学科建设与发展．思想教育研究：2006（2）：6-7.

② 郑永廷．思想政治教育学科发展的历史与现状：兼论思想政治教育学科基础理论的发展．思想教育研究，2002（6）：11.

（3）贯彻特色与交叉相呼应的发展总思路。

思想政治教育学科成长和发展的历程表明，借鉴相关学科的理论成果和研究方法为学科建设和发展提供了理论养分和实现路径，而坚持特色发展和交叉发展则是学科理论生长和实践落实的重要条件和途径。贯彻特色与交叉相呼应的发展总思路，一是要认识到学科交叉与融合是学科建设和发展的必然趋势，是学科发展的新生长点。“跨学科是未来我国学科发展的新思路，跨学科研究和交流对于一个国家的学术和学科的发展至关重要。”① 而这就需要我们重视思想政治教育与其他相关学科的交集领域和共同话题，与其他学科专家学者联合攻关，突破学科界限，推动学科理论新发展，取得学科实践新成效。二是要认识到思想政治教育的学科特色是其存在和发展前提。在推动学科交叉融合的过程中，更要坚持和发展思想政治教育学科特色。针对思想政治教育特有的研究对象、方法、范畴和内容，在拓展学科研究领域、巩固学科研究成果的同时，结合丰富的社会实践，构建思想政治教育的特色分支学科、特色基础理论、特色研究方法和特色实践活动等。

（4）秉承借鉴与创新相促进的发展总方法。

思想政治教育学科的发展历程充分表明，借鉴和吸收其他学科的研究成果和理论前沿是学科生长和发展的外在推力，而创新和发展自身学科的理论体系和实践路径则是学科建设和成长的内在动力。没有借鉴，就没有比较和选择，就没有充实和扩展思想政治教育学科的实践领域和知识来源；没有创新，就没有挑战和扬弃，就没有优化和发展思想政治教育学科的实践推动和理论促进。秉承借鉴与创新相促进的发展总方法，既需要我们发扬历史文化传统，继承中华民族传统美德，吸收西方文化精髓，汲取西方文化精华，借鉴相关学科的实践经验、研究方法和理论成果；又需要我们在借鉴中发扬创新精神，培育创新意识，促进思想政治教育学科的自主创新。为实现这一目标，就必须要做到：一是紧密结合思想政治教育实践活动，增强问题意识，在发现问题解决问题的过程中推动理论和实践的发展；二是将思想政治教育与民族特色结合起来，实现学科的本土化和民

① 顾海良．人文社会科学跨学科研究的路径及其实现条件．高校理论战线，2011（1）：22.

族化；三是突破思想政治教育现有理论体系和研究成果的束缚，在范式转换、观念整合和体系创新的过程中促进学科的内生性发展。

（5）构建宏观与微观相补充的发展总格局。

思想政治教育的基本内容可以归为两个方面，一是社会主流价值观的引领和个人价值观的塑造，二是社会发展的素质要求和个人的全面发展。构建宏观与微观相补充的发展总格局，要求我们既要充分发挥思想政治教育的社会价值和工具价值，既要重视对社会主流价值观的宣传和教育，又要高度重视其个人价值和目的价值，从而促进人的全面发展。对前者的研究属于宏观层面，对后者的开发属于微观层面，只有二者相互促进，共同发展，才能构建思想政治教育学科建设的协调、合理的科学格局，进而实现社会价值与个人价值、工具价值与目的价值的统一。我们在宏观领域研究如何宣传主流价值观的同时，也要关注和重视对微观领域的研究和开发。在微观领域，思想政治教育要对人的情感、意志、品格等心理要素，爱情、婚姻、家庭等生活要素，求职、职业、职场等工作要素，以及亲人、朋友、同事等人际要素展开科学研究，关注个体的思想品德、心理素质、人际关系以及社会素养现状，研究非智力因素在人的全面发展中的地位和作用。只有将宏观研究与微观研究密切结合起来，才能突破思想政治教育学科发展的瓶颈，贯彻思想政治教育的根本宗旨。

综上所述，思想政治教育学科在契合社会和时代的变化方面应发挥其应有功能和作用，这既是我们思想政治教育研究者和工作者的根本任务，又是时代发展对我们提出的现实要求。我们必须以推动学科发展为旨归，关注思想政治教育学科建设中的现存障碍，结合社会需求，突破传统理念，寻求破解途径。在构建科学规范的思想政治教育理论体系过程中、在生动深刻的思想政治教育实践活动中，促进思想政治教育学科建设的新发展。

四、整体治理：思想政治教育研究的整体观念

伴随着社会变迁和转型的历史进程，思想政治教育在由传统走向现代的过程中逐渐呈现出自身存在的复杂性和综合性。应对和化解思想政治教育现代化过程中的断裂现象，已然不是简单的困境脱离和危机消解问题，而是要将思想政治教育放置于现代性社会生长和发展的宏观进程中，整体性地审视和省思思想政治教育的协同创新。作为应对社会复杂性过程中产生的新型治理图式，整体性治理理论因其对于社会发展的整体性把握和“协调”与“整合”的基本主张，与思想政治教育协同创新具有契合性，具备内在的科学性和外在的可实施性。因此，作为现代社会重要组成部分的思想政治教育，其自身的现代转型和协同创新需要借鉴和吸收整体性理论，并在这一过程中检视自身在现代发展过程中的客观涌现性问题，进而通过整合与协调、协作与共谋，实现思想政治教育的整体性协同创新发展。

（一）整体性治理理论对于思想政治教育的价值意义

整体性治理理论发轫于20世纪90年代中后期。英国约克大学的安德

鲁·邓西尔在其文章《整体性治理》中阐述了“控制理论”和“撒切尔主义”，指出控制在善治和节约官僚中的重要性，并首次提出了“整体性治理”的概念[1]。英国伦敦国王学院的佩里·希克斯紧随其后，在著作《整体性治理：新的改革议程》一书中论证了整体性治理，他认为整体性治理针对的是碎片化治理带来的一系列问题，整体主义的对立面是碎片化而非专业化。整体性治理主要面向三种具体环境：治理层级的整合、治理功能的整合以及公私部门的整合。根据佩里·希克斯的定义，整体性治理就是以公民需求为治理导向，以信息技术为治理手段，以协调、整合、责任为治理机制，对治理层级、功能、公私部门关系及信息系统等碎片化问题进行有机协调与整合，不断从分散走向集中、从部分走向整体、从破碎走向整合，为公民提供无缝隙且非分离的整体性服务的政府治理图式[2]。整体性理论的提出，是为了解决政府改革碎片化和分散化所造成的社会问题复杂化和公共服务低效率的弊端，从而提供更加完善、更低成本、更富效率的公共服务和公共产品，以期达到善治的效果。其存在意义在于对治理改革过程产生的大量“整合性问题”——由于系统的内耗冲突与分散隔离导致的碎片化难题和分散化问题——的治理。整体性理论的核心议题就是“协调”与“整合”，通过协调分散化、整合碎片化、推动合作化和实现整体性运作，缓解或治愈系统的分割裂解性问题，因此，对于正在转型发展过程中的思想政治教育具有重要的借鉴和启示意义。

1. 整体性治理理论契合思想政治教育总要求

“思想政治教育是做人的工作，解决的是‘培养什么样的人’‘如何培养人’的问题，是我们党和国家的优良传统和各项工作的生命线。”[3] 培养和塑造自由全面发展的人是思想政治教育的总体性要求和根本性使命。人的自由全面发展并不是孤立的个体的发展过程，其本身就具有内在的鲜明

① DUNSIRE A. Holistic governance. Public Policy and Administration，1990，5（1）：4－19.

② HICKS P. Towards holistic government：the new reform agenda. New York：Palgrave，2002.

③ 王学俭. 现代思想政治教育前沿问题研究. 北京：人民出版社，2008：484.

整体性。马克思指出：“人的本质不是单个人所固有的抽象物，在其现实性上，它是一切社会关系的总和”①。马克思对人的本质的认识和理解是开展思想政治教育整体性研究的理论依据。人的本质是具体的、历史的、发展的过程性存在，需要结合社会变迁和人类实践过程予以联系的、发展的整体性考察，才能确保思想政治教育的总要求在具体的时代语境里能够得到全面贯彻和整体落实。正如恩格斯说：“当我们通过思维来考察自然界或人类历史或我们自己的精神活动的时候，首先呈现在我们眼前的，是一幅由种种联系和相互作用无穷无尽地交织起来的画面”②。“这些物体处于某种联系之中，这就包含了这样的意思：它们是相互作用着的，而这种相互作用就是运动。”③ 针对碎片化问题，整体性治理理论强调治理过程的协调与整合，主张治理过程的整体性，突出了治理目标的全面性，契合了思想政治教育培养全面自由发展的人的总体性要求。

2. 整体性治理理论回应思想政治教育元问题

在由传统走向现代的过程中，思想政治教育始终被其自身元问题所困扰，即对思想政治教育的存在根源、存在价值与本质意义的思索与拷问。“思想政治教育是指一定的阶级、政党、社会群体遵循人们思想品德形成发展规律，用一定的思想观念、政治观点、道德规范，对其成员施加有目的、有计划、有组织的影响，使他们形成符合一定社会、一定阶级所需要的思想品德的社会实践活动。”④ 这一经典定义仅仅对于“什么是思想政治教育”做出了界定，但对于思想政治教育缘何存在、有何价值、具何本质的问题并没有给出明晰的阐释。从整体性理论出发，“思想政治教育学科作为上层建筑领域的实践活动，是一种维系我们党和国家前途与命运的极为重要的社会存在物，整体上由思想政治工作等相互联系、相互作用的不同结构层次构成”⑤。思想

① 马克思．关于费尔巴哈的提纲//马克思，恩格斯．马克思恩格斯选集：第1卷．北京：人民出版社，1995：56.

② 恩格斯．社会主义从空想到科学的发展//马克思，恩格斯．马克思恩格斯文集：第3卷．北京：人民出版社，2009：538.

③ 恩格斯．自然辩证法//马克思，恩格斯．马克思恩格斯选集：第4卷．北京：人民出版社，1995：347.

④ 张耀灿，等．现代思想政治教育学．北京：人民出版社，2006：50.

⑤ 钱广荣，闵永新．思想政治教育学科整体性的存在论澄明．思想教育研究，2015（6）：4.

政治教育作为社会有机构成的组成部分，从整体性视角切入，是一种融合思想教育、政治维系、文化传播、道德培育、素养提升的整体性存在，具有不可替代的整体性价值。从整体性治理理论入手，可将其本质凝练为“人类进入阶级社会以后，特定社会共同体（诸如阶级、政党、集团、群体）所开展的有目的性、有计划性、有组织性的特殊治理活动——对居于国家统治地位的共同体而言，它是一种政治统治或社会管理的机制；对处在非统治地位的共同体而言，它是一种政治运作或组织监管的策略”①。

3. 整体性治理理论开拓思想政治教育新视角

“思想政治教育是一项复杂的系统工程，无论对其工作系统内容，还是与外部的联系，必须进行整体性的统一协调，才能使其处于一种良性运行状态，保证目标的实现。”② 现代社会的复杂性变迁，导致思想政治教育必须摆脱和超越自身的传统性藩篱，并在与现代社会的互动中通过组分效应、规模效应、结构效应和环境效应的叠加，实现自身的现代化转型。在整体性治理理论看来，思想政治教育的整合、组织、转换和交互，凸显出其本身的涌现性——思想政治教育作为整体性的复杂系统所表征出来的个体或部分所不具备的新组分、新结构、新属性、新功能、新系统。因此，为回应思想政治教育的涌现性，必须采取新的研究视角——思想政治教育的协同创新。“思想政治教育协同创新是指围绕思想政治教育的目标，有效整合各种教育资源与教育力量，通过多主体、多因素相互协作、优势互补、协调配合，形成教育合力，以实现集约化的协同教育效果。”③ 协同创新必须是整体性和综合性协作，在将思想政治教育看作有机构成、不可分割系统整体的基础上，保持系统内部各要素之间的协调一致、系统外部各关系之间的协作一致，形成思想政治教育协同创新合力。

（二）整体性治理理论审视下的思想政治教育断裂现象

从整体性治理理论角度出发，思想政治教育的实施过程和运转过程是

① 王学俭，郭绍均. 思想政治教育本质问题再探讨. 教学与研究，2012（12）：65-66.
② 邱伟光，张耀灿. 思想政治教育学原理. 北京：高等教育出版社，1999：207.
③ 王学俭，李晓莉. 论思想政治教育协同创新. 甘肃社会科学，2014（3）：215.

各构成要素有序性分工、协同性合作、整合性创新的系统性过程，包括思想政治教育的运行目标、运行主体、运行内容、运行动力、运行环境、运行控制、运行方式以及运行保障等，它们共同构成了思想政治教育协同创新的有机整体。一旦思想政治教育的构成要素之间无法实现合作无间的“协调”与“整合”，整个系统将会因为运行的分散化、部门化和破碎化导致系统效能的损耗，进而影响思想政治教育的实效性，其具体表现为以下几种状态和趋势：

1. 思想政治教育协同过程存在碎片化现象

整体性治理理论主张用整合、协调和网络化的方法解决碎片化问题，强调系统运行过程中治理层级的整合、治理功能的整合以及公私部门的整合。这就要求在思想政治教育的协同过程中需要统筹协调系统各要素，以确保运行的有序性、合理性和协同性。尤其是在现代社会中，思想政治教育的协调与整合确保了其在实施过程中能够发挥整体性力量和综合性作用，从而使之能够成为应对社会问题复杂化、社会思潮多元化、社会心态极端化的主要渠道。但在实际协同过程中，思想政治教育往往由于忽视整体性发力的重要意义，没有有效地将其内外系统要素有机整合起来，进而产生“各自为战”的功能分化，造成思想政治教育整体性功效的耗损，导致碎片化现象。思想政治教育的碎片化主要是指在具体的协同过程中，各个要素之间由于沟通缺位、信息隔阂、资源分散、协作匮乏而导致的思想政治教育演化运行中的消散、分化乃至对抗。其具体表现为：教育主体的碎片化，即思想政治理论课教学系统、思想政治教育研究系统、高校思想政治工作系统和社会思想政治工作系统的沟通缺位与协作匮乏；教育内容的碎片化，即传统思想政治教育内容、创新思想政治教育内容和其他学科相关思想政治教育内容的断裂隔阂与融合不够；教育方法的碎片化，即理论灌输法、社会实践法、心理咨询法和网络教育法的整合度不高与联系性不强；教育资源的碎片化，即国家层面的教育资源、社会层面的教育资源、高校内部的教育资源和教育者自身的教育资源的共享机制缺乏与交流机制阙如。

2. 思想政治教育发展过程呈现形式化色彩

为实现满足公众需求的根本目标，整体性治理理论强调对于公共服务的整合，并主张整合的公共服务既要满足公众主体性需求，又要调动公众积极性热情，引导参与式共建、融入式发展和互动式协作。从整体性角度出发，思想政治教育的实施过程同样要关注受教育者的实际需求和内心需要，并提供整合优化的且能够吸引受教育者积极参与其中的教育服务。因此，“开展好思想政治教育，不仅仅是高校思想政治教育工作、从事高校思想政治教育研究的专家学者需要进行努力的方向，还需要全社会对高校思想政治教育情况的全面关心，需要政府、社会、学校、家庭共同为高校思想政治教育提供实实在在的政策支持、道德支持、思想观念的改变以及人力物力的支撑”①。但在实际发展过程中，思想政治教育往往由于传统教育理念的牵制、客观教育环境的制约和实际教育载体的框制导致其并没有真正关注受教育者的实际需求和内心需要，忽视受教育者的主动性参与，进而呈现形式化色彩。其具体表现为：教育内容多以传统教育为主，较少及时进行现代化的更新；教育过程多以完成任务为主，较少涉及激发受教育者的参与性；教育力量多以高校教师为主，较少有效整合社会多元力量。

3. 思想政治教育实际地位暗藏边缘化危险

整体性治理理论强调要以公共责任与公共利益为价值导向，重点在于制度化、经常化和高效性的跨界合作与友好协作，建构系统内部层级、部门机构和外部伙伴关系整合一致的网络结构。换而言之，整体性治理理论在强调层级整合、功能整合、公私合作整合的同时，也要确保实施过程有清晰可操作的组织结构和运行方式。这就意味着整体性治理并不仅仅是政府机构单一性力量的重组，而是众多社会组织、社会成员等社会性力量的共同参与和有效协作。具有多主体性的思想政治教育，更需要社会各个主体力量的共同参与，实现教育内部系统、教育机构系统和外部支撑系统的整合协作，确保教育过程具有可操作性的组织结构和系统化的运行方式，从而推进思想政治教育的现代化转型。自 2004 年中共中央和国务院联合下发了《关于进一步加强和改进大学生思想政治教育的意见》以来，思想政治教育因为国家的高度重视得到了长足的建设和发展，取得了丰硕的成果。但

① 王学俭，刘强. 新媒体与高校思想政治教育. 北京：人民出版社，2012：436-437.

是由于社会各界对于思想政治教育的认知不同，导致其存在隐性的边缘化危险，即思想政治教育并没有真正地做到整合社会各界力量进而形成密切配合的组织结构和高效运转的运行方式，而这主要表现为文件口号上的高度重视与实际运转中的相对轻视之间的矛盾：对于高校而言，存在领导层面的因为重视程度不够没有给予充足的经费、严格的管理和有效的考核，部分专业课教师的配合程度较低甚至存在诋毁抵制思想政治教育现象，后勤保障系统的支持力度较弱等问题；对于社会而言，存在地方政府、民营企业和社会组织参与思想政治教育活动的机会较少，社会群体和社会成员对于思想政治教育因为误解产生怀疑、质疑和抵触等问题。

4. 思想政治教育创新过程隐含异体化趋势

整体性治理理论强调过程性，关注点在于合作的灵活性与实效性，而非合作的形式化，主张通过协调机制、整合机制、信任机制达到善治，其实际上形成了过程性与目标性、工具性与价值性的有机统一。从整体性角度出发，作为一个完备的教育系统，思想政治教育同样要在实施过程中实现过程性与目标性、工具性与价值性整体性建构，而不是偏重于某一方面，以避免引发教育过程中的异体化趋势。所谓思想政治教育的异体化趋势，主要是指在创新思想政治教育的过程中，由于忽略教育过程性与目标性、工具性与价值性的有机统一，过分追逐所谓的新方法、新载体、新途径、新领域、新词汇，试图以形式的创新掩盖内容的滞后、以形式的突破弥补内容的守旧、以形式的发展替代内容的推进，致使思想政治教育实际建构与本质定位相背离，并产生分散化、割裂化和碎片化现象。具体表现为网络化时代导致的网络工具融入思想政治教育的狂热、“大数据时代”概念引发的大数据应用于思想政治教育的热议、“慕课”（MOOC）火爆催生的高校思想政治理论课“慕课”建设的热论，等等。诚然，积极吸收和借鉴新的教育工具、方法和载体无可厚非，但在相关概念尚未成熟完善的前提下，过于求新求变，则会导致思想政治教育存在价值和意义的曲解，尤其是在思想政治教育本身同样也是一个正在生长和发展的过程时，忽略对于基本原理、基础理论和核心议题的研究，往往容易导致思想政治教育的异体化趋势。

（三）整体性治理理论视域下的思想政治教育协同创新

列宁曾经指出："要真正地认识事物，就必须把握住、研究清楚它的一切方面、一切联系和'中介'。我们永远也不会完全做到这一点，但是，全面性这一要求可以使我们防止犯错误和防止僵化。"① 针对思想政治教育目前存在的断裂性问题，需要借助整体性基本思想，从宏观层面建构更具整体性、统一性和综合性的思想政治教育协同创新模式。

1. 重塑价值目标，强化思想政治教育协同创新的凝聚力

公共责任与公共利益是整体性倡导和遵循的价值内核和发展目标。思想政治教育协同创新更需要明确其自身的价值内核和发展目标，在凝聚起社会各方力量的过程中，不断赋予其责任感和使命感，逐渐明晰统一的着力点和发力点，确保思想政治教育协同创新在符合自身本质定位的同时，产生出正向的社会效应。"人的全面发展问题是社会发展的根本问题，是教育的根本目的和价值取向，以德、智、体、美等诸多因素构建的社会主义教育旨在培养全面发展的人。"② 思想政治教育的这一科学定位本身就规定了其存在的价值和意义就是在促进人的全面发展过程中满足社会现代化建设的思想、道德和心理需求，同时也赋予思想政治教育以崇高的历史使命和时代责任。因此，思想政治教育的协同创新必须整合目前比较散漫的价值目标，确立和坚持思想政治教育的话语权和主导权，突出思想政治教育的意识形态性和社会服务性，强化思想政治教育协同创新的凝聚力③。

2. 完善教育内容，优化思想政治教育协同创新的整合力

整体性治理理论主张通过协调和整合碎片化和分散化的公共服务，形成具有内在一致性和整体统一性的公共产品，而其中起关键作用的则是组

① 列宁．再论工会、目前局势及托洛茨基同志和布哈林同志的错误//列宁．列宁全集：第40卷．北京：人民出版社，1986：291.

② 王学俭．现代思想政治教育前沿问题研究．北京：人民出版社，2008：123.

③ 郑永廷，曹群．坚持思想政治教育学科的话语权与主导权．思想理论教育，2015（3）：45-48.

织文化和精神特质。思想政治教育的协同创新同样需要在内涵式发展上下工夫，即针对目前比较随性和散漫的教育内容及时进行科学合理的整合，进而优化思想政治教育协同创新的内容整合力，而无论从学科本质还是时代需求上看，这种整合力都是必不可少的。首先，马克思主义的整体性决定了思想政治教育的协同创新需要发挥整合力。列宁认为马克思主义整体性主要指“马克思主义的完备而严密”，这种“完备而严密，它给人们提供了决不同任何迷信、任何反动势力、任何为资产阶级压迫所作的辩护相妥协的完整的世界观”①。思想政治教育的内容整合必须要体现这种完备严密性。其次，时代发展的现代性呼唤着思想政治教育的协同创新需要发挥整合力。“作为引领和推动当今社会精神文明建设发展的重要力量，现代思想政治教育必须紧贴社会改革创新发展的大形势、大背景，自觉融入时代发展大潮，努力提升自身创新发展的前瞻性。”② 因此，思想政治教育的内容整合必须要遵循这种现代性。

3. 引导部门协作，深化思想政治教育协同创新的组织力

面对部门分立、功能分割、责任推诿、协作不力等碎片化弊端，整体性主张公私合作的整合，通过纵向层级的整合与横向层级的联合，建构“内网”与“外网”叠加的“整体性网络”。协同创新思想政治教育，必须重视和关注目前思想政治教育在系统内外存在的空白区域，强化部门之间的合作与整合，形成高效运转的组织力。早在 2004 年 10 月由中共中央国务院发出的《关于进一步加强和改进大学生思想政治教育的意见》中，就指出：“各级党委和政府要从战略和全局的高度，充分认识加强和改进大学生思想政治教育的重大意义，把‘培养什么人’‘如何培养人’这一重大课题始终摆在重要位置，切实加强领导。要建立健全党委统一领导、党政群齐抓共管、有关部门各负其责、全社会大力支持的领导体制和工作机制，形成全党全社会共同关心支持大学生思想政治教育的强大合力。”③ 效果良好、运转高效的思想政

① 列宁．马克思主义的三个来源和三个组成部分//列宁．列宁全集：第 23 卷．北京：人民出版社，1990：41.

② 王学俭，李晓莉．论思想政治教育协同创新．甘肃社会科学，2014（3）：216.

③ 本刊编辑部．中共中央国务院发出《关于进一步加强和改进大学生思想政治教育的意见》．思想教育研究，2004（10）：4.

治教育必然是社会多元化的积极力量共同施加作用于整个教育过程的结果。因此，建立健全高校思想政治教育系统、社会思想政治工作系统、思想政治教育研究系统的组织机制，强化部门协作，做到既分工负责又密切合作，互相信任不猜疑、互相尊重不发难、互相补台不拆台、互相配合不推诿、互相支撑不排斥，形成指挥统一、配合密切、协作顺畅、监控有力、关系融洽的思想政治教育工作机制和部门关系，深化思想政治教育协同创新的组织力。

4. 统筹利益诉求，激发思想政治教育协同创新的驱动力

整体性治理理论认为，任何决策得以贯彻执行，必须调动各个层次人员的决心、热情和积极性。整体性强调主体的积极性来自于强大的驱动力，而驱动力则来自于主体利益需要的尊重和满足。对于思想政治教育协同创新而言，正视、尊重、统筹和满足教育主体的利益需求，有利于激发教育主体参与协同创新的积极性、主动性和创造力，进而为思想政治教育的协同创新提供强劲的驱动力。利益的追求是人们社会实践的前提，人们行为的选择是对利益向往的反映。马克思早就指出："人们为之奋斗的一切，都同他们的利益有关"①。因此，在协同创新思想政治教育的过程中，倾听教育主体的利益诉求，适当引导教育主体的利益需求，合理满足教育主体的利益追求，是激发思想政治教育协同创新驱动力的重要前提条件。要在协同创新的过程中，确保教育主体的正当利益诉求得到重视、合理要求得到支持，不断探索整合思想政治教育协同创新的激励机制，形成以项目激励、评优激励、经费激励为主体的考评体系，从而将教育主体的利益追求与协同创新的效果效能有机统筹起来。

5. 协调内外环境，增强思想政治教育协同创新的控制力

整体性治理理论讲求组织内外环境的适应性，即通过系统内外环境的整合和优化确保治理活动的灵活、多样和有效，从而增强整体性治理的控制力。对于思想政治教育协同创新而言，同样也有一个内外环境相适应的客观性问题。马克思认为："物质生活的生产方式制约着整个社会生活、

① 马克思. 第六届莱茵省议会的辩论（第一篇论文）//马克思，恩格斯. 马克思恩格斯全集：第1卷. 北京：人民出版社，2002：187.

政治生活和精神生活的过程。不是人们的意识决定人们的存在，相反，是人们的社会存在决定人们的意识。”① 恩格斯则指出：“政治、法、哲学、宗教、文学、艺术等等的发展是以经济发展为基础的。但是，它们又都互相作用并对经济基础发生作用。”② 作为文化上层建筑的重要组成部分，思想政治教育运转效果的好与坏在很大程度上取决于其经济基础和政治上层建筑的状况。思想政治教育能否为社会变迁发展提供有效的维护和保障功能，则在根本上决定于思想政治教育的协同创新能否反映社会的发展变化、是否适应社会的发展需要，即思想政治教育协同创新是否能够有效调节内外环境，增强其协同创新的控制力。实现思想政治教育协同创新，一是要突破自身封闭性。思想政治教育必须确立大系统观念，跳出自我建构的传统模式，形成开放包容、兼容并蓄的心态环境。二是要合理建构开放性。思想政治教育还要树立科学的整体性观念，科学应对大环境的变迁转型，进而形成有效吸收、合理互动的开放格局。

6. 注重团队发展，提高思想政治教育协同创新的执行力

整体性治理理论在不消除组织固有边界的前提下，主张制度化、经常化和有效的“跨界”，该理论并不追求成立新的“超级机构”，而是主张在不改变现有专业化分工的基础上，利用信息科学等综合协调手段加强不同治理主体间的纵向、横向和网络化联系，整合公共资源，协同行政手段，力图突破部门本位主义与单一中心模式的思维模式，着眼于系统内部结构和部门的整体性运作。因此，整体性本质上是一种团队式治理，其注重系统内部的高度整合和系统外部的跨界协调。对于思想政治教育协同创新而言，其本身同样也是团队式建构和发展过程，并在构建团队的过程中，提高思想政治教育协同创新的执行力。一方面要注重系统内部的团队整合。有效整合党政政工系统、社会德育系统、高校思想政治教育系统力量，形成团队式互助发展。另一方面要注重思想政治教育的跨学科研究。多理

① 马克思.《政治经济学批判》序言//马克思，恩格斯. 马克思恩格斯文集：第2卷. 北京：人民出版社，2009：591.

② 恩格斯. 恩格斯致瓦特·博尔吉乌斯//马克思，恩格斯. 马克思恩格斯选集：第4卷. 北京：人民出版社，1995：732.

论、多学科、多团队的互动协作以及在此基础上所形成的跨学科、跨技术、跨组织的跨界行动，已是学界广泛运用的普遍模式。实施思想政治教育的跨学科研究，其目的在于吸收和协调各方学科力量，从理论支撑、方法补充、运行互助的角度提高思想政治教育协同创新的执行力。

五、协同创新：思想政治教育研究的总体格局

当前，思想政治教育面临新的形势、新的任务，必须与时俱进，在目标、内容、方法与手段等方面协同创新，以真正达到教育的实效性。思想政治教育协同创新，是指围绕思想政治教育的目标有效整合各种教育资源与教育力量，通过多主体、多因素相互协作，优势互补、协调配合，从而形成教育合力，以实现集约化的协同教育效果。

（一）协同创新的理论渊源与价值意蕴

正如法国学者弗朗索瓦·佩鲁在其《新发展观》中谈到的那样，将"发展视为引起知识和价值创造的张力焦点，从事这一事业，必须通过哲学的反思。这种反思的作用表现在许多方面，因为发展不是自发演变的结果，也不是在共同利益方面有一致认识的结果，更不能把它简化为实现专家学者们设计的各种模型"①，要理解"协同创新"的本质内涵，需认真梳理这一理论的提出、发展、转变、衍生等过程。

---

① 弗朗索瓦·佩鲁. 新发展观. 张宁，译. 北京：华夏出版社，1987：6.

追求世界的统一性一直是人类的古老梦想和孜孜以求的奋斗目标。从古希腊的毕达哥拉斯学派到原子学说；从古代中国的阴阳五行思想和元素理论到科学家牛顿的万有引力定律；从爱因斯坦的时空物质统一相对论到当代的宇宙论和粒子物理理论，这一目标统一横贯于中外先贤的理想中①。“协同”（synergos）一词来源于希腊文，原意是共同工作。德国科学家赫尔曼·哈肯（Harmann Haken）经过长期的工作和思索，于1969年在斯图加特大学的一次演讲中首次引入了“协同学”（synergetics）一词。1971年，哈肯又与其学生兼合作者格拉哈姆（R. Graham）发表了题为《协同学：一门协作的学说》一文，文中正式提出了“协同学”的主要概念和思想，认为协同学即“协调合作之学”②。事实上，协同学的主要思想源于哈肯对激光理论长期不懈的潜心研究，1972年，哈肯在第一届国际协同学会议上更明确更系统地阐述了协同学的思想。到1975年，协同学理论日臻完善和成熟。随着哈肯对协同学“中心原理—臣服原理”的完整表述，协同学这一门横断学科初步建立。协同学揭示了开放的复杂系统在外部参量驱动和内部子系统协同作用下，以自组织方式在宏观尺度上形成空间、时间或功能有序结构的条件、动力以及演化的规律。这里的“协同”指的是系统中多个子系统（或要素）之间相互协调、相互合作的或同步的联合作用，它广义地包含了竞争与合作，但重点强调的是合作，“我们发现，许多个体，无论是原子、分子、细胞，或是动物、人类，都是由其集体行为，一方面通过竞争，另一方面通过合作而间接地决定着自身的命运”③。恩格斯也说过：“许多人协作，许多力量融合为一个总的力量，用马克思的话来说，就造成‘新力量’，这种力量和它的单个力量的总和有本质的差别。”④ 此后，哈肯学派致力于继续发展协同学的一般理论和将协同学理论应用于各种具体问题的研究之中。

---

① 曾建，张一方．社会协同学．北京：科学出版社，2000：16.

② 赫尔曼·哈肯．协同学：大自然构成的奥秘．凌复华，译．上海：上海译文出版社，2005：1.

③ 同②8.

④ 恩格斯．反杜林论//马克思，恩格斯．马克思恩格斯文集：第9卷．北京：人民出版社，2009：133-134.

基于“协同”的概念和“创新”的理论，结合“协同制造”的先期基础，协同创新（Collaborative Innovation）的定义由美国学者彼得·葛洛（Peter Gloor）给出，他认为协同创新就是“由自我激励的人员所组成的网络小组形成集体愿景，借助网络交流思路、信息及工作状况，合作实现共同的目标”。通过整合维度和互动维度，两位学者对协同创新体系进行了分析，其中“整合维度”包括知识、资源、行动和绩效，而“互动维度" 主要是指各个创新主体之间的互惠知识分享、资源优化配置、行动的最优同步以及系统的匹配度①。

作为一门可在多学科和多领域交叉应用的学科，协同学已取得了举世瞩目的成绩。当然，还有许多的延伸领域和衍生学科值得我们关注和探索。值得注意的是，哈肯创立的协同学是基于对“自然”协同的考量，而在社会科学领域，尤其是研究思想政治教育领域的协同创新与“自然协同”还存在较大差异：社会科学中的协同是一种具有较强目的期待的主观行为。在人类的社会实践中，要形成协同的有序性结构，必须通过人们有目的、有计划的行动来建构。所谓“思想政治教育协同创新”就是在思想政治教育的理论和实践领域，通过对不同主体之间的相互协同，以期在社会教育的整体系统中形成微观个体层次整合性的结构特征，从而构建一个新的有序结构并使其发挥正向功能。

（二）协同创新与思想政治教育的逻辑契合

在现代科学和现代社会中，“合作”“互补”“和谐”等已形成一种重要的发展趋势。佩鲁在《新发展观》中指出：“冲突与合作交织在一起共同推动着社会发展，而新的综合与协作已成为今天的根本，合作、协同、互助、和谐，一切综合地发展越来越被看作社会灵魂的一种觉醒。”② 在思想政治教育领域进行协同的逻辑起点，是将教育实践的目的分解为一系列

---

① SERRNO V, FISCHER T. Collaborative innovation in ubiquitous systems. International Manufacturing, 2007 (18): 599-615.

② 弗朗索瓦·佩鲁. 新发展观. 张宁，译. 北京：华夏出版社，1987：17.

相关的有序目标。从系统操作的角度来看，这种系列目标是指“目标关联的维度”——表征思想政治教育协同创新过程中目标与时空、路径、效益的统一，从而获取不同性质、范围和层次的社会协同产生的参量。

1. 思想政治教育协同创新的现实需要

（1）时代精神视野下思想政治教育需要创新发展。

作为引领和推动当今社会精神文明建设发展的重要力量，现代思想政治教育必须紧贴社会改革创新发展的大形势、大背景，自觉融入时代发展大潮，努力提升自身创新发展的前瞻性。一方面，要注重培养自身的“造血再生”功能，从社会改革创新的成功实践中借鉴经验，努力在自身体制改革、机制创新、制度完善、条件改善等方面求突破，力争形成有助于催生思想政治教育创新发展成果的基础条件；另一方面，要注重借用“外力”实现自身适应社会发展的优势互补。与此同时，思想政治教育要提升针对性和时效性，并在社会大发展大繁荣的浪潮中始终走在前列，在这一过程中必须注重依靠体系优势、资源优势、地位优势，调动一切可以利用的积极因素和力量，实现自身发展目标。

（2）转型社会视野下思想政治教育需要创新发展。

过去的思想政治教育是对理论认识方面的理解或认同，而现在更应该从制度伦理、社会格局、社会实践等方面来看待思想政治教育知识系统。当前，社会建设发展已经进入全面深化改革的攻坚阶段，创新发展的优势和机遇前所未有，突显出的深层次矛盾问题前所未有，对思想政治教育的影响也前所未有。在不断变化发展的环境形势和不断创新发展的时代背景下，思想政治教育必须坚持方向的政治性和正确性，在理念上必须坚持“以人为本”，保持开放性和融合性；在制度机制上必须服从服务于创新发展目标，敢于“摸着石头过河”，善于进行顶层设计，在治理体系和治理能力上体现现代化；在路径选择上必须立足实际，注重理论创新成果的实践转化运用；在方式方法上注重信息化，体现灵活性和多样性。

（3）学术交流视野下思想政治教育需要创新发展。

持续扩大的学科交叉领域和不断活跃深化的学术交流能够为思想政治教育创新发展带来新的思想、新的视角和新的研究方法，还能丰富创新发展的实践经验，为促进成果形成和增添多样性提供良好的平台。基于学科交叉和学术交流的视角来推动思想政治教育创新发展，既需要开放兼容的态度，更需要保持思想政治教育本身的特质，坚持运用自己的思维模式、研究方法和实践途径，从思想碰撞中激发灵感，从经验总结中发现路径，从成果展示中升华层次，促进思想政治教育在创新发展的基础上不断向更高质量、更高层次、更高水平的领域发展。

2. 思想政治教育协同创新的实现可能

离开理论的实践是盲目的实践，脱离实践的理论是空洞的理论。“自柏拉图时代以来，人们就已经认识到思想产生于矛盾，而发展这一概念恰恰造成了我们时代一个重要的自相矛盾的事实，向往进步但又对其后果心存疑虑，这也是发展的本源性特征之一。”① 协同发展、创新发展，是现代社会发展的重要的时代性特征。思想政治教育发展，遵循着社会一般事物发展的基本规律，具备发展着的本源性特征，也体现发展着的时代性特征。从协同创新理论的研究范畴看，思想政治教育的发展无疑是一个开放性的、非平衡的、具有自我更新和创造能力的系统演变过程。运用协同学、创新学理论研究思想政治教育创新发展问题，不仅能够匡正对发展问题的认识，还能提供科学的方法和有力的实践指导。

（1）资源共享的协同创新发展模式。

协同学的相关理论认为，系统演变、发展的基本前提是资源共享和充分开放。为实现创新目标，更好地适应环境，赢得竞争优势，各创新主体通过对外开放不断地互相交换物质、能量和信息，并自发地结成各种协同创新系统。这种通过开放性得来的信息的共享及资源的有效获取和优化配置构成了一个组织重要的竞争优势，成为促成协同创新自组织演化的前提条件。在思想政治教育的协同创新过程中，通过主体、客体、目标、方法、过程等创新要素的合理流动与协同整合，使教育协同创新系统始终处于开放状态，不断提升社会适应性能力，以完成单独创新主体不能承担的创新活动，实现思想政治教育协同创新的增值效应。

① 弗朗索瓦·佩鲁．新发展观．张宁，译．北京：华夏出版社，1987：4.

（2）动态交替的协同创新演化条件。

耗散结构理论的“非平衡是有序之源”原理，揭示出系统的有序结构只能形成于非平衡状态下这一事实。协同创新系统的各要素或子系统在性质上有着相对的独立性、自主性和差异性，在关系上存在着互补性与共生性。在外部环境因素影响下，由于协同创新系统的相关要素对外在变量的适应性和新生主体的创新性存在差别，即会导致“循环竞争”的出现。这种竞争一方面造就了协同创新系统远离平衡态的自组织演化条件，另一方面推动了协同创新系统向有序结构的演化。信息时代的快速发展所产生的多变性和不确定性，使思想政治教育协同创新的平衡态不断地被打破，使之处于“平衡—不平衡—新的平衡”的循环上升状态。正是这种教育创新系统内部各要素之间的竞争与合作以及外部环境变化的激发与推动，为思想政治教育的协同创新创造了必要条件。

（3）非线性作用的协同创新发展动力。

按照自组织理论，除了存在开放的与非平衡的系统自组织演化进行的前提与条件外，协同系统内部各要素间的非线性相互作用也是系统自组织演化走向新的高级有序结构的内部动力。这种非线性相互作用主要体现在协同创新系统内部的各要素、各子系统之间既相互关联又相对独立，而且相互间的作用和反作用是并行的、同时的、随机的，且其相互之间的作用与反作用所产生的结果却是不对称的特性上①。作用的方式决定了结果的不对称，反过来，结果的不对称又为相互间持续发生作用提供了能量②。思想政治教育协同创新的循环系统运作模式的外在表现就是适应和合作，其运作水平与成效取决于各子系统之间及子系统与外在环境之间适应与合作的相互匹配程度。

（4）随机涨落的协同创新演变方式。

自组织理论指出，在一个远离平衡态的开放系统从无序状态演化到有序状态的过程中，起关键调节作用的是随机涨落——当系统内部相互作用的要素之间的涨落差值超过现有承载能力、破坏系统整体平衡的时候，系

---

①　金吾伦．创新的哲学探索．上海：东方出版中心，2010：94，204-248.

②　约翰·霍兰．涌现：从混沌到有序．陈禹，译．上海：上海科学技术出版社，2001：85.

统就要发挥自身的调节和控制功能，通过非线性的作用和反作用过程将各要素之间的关系重新调整到一种相对稳定的状态。通常，把协同创新过程中来源于系统内部的涨落因素，称为内涨落（如组织内部改革、新思想、新建议、新举措等），而其他来自外部的涨落因素相应地即被称为外涨落（如国家体制改革、政策与战略调整、社会危机、国家战略需求变化）。因此，随机涨落对思想政治教育协同创新系统起着建设性的作用，是系统有序自组织演化的转化力量。

（5）循环演变的协同创新发展形式。

循环是周而复始的运动过程，具有过程上的重复性和结果上的预见性，是事物发展的普遍规律。作为独立的一般性事物，协同创新系统的各子系统、各要素本身就有一个完整的演化过程，是一个反应循环①。各子系统、各要素之间有促进、有制约，有发展、有蜕化，有耦合、有独立，其产生相互作用的过程实际上就是相互催化转化的过程，是一种催化循环。作为包含着众多要素的思想政治教育协同创新系统来说，必须兼容反应循环和催化循环，并在此基础上遵循循环发展的规律，从而形成一个容量更大、内涵更丰富、运动更复杂的超循环系统，并最大限度地吸收各要素的积极因子，调节好子系统之间的作用关系，通过自我适应、调节、优化和创新功能，使协同创新实践不断循环演化，向更加先进、优化的方向发展，实现更高层次的知识、技术、经济、社会价值的创造。

（三）思想政治教育协同创新的机制选择

思想政治教育协同创新涵盖目标优化、内容整合、方法融合、载体创新、主体协同等方面，不同的创新主体对协同创新实践的认知存在差异，因此思想政治教育协同创新是一个知易行难的过程。公共创新主体对创新的共同追求是实现协同创新的必要条件，微观主体间利益共同体的形成对于协同创新的实现也至关重要。以下分别从构建思想政治教育协同创新的

① 沈小峰．混沌初开：自组织理论的哲学探索．北京：北京师范大学出版社，2008：146.

激励机制、开放机制、平台基础和成果反馈等不同方面对思想政治教育协同创新的实践路径进行分析，以加深对思想政治教育协同创新的理论和实践的理解。

1. 思想政治教育协同创新的激励机制

与其他创新体系类似，思想政治教育协同创新过程的激励机制——价值创造机制——主要包括：创新知识价值的创造、交易成本的实现、创新风险的分摊以及实现利益的分配四个子维度。需要指出的是，四个相关联过程不一定依次发生，可能根据实际情况的不同而相伴相生。作为创新自组织的高级形式，思想政治教育协同创新的价值创造机制较之前的一些创新形式有更大的复杂性和不确定性，因此只有清晰地把握整个价值创造过程的各个环节，充分挖掘其中的机理，才能在控制风险水平和创新成本的基础上最大化创新价值，进一步提升创新系统的绩效，体现协同创新的优越性。

思想政治教育协同创新过程中的知识价值增值无疑是其激励机制的最有效印证。思想政治教育协同创新的内涵本质是教育主体与教育客体之间、教育主体间及教育客体间等为了实现理论与实践创新而开展的大跨度整合的创新组织模式，是通过一定的引导和机制安排，促进教育资源和社会资本发挥各自的能力优势，整合互补性资源，实现各方的优势互补的活动，是适应社会发展的新范式。思想政治教育的协同创新，应当以全面提升人的思想政治素质为核心，以知识价值增值为目标，以思想政治教育的关联要素及其相互作用关系为主体，以理论研究和实践探索基本方法为手段，是一个从研究解决系统问题着手促进发展的过程①。作为现实的牵引目标，知识增值的过程实际上是知识认知和探索、内化和转化、创新和利用的过程。在协同创新系统中，知识活动不断循环，成果不断转化，形成了很强的规模效应和范围效应，进而为社会创造出巨大的经济效益和社会效益。

2. 思想政治教育协同创新的开放机制

思想政治教育协同创新的开放机制——共享机制——主要是在以思想

① 迈克尔·吉本斯，等. 知识生产的新模式. 陈洪捷，等译. 北京：北京大学出版社，2011.

政治教育主体和客体为核心，以社会资本、道德资本、动力基础、资源开发等为辅助要素的多元主体之间，通过协同创新共享平台所进行的跨组织、跨学科、跨领域的资源共享，包括科技信息资源（技术标准、专利、科研成果、学术论文等）共享、科学设施资源共享、科研人员开放交流无间合作等，其目标是实现知识的创造。

思想政治教育应以知识协同作为协同创新的重点。区别于信息与数据，知识在合作组织间转移、吸收、消化、共享、集成、利用以及再创造的过程，本质上是知识转化、运用的过程，属于知识管理的协同化发展，知识协同的主要形式是共享与创新。思想政治教育协同创新过程中的知识协同主要包含四个要素：知识获取、知识消化、知识共享以及知识增值，而这四个相关要素主要表现在社会化、外部化、联合化、内部化的实践过程中。其中，社会化过程将思想政治教育潜在的资源和知识进行了整合交流和经验共享，并在这一过程中产生了新的潜在资源知识；外部化过程将思想政治教育的隐性资源吸收转化，从而使其有效地显露出来，即“外化”；联合化过程是将外化的资源知识的各个成分或分立系统相互交叉、结合，从而形成新的思想政治教育外在资源优势；内部化过程是将外化的思想政治教育主体重新转化为新的内在能量知识的过程。而将潜在的资源知识进行内化—外化—内化的过程，其目的是提高个人或组织应对环境变化的实际工作能力。

3. 思想政治教育协同创新的平台搭建

思想政治教育协同创新平台的搭建目标是促进各个创新主体要素内实现创新互惠知识的共享、资源优化配置、行动最优同步以及高水平的系统匹配度。思想政治教育协同创新平台以合作创新为核心，围绕特定的研究目标和内容，整合相关主体的核心优势资源，获得单方无法独立达到的高效益，最大限度地提高平台的运行效率，及时把必要的组织功能联合在平台这个载体和中介中，从而建立起一个适应科技、经济及社会发展的较为紧密的合作平台。在宏观层面上，思想政治教育协同创新平台以创新体制机制为动力；在微观层面上，思想政治教育协同创新平台通过主体之间及主体与外部环境之间的人力、知识、技术、基础设施、资本、信息及政策等创新资源的互动，实现教育合作创新目标，从而取得一定经济效益和社会效益。

思想政治教育协同创新平台的构建原则包括互利互惠、理论创新、责任共担、柔性结构等。其中，互利互惠原则强调思想政治教育协同创新平台可以打破各创新主体之间的壁垒，通过协同主体之间的相互接触、参与、讲授和演示，实现各创新主体之间技术的学习与转移和平台内部以及平台与外部环境的资源交换，进而可以使平台不断获得信息、知识和技术等创新资源；理论创新原则指出，思想政治教育协同创新平台的结构特点要求平台各要素之间、要素与外部环境之间创新平台必须实现最大意义和程度上的耦合；责任共担原则强调，通过参与协同创新平台组织的合作者共同努力，可以达到社会资源的互补，减少创新活动的不确定性；柔性结构原则指出，思想政治教育协同创新平台采用扁平型结构有利于信息的横向交流，其缩短了信息沟通的通道和时间，并提升了整个平台动态规模的可调性和对外界反应的灵敏性。

4. 思想政治教育协同创新的成果反馈

思想政治教育协同创新的成果需要一定的量化指标来衡量，这就需要设置思想政治教育协同创新绩效评价体系，这一体系的建构既关系到评价结果的科学性和正确性，又关系到创新资源的合理配置，还关系到协同创新能力的构建与创新机制的完善。思想政治教育协同创新系统中创新活动的阶段性、多样性以及各创新活动主体的多元化和层次性决定了创新绩效评价指标体系的层次性。这里的思想政治协同创新绩效评价的指标主要是指软性指标：思想政治教育协同创新评价的引导因素可以用引导的总目标的方向正确性、协同创新项目组的分目标方案之间的相关性等指标；协同环境因素可以用创新的文化氛围、协同创新资源共享平台上资源的完备程度等指标；沟通机制可以用资源共享平台的使用率、跨组织的项目组内部科研人员的交流频度、合作沟通介体发挥的作用等指标；激励机制可以用协同创新系统对教育主体的激励指标；信任机制可以用信任形成机制、信任运行机制、信任保证机制等指标；团队构成的指标可以包括学科带头人数、技术桥梁人数、跨学科人才人数等指标来评价。

思想政治教育协同创新是实现新时期思想政治教育适应社会发展需要目的的关键举措。而思想政治教育协同创新又是一门学问，协同合理，就能发挥出思想政治教育资源的最大效益，协同不合理，则会制约思想政治教育资源效益的发挥。因此，我们需尽量根据教育目标、教育对象和教育条件的实际，以及思想政治教育之间的内在联系，合理地进行协同。尽管思想政治教育协同创新理论研究的价值和意义已经显现，研究成果在指导实践上也取得了一定效果，并为今后的深入研究总结了方法、积累了经验，但在今后的思想政治教育协同创新的理论与实践研究中，值得深入探索的问题还有很多，如中外思想政治教育协同创新资源开发利用的历史过程与基本经验，当前我国思想政治教育协同资源的数量、质量与地区的分布，不同时期思想政治教育协同发展状况，潜在的思想政治教育协同资源的开发利用趋势与前景预测等等。

六、制度管理：思想政治教育有效运转的重要保障

走向制度化是思想政治教育发展的必然要求。思想政治教育制度化，就是将思想政治教育整个运行程序纳入制度或制度框架内的系统工程和动态过程。以思想政治教育过程中需要规范的对象为划分，思想政治教育制度化的实现可从内容设置、运行过程、管理组织、保障运行、教育评估五个方面入手。实现思想政治教育制度化要以内容设置规范化为重要前提，以运行过程有序化为环境保障，以管理组织系统化为组织基础，以保障运行机制化为后盾支持，以教育评估轨制化为推进动力。

（一）思想政治教育内容设置规范化

任何思想政治教育工作的展开都要以内容为先导，因而内容设置的规范化是思想政治教育制度化进程中的一项重要前提。在思想政治教育的过程中，对于思想政治教育的教学内容以及具有普遍意义的底线道德或核心价值意识往往都加以规范性的规定，如思想政治教育教学大纲、爱国主义教育实施纲要、社会主义核心价值体系建设实施纲要等。由于制度本身的历史惯性以及人们认知水平的差异，就要求在对以制度确立的思想政治教育内容进行设计安排时应实现时间概念上的“与时俱进”与类别差异上的

"因人而异"。

首先，坚持"与时俱进"的发展理念，实现内容设置的适时调整。经济基础决定上层建筑，伴随着经济与社会的发展，对于属于上层建筑的思想政治教育也提出了新的要求。由于涉及思想政治教育内容的这部分制度安排，往往带有历史惯性，欠缺适时更新，导致相关内容与时代要求相脱节而被束之高阁，从而失去了制度本身所应有的实际效能。如在高校，部分课程内容滞后于时代更新，造成学生处于所掌握知识与时代需求相脱节的尴尬境地，"时代背景下人的思想观念和生活方式的变化，这对于思想政治教育专业建设来说，也意味着在内容、载体、规律和方法等方面也需要及时地调适和更新"①。因此，以客观现实为参考，对于内容设置及时做出规范性变动，融入时代新理念、新策略，从而凸显对日常生活问题的解决及现今新型社会关系的调整，体现人文主义的现实关怀，确保思想政治教育与时代发展同步前进。

其次，坚持"因人而异"的差异理念，体现内容设置的层次区别。由于制度化的思想政治教育内容涉及社会道德底线规范或核心价值意识，具有一定的普适性，因此，在内容的安排设置上往往忽略了人们道德践履中差异的存在，如果教育对象要进行选择，他也总是必须在他的生活范围里面、在绝不由他的独立性所造成的一定事物中间去进行选择的。由于时代和社会的发展，社会阶层分化出现复杂化的特征，因而思想政治教育对象也出现了层次性及广泛性的特征，这就使得不同知识水平、社会角色、生活环境的教育对象对于所需接受的思想政治教育内容也有不一样的要求，如《公民道德建设实施纲要》中就对共产主义思想及集体主义原则进行了层次分明的划分，对于家庭、学校、企事业单位和社会中不同类别的人群提出了具体而全面的道德要求。由此可见，制度化的思想政治教育内容必须适应思想政治教育对象的差异性和层次性，进行区别对待、因材施教。

最后，思想政治教育内容设置的规范化，既要有时代彰显，又要有差异体现。"与时俱进"适应时代发展需求，"因人而异"尊重人们认知差

① 王学俭. 关于思想政治教育专业建设的几点思考. 思想教育研究，2014 (1)：20.

异，实现思想政治教育内容设置的优化完善是思想政治教育建设的重要前提。只有当规范设置的思想政治教育内容受到广泛认同，且凡是跨越制度规范的行为都能在监管和处罚之列，那么思想政治教育活动才有开展的基础，才能真正取得实效。

（二）思想政治教育运行过程有序化

思想政治教育过程的运行是以社会要求为基础，教育者与受教育者共同参与、双向互动的过程。而思想政治教育运行过程有序化就是对这一动态秩序的维系，并使之成为一个有规、有序、有守的运行环境。因此，从社会要求、施教主体、受教育者三个角度出发，合理制度设计，规范运行秩序。

首先，从社会要求出发，应设置制度条例，彰显时代精神。社会在自身发展的基础上提出了对思想政治品德教育的现实要求，它是整个思想政治教育过程的开始，施教者通过对社会要求的合理转化提出教育要求，而教育要求是对教育目标以及教育原则的体现。因此对教育要求进行制度化的确定，是教育运行程序规范化的开始。在这一过程中，需要强调的是时代性与基础性的并驾齐驱：所谓时代性，是在特定时代背景下提出的特定教育要求；所谓基础性，是最基本、最核心的原则性要求。

其次，从施教主体来讲，要规范行为活动，完善教育过程。施教主体在思想政治教育的过程中通过转化社会要求、提出教育目标、设置教育任务、创设教育情境，并选择教育的方式手段对思想政治教育工作进行安排和筹划。但在实际中，这一过程常常不尽如人意。究其根本，其原因是施教主体在思想政治教育活动过程中往往缺乏主动性且行为活动较为随意，缺乏相关的制度约束。因此，在思想政治教育过程中，一方面应设置主体行为约束机制，对于随心所欲的思想政治政治教育行为进行问责、惩处，如落实高校教师职业道德规范、教师定期注册制度等。另一方面应设置有利于教育者“长效经营”的制度安排，引导教育者潜心于对受教育者德行的培养，而不是追求功利性的量化标准。

再次，对受教育者来讲，应引入激励机制，启发积极主动。在思想政治教育的运行过程中，受教育者作为被动的一方，需通过激励机制的引进，启发受教育者的积极性。激励是思想政治教育本质属性的一种反映，它以激发受教育者内在的自尊、自信、自立为途径，调动起其对思想政治教育活动的积极性、主动性和创造性。这种激励机制的引入，要求建立起一套理性化的制度，以制度为考量，运用物质、情感等方式启发受教育者的主动性。在制度的构建中，依情况、人群规定出不同的激励办法，对优异者褒扬，形成社会引领；对后进者鼓励，化为前进动力；对违背者惩处，铸就法治风尚。

最后，思想政治教育运行过程应实现有序化，从而实现对社会要求的彰显和主体行为的规范，最终以制度设计确立起对教育者的惩处及褒奖。与此同时对于受教育者来讲，当其置身于教育过程中时，也将引发规制性的激励效应。因此在思想政治教育的运行过程中，制度化的实施使得思想政治教育的可操作性和权威性得以强化，从而为思想政治教育提供有序的运行环境。

（三）思想政治教育管理组织系统化

思想政治教育的有效运转离不开组织的力量。从制度层面讲，思想政治教育管理组织系统是为了对组织和个人的职责分工予以确定而设置的制度框架及制度安排，包括思想政治教育的领导体制及思想政治教育过程中的组织部门以及相关人员安排。这一系统的设置是为了使组织和个人形成整体系统化的力量，进而为思想政治教育的合理运行提供强有力的组织基础。而为了实现思想政治教育管理组织系统化，就必须做到以下几点：

首先，就领导体制而言，要坚持党的核心领导，完备党委一元制。思想政治教育的领导体制作为思想政治管理体系的核心内容，是对思想政治教育工作的领导权问题的回复。众所周知，“思想政治教育是实现党所领导的、以人民民主专政的根本利益为目的的政治社会化的教育形式和工作方式”①。作为一种意识形态教育，在运行过程中思想政治教育要始终发挥巩固

① 宇文利．论我国当代思想政治教育的制度化建设．思想理论教育导刊，2011（1）：95．

党组织政治核心地位的作用，形成强有力的政治保证。然而不论是在高校还是企事业单位，原应发挥思想政治教育管理组织作用的各级党委的真实地位和现实作用往往与其应有的权威不尽相匹配。这就意味着思想政治教育管理组织首先需要从制度变革入手，进而引发“理性人行为”的改变。因此，一方面应当以制度的手段强化党委一元化领导的权威地位，保障其决策的最高权威和全局工作的指挥意志，实现党委组织的现实效用。另一方面也要健全一定的约束制度，规范党委组织的领导行为，促进党委组织行为的合理化。

其次，就组织管理模式而言，应实现单制性向统合性的转变，形成多元化管理格局。伴随着社会管理组织模式、管理结构和安排的转变，思想政治教育管理也提出了统合性管理格局的新要求，即“党政工团协调共管、多元介入配合以及各负其责，多方协调”的管理格局。面对统合性这一覆盖全社会的多元化管理格局，为协调各单位、组织、部门并实现有效的管理效度，就需要制度化的操作加以配合。因此，一方面要对思想政治教育管理权责做出规定性界定，实现各组织、机构的有效配合。另一方面也要调节思想政治教育各管理组织、机构的行为活动，克服工作中存在的行为随意性，确保各机构、组织有作为、有贡献、有担当。

最后，要实现思想政治教育管理组织系统化，坚持党的领导是前提，完善管理格局是关键。要在党委组织的统一领导下，以明确职能分工为基础，以目标及任务为中心，构建各组织机构的有效配合、协调以及整合的系统体系，实现思想政治教育的高效管理。

（四）思想政治教育保障运行机制化

思想政治教育工作的有效运行，必须以一定保障条件为支撑，其中组织机构、专业队伍、经费支持、活动载体，都是思想政治教育活动顺利开展的后盾支持。从制度化的层面实现思想政治教育保障机制化，就是要以制度的确立保证思想政治教育组织领导、工作队伍、各项资源等保障因素能够正常有序运行，防止思想政治教育陷入恶性运行、畸形发展的困境，以实现其可持续发展。要实现思想政治教育保障运行机制化，就必须做到以下几点：

首先，要制定严格的标准要求，培育强有力的思想政治教育工作队伍。一支政治强、业务精、作风正的队伍是思想政治教育工作的强大后盾，它贯穿于整个思想政治教育工作的始终，从组织领导、行为过程到监督评估，每一个环节的开展都需要一支强有力的队伍来保驾护航，并为思想政治教育工作提供人才资源、管理资源、物质资源等保障，是确保思想政治教育目标、内容等得以落实的核心因素。因此，建立一支严要求高标准的思想政治教育工作队伍，并对工作队伍的人员素质、组织成分等以硬性指标进行规定，是提高教育队伍工作能力、增强思想政治教育工作实效性的必然要求。

其次，应设置完善的资源投入及使用制度，以充分发挥资源效能。思想政治教育资源主要包括经费投入、技术支持、人才保障、环境优化等。能否用有限的资源有效地满足思想政治教育活动，取决于是否有相关的制度安排以实现资源的凝聚、配置及利用。具体而言，首先，要保障思想政治教育活动中经费投入的有效合理。各单位、部门应据自身情况，明确详实的经费投入及使用的规章制度，使之规范化、制度化。其次，要保障人才和技术在思想政治教育活动中的有效配置及管理。最后，要以规范制度优化教育环境，尤其是对传播媒介、虚拟环境等新出现的环境因素的净化和管理更要及时立法并依法规范。

最后，思想政治教育保障机制化，既离不开健全的工作队伍，又离不开有效的调配机能。“保障”一词在日常生活中多理解为“屏障防护”。我们所谓的思想政治教育保障，亦是此意。如今，在依法治国的大背景下，我们应从制度化的角度去探讨思想政治教育保障机制化，使贯穿于思想政治教育过程的每一环节的屏障保护都得以规范化、制度化，进而为思想政治教育的运行提供有力的后盾支持。

（五）思想政治教育评估轨制化

思想政治教育评估是对思想政治教育结果性的判定，是对某一项思想政治教育活动过程及结果的评判，包括评价、反馈、调控与优化等环节。

思想政治教育是发展的，它需要在评估的过程中得到动力推进，实现更新发展。因此，思想政治教育评估是思想政治教育发展的推进动力，也是思想政治教育制度化中不可或缺的重要组成部分。所谓“评估轨制化”，就是以科学的评价方式提高人和事物的运行动力，以确保思想政治教育得以合理运行和目标实现的评定体制。针对思想政治教育评估过程中出现的弊病，应从以下两个方面完善思想政治教育评估轨制化的建构。

首先，去形式化、简单化，实现评估方法科学化。在现实的思想政治教育评估中，往往考察单一化、形式化、片面追求指标化，忽略了实际质量及效果，“走过场”成为常态，缺乏实际效能。究其关键，就是没有形成制度化的科学评估方法，使得评估方式随意化，缺乏科学性。因此，要以制度具体规定方法实施，体现评估的准确性、发展性和全面性。具体来讲，评估的准确性表现在综合评估方法上，即要确立以定性评估为主，定量评估与定性评估相统一的方法，使模糊与精确相结合；评估的发展性表现在评估动态过程中，即要确立起以形成性评估为主、形成性评估与终结性评估相统一的方法，使现实与发展相结合；评估的全面性表现在系统配比中，即实现以全面评估为主，全面评估与重点评估相统一的方法，使普遍与特殊相结合。在实现评估的准确性、发展性和全面性的基础之上，实现思想政治教育评估方法的科学化，使评估主体在制度的约束下，严格按照规章制度进行评估，避免评估中的主观臆断、拘泥现状和以偏概全。

其次，合理设置评估主体，规范评估主体多元制。评估主体的设置是整个评估过程的关键，由于思想政治教育本身涉及多元性主体，因此，思想政治教育评估的轨制化设计能否兼顾各主体要素，直接决定了考核评估的全面性、客观性以及公正性。在实际的思想政治教育中，思想政治教育的评估基本是由上一级对下一级进行的纵向评估，即思想政治教育评估主体是教育者和领导者，而忽视了管理者、领导者之间的横向评估以及受教育者和社会大众的有效参与。总而言之，思想政治教育的评估忽视他者、强调自我，既缺乏自我与同行之间的横向评估又欠缺受教育者及社会的逆向评估。因此，在考核评估的过程中既要注意“点”上评估管理人员的突出作用，同时也要重视在“面”上吸纳社会群体的意见，实现评估的准确性及全面性。反馈到制度化的层面，就是要以制度形式对各主体要素的参与情况进行规定，强调评估主体的多元制，横向评估和纵向评估并重，从而起到相互制约、共同监督的作用。

最后，要实现思想政治教育评估轨制化，优化评估方法、规范评估主体是关键。这既是对实事求是原则的体现，也是获得被评估人普遍认同的有效方式。思想政治教育评估伴随着整个思想政治教育活动的全过程，即在完成“监督、考核、评估、调整”的过程后就会进入下一轮的再监督、再考核、再评估、再反馈等环节，形成一个循环往复的过程，为思想政治教育发展提供推进动力。

总之，思想政治教育制度化是一个综合的过程，其中思想政治教育内容设置规范化、思想政治教育运行过程有序化、思想政治教育管理组织系统化、思想政治教育保障运行机制化、思想政治教育评估轨制化，这五者贯穿于思想政治教育制度化的始终。虽然每一部分可以实现单独存立，但只有五者相结合并实现有效配合及有机统一，才能最终形成并决定思想政治教育制度化的实现程度。制度化建设是思想政治教育有效性的保障，也是依法治国的现实呼唤，以制度的创新与执行来解决社会大众的思想问题，制约社会大众的日常行为，是回应思想政治教育滞后性和随意性问题、巩固思想政治教育成果的应有之义。

七、基本定位：思想政治教育专业建设的重要思考

自1984年正式设立以来，思想政治教育专业在三十多年的时间里迅速成长为培养体系健全、办学经验丰富、专业队伍强大、教育教学改革成果辈出的专业之一。在新的世纪、新的阶段，面临新的机遇、新的挑战，推动思想政治教育专业建设的现代转型，打造自身的专业特色，构建新型的专业发展范式，既是摆在每一位思想政治教育理论和实践工作者面前的现实课题，也是在更深层次上推动思想政治教育专业建设、实现思想政治教育创新发展的必然举措。

（一）明确思想政治教育专业建设的定位

经历了三十多年的发展，思想政治教育专业在取得令人瞩目成就的同时，也同样存在着一定的矛盾和问题，其中对于思想政治教育专业建设定位的困惑与混乱就是一个突出问题。从理论层面来看，这个问题主要表现在人们对于思想政治教育的专业与学科、思想政治教育与马克思主义理论、思想政治教育与德育往往产生混淆；从现实层面来看，往往表现为思想政治教育专业本身边界模糊、课程设置较为混乱、毕业生就业竞争力不强等。

在理论界定方面，需要把握以下几个问题。第一，思想政治教育的专业与思想政治教育的学科是两个紧密联系而又相互区别的范畴，思想政治教育专业以经济社会发展和社会分工为导向，以人才培养为目标，是由一系列课程体系、社会实践活动、教学科研人员和学生构成的组织形态，而思想政治教育的学科更加侧重于理论体系的建构，具有明确的研究对象、完整的知识体系和系统的研究方法；思想政治教育的学科是思想政治教育专业的依托，思想政治教育的研究状况和研究水平制约着思想政治教育专业建设的深度和视野。由是可见思想政治教育专业处于学科体系与社会职业需求的交叉点上，在依托学科的同时，又为学科源源不断地培养和输送着专业人才，保障和推动着思想政治教育学科的良性发展①。第二，思想政治教育与马克思主义理论同样也紧密联系又相互区别。从时代背景来看，作为专业的思想政治教育，其形成于20世纪80年代我国改革开放的历史进程当中，而马克思主义理论则形成于19世纪资本主义大工业发展的历史背景之下，是对资本主义的系统反思和理论批判的结晶；从内容体系来看，马克思主义理论包含了马克思主义哲学、政治经济学和科学社会主义三大部分，其学科和理论课程设置都是以三大理论为基础，并根据社会主义发展的地域化、时代化不断进行着调适和创新，而思想政治教育的学科则是始终围绕着三大主干学科领域，即思想政治教育原理、思想政治教育方法论和思想政治教育工作史而展开；从学科架构来看，思想政治教育是马克思主义理论一级学科下属的二级学科，是马克思主义理论学科群中的一个相对独立的学科视角和专业点；从学科使命来看，思想政治教育的理论研究和专业建设为马克思主义理论的理论创新和现实推广发挥着十分重要的作用，而马克思主义理论是思想政治教育理论基石，是思想政治教育创新和发展的源动力。第三，“在我国社会主义意识形态教育的理论与实践中，存在着德育与思想政治教育两种教育形态、两种教育格局和两种学科体系”②。但在实践过程中，由于二者的根本目的都是着力于解决人的思想认识问题，都具有一定的社会价值和个体价值，具有相似的教育载

① 孙其昂．思想政治教育学前沿研究．北京：人民出版社，2013.

② 杨国欣．德育与思想政治教育比较及现实意义．中国特色社会主义研究，2009（1）：104.

体、活动特性，因此导致二者往往在外延上不断泛化并出现混淆。作为两种类型的教育，二者存在着许多不同之处：狭义上来讲，德育就是道德教育，主要是围绕着社会公德、职业道德、家庭伦理等展开，而思想政治教育则是思想道德教育和政治教育的综合，主要是围绕着党和国家的大政方针、政治经济形势以及地区和单位的具体情况，有针对性地开展教育实践活动；从学科归属来看，德育属于教育学的范畴，思想政治教育则是一门单独的学科和专业。

我们不仅需要对理论层面上的思想政治教育专业的定位混淆与混乱进行理性、科学的界分，还要对现实实践层面上其面临的困境瓶颈充分了解、积极应对，并意识到一定程度上的理论认知的混淆与混乱也是引起思想政治教育专业建设实践困境的主要因素。从整体上来看，当前思想政治教育专业建设的定位困境在实践领域主要表现在专业边界模糊、课程设置混乱和毕业生就业竞争力弱等方面。具体而言，第一，由于思想政治教育学科专业创立时间较短，学科和专业的体系架构、教学和研究方法等尚处于调适阶段，思想政治教育的学科边界模糊，且教学和研究内容在不同时期、不同阶段均有不同的侧重，从而使得思想政治教育专业难以形成系统、独立和完整的专业技能和专门知识体系，并导致其专业边界呈现出模糊和泛化的现象；第二，在众多开设思想政治教育专业的院校中，各个地区和各个学校在思想政治教育专业的课程设置、教学方式等方面往往各自为政、各不相同，缺乏系统的思想政治教育专业建设经验交流，进而导致思想政治专业在整体范围内呈现出一定的分散性，也致使本专业学生从本科到研究生阶段跨校培养的衔接困难，这些都影响到了思想政治教育教学和科研工作的开展；第三，在毕业生的就业方面，由于人们往往对思想政治教育的专业特色、专业性质和就业前景缺乏充分认识，认为思想政治教育专业缺乏专业技能、工作岗位可替代性强，这就导致了思想政治教育专业的就业前景较差。因此，在当前社会分工日益细化、就业竞争力日趋激烈的背景下，增强思想政治教育专业设置的社会针对性和适应性，提升毕业生工作技能和专业文化素养，是改变思想政治教育专业就业困境、提高毕业生就业竞争力的基本思路与方向。

（二）突出思想政治教育专业建设的特色

坚持特色是推进思想政治教育专业建设的基本路径，也是实现思想政治教育理论和实践创新的基本方式。思想政治教育专业特色对思想政治教育的教学和研究工作的开展具有导向作用，具体而言，在教学方面，它指导和规约着思想政治教育专业人才培养的目标和要求、课程体系以及教学方式，在研究方面，它凝聚了一批具有相同研究旨趣的科研攻关团队，并形成了一定的研究导向和研究侧重。因此从总体上来看，近年来全国范围内许多开设思想政治教育专业的院校逐渐意识到专业特色的重要性，并开始根据各自的办学定位、发展规划、人才培养规格和学科优势进行思想政治教育专业特色建设的尝试，比如一些理工科类的院校依托本校科技研究平台和研究氛围，在思想政治教育的理论研究和实践教学过程中突出网络思想政治教育；一些民族院校和边疆地区的院校侧重民族思想政治教育的理论和实践探索；一些农林类院校依托本校在环境和生态方面的研究优势，注重开展生态伦理、生态教育以及思想政治教育的生态性思维的研究和教学；还有一些院校依托本校的优势学科，借鉴和吸收社会学、心理学、教育学、哲学、经济学、法学等学科的理论和实践研究经验进行思想政治教育的学科交叉研究，创新了思想政治教育的专业教学方法，拓展了思想政治教育的教学视野；等等。但是，在这一过程中我们应看到仍然存在着一定的问题和不足，主要表现在各院校仅仅是从各自的经验传统及院校自身特点出发，缺乏系统的学科支撑和长远规划，而从全国范围内的思想政治教育专业建设来看又缺乏系统性和整体性的指导和规划，种种这些都不利于思想政治教育的专业人才培养。

当前，思想政治教育的专业建设过程中既要理清思路、整体规划、服务大局，又要突出特色、独树一帜。要在思想政治教育专业建设过程中突出特色，可从三个方面入手，即地域特色、时代特色和办学特色。

第一，突出思想政治教育专业建设的地域特色。思想政治教育的专业建设是一项面向实际的工作，其直接任务是为教学科研单位、党政机关和企事业单位培养和输送人才。从以往的人才毕业流向来看，大部分毕业生大多扎根于母校所在省市并为当地地方经济社会建设贡献力量；从院校自身来看，各个院校又是才智汇集之处，能够为地方经济社会发展参谋助力，具有较强的才智针对性和辐射力。例如兰州大学马克思主义学院地处西北，无论是扎根西北的毕业生还是学院的教学科研贡献，都为西北地区的边疆稳定和谐、民族安定团结以及经济社会发展贡献了重要、独特的力量。因此，在思想政治教育专业建设过程中，突出地域特色不仅是服务地方经济社会发展的需要，也是提高思想政治教育专业人才的社会适应力、培养专门性和针对性人才的需要。

第二，突出思想政治教育专业建设的时代特色。改革开放以来，随着经济社会的快速发展，人们的思想观念和生活方式也随之发生了重要变化。由于思想政治教育的理论研究和实践都是围绕着“人”来开展的，因此时代背景下人的思想观念和生活方式的变化，对于思想政治教育专业建设来说意味着在内容、载体、规律和方法等方面需要及时地调适和更新——在教学内容方面，要合理安排思想政治教育的现代性、网络性等前沿性问题的教育教学；在教学载体方面，要充分利用新媒介这一新的思想政治教育载体；在教学规律和方法方面，要不断熟悉新环境下人们的生活学习规律，掌握新情境下人们的认知习惯、交往习惯和沟通方式。此外，随着经济社会发展过程中新情况、新问题的出现，还需要在思想政治教育专业建设过程中合理设置新的教学研究议题，从而培育思想政治教育教学科研的时代责任感。

第三，突出思想政治教育专业建设的办学特色。专业建设的特色是与学校的办学传统和办学性质紧密结合的：一方面，专业的建设依托于学校的办学传统和办学性质，并在继承传统的基础上突出特色，专业的建设特色扎根于学校的文化积淀，是学校的学科支撑平台；另一方面，学校的办学传统和办学性质在专业建设过程中也在传承的基础之上不断发展。思想政治教育的专业特色建设在服务于党和国家的发展规划和整体部署的同时，也要顺应和依托各个具体学校的办学传统和办学性质，在思想政治教育专业人才培养的目标要求、课程规划、教材体系和教学方式等方面具体筹划、形成特色。例如，在民族类院校、师范类院校、综合类院校、理工科类院校以及职业技术类院校中的思想政治教育的专业建设应当是各有侧重的，即在围绕党和国家对于思想政治教育专业建设的总体规划和部署的前提下，一是要根据所在院校的性质设置思想政治教育的专业培育方向和教学定位，二是基于本校思想政治教育的教学传统，设计思想政治教育专业特色建设的总体规划、阶段性任务和目标，从而形成思想政治教育人才培养的合理导向和不同侧重。

（三）促进思想政治教育专业建设的协同

继2011年胡锦涛同志在庆祝清华大学建校100周年大会上的讲话中提出“建立高校协同创新战略联盟”的理念和要求之后，2012年教育部正式启动了“高等学校创新能力提升计划”（“2011计划”），该计划以人才、学科、科研三位一体创新能力提升为核心任务，通过构建面向科学前沿、文化传承创新、行业产业以及区域发展重大需求的四类协同创新模式，以实现高校创新方式的转变和机制体制的深化改革。其中，面向文化传承创新的协同创新中心重点以哲学社会科学为主体，其目标是促进各高校、科研院所、政府机构、行业产业以及国际学术机构的强强联合，进而提升国家文化软实力，增强中华文化的国际影响力。这一举措不仅表明协同创新已经进入国家战略层面，而且也意味着高等学校创新和发展迎来了一个前所未有的黄金机遇期。

对于培养具有坚定的马克思主义信仰和中国特色社会主义共同理想的优秀思想政治工作者、训练能够运用马克思主义与思想政治教育专业的理论和方法分析问题和解决问题的专门人才、造就拥有正确世界观人生观价值观的高素质劳动者而言，高校思想政治教育专业发挥着十分重要的作用，因此，高度重视、深入研究、科学筹划思想政治教育专业建设不仅适应国家协同创新战略，还是思想政治教育顺应时代发展的必然举措。同时，在当前国内各院校思想政治教育专业建设过程中，彼此之间往往缺乏相互之间的信息沟通、经验交流和资源互补，这就导致了思想政治教育专业建设分散化和重复化现象明显，对专业建设过程中面临的招生、就业以及培养模式等共性问题的处理往往是各自为政，但受自身理解能力、学科眼界和地域资源的限制并不能够很好地解决问题。因此，综上所述，切实开展思想政治教育专业的协同建设，必将有力增进各院校之间的横向联合和优势互补，有序推进思想政治教育专业的科学发展，有效促进思想政治教育专业培养人才和服务社会能力的提升。

为了进一步加强全国思想政治教育本科专业建设，推动各院校加强沟通、增进交流、达成共识、促进合作，2013 年 8 月 24 日，由武汉大学马克思主义学院、兰州大学马克思主义学院、北京师范大学哲学与社会学学院、南开大学马克思主义教育学院、中南大学马克思主义学院和东北大学文法学院等六家单位共同参加的首届全国重点高校思想政治教育本科专业协同建设研讨会在兰州大学举行。此次会议形成了五点协作共识：（1）协同开展思想政治教育本科专业人才培养；（2）每年召开一次协作会议，由各协同单位轮流举办；（3）开展思想政治教育及相关专业研究生相互推免工作；（4）推动思想政治教育专业本科生校际交流；（5）加强相关院系的教师合作交流。此次会议的召开既是思想政治教育专业建设对于协同创新的积极和正面回应，也对全国范围内思想政治教育专业的协同建设起到了很好的带动和辐射作用，为思想政治教育专业发展提供了新的思路和契机。而后在南开大学、中南大学、武汉大学分别召开了第二、三、四届会议。

从宏观层面来讲，思想政治教育的专业建设系统包括了全国范围内开设思想政治教育专业的院校，从微观层面来讲，这一系统又涵盖了各院校的思想政治教育部门、思想政治教育工作者和学生群体等。但无论是宏观层面还是微观层面，其系统目标始终具有一致性，即促进专业培养对象的全面发展。思想政治教育专业建设的协同创新就是推动宏观系统和微观系统在观念创新、培养模式、理论研究、机制建构、平台建设、制度制定等方面的协调推进，实现思想政治教育专业建设系统中多主体之间的深度合作，建设思想政治教育协同创新团队，构建思想政治教育专业建设协同创新平台。当前高校思想政治教育专业建设的协同创新尚处于初始阶段，作为思想政治教育发展的一个新的生长点，专业协同创新在具体操作模式的诸方面还有待于广大思想政治教育理论和实践工作者进一步思考和探索。

八、教育培养：思想政治教育专业发展的人才储备

随着高等教育的发展和学科的拓展，思想政治教育导师不仅要承担本科、硕士、博士的专业课教学工作，还要承担本科、硕士、博士的思想政治教育公共课的教学工作。同时，还要指导硕士生、博士生、博士后的学术成长和理论教育，其任务是艰巨的。因此，要认真思考研究生的教育培养，为思想政治教育专业发展打下坚实的人才基础。

（一）在研究生的遴选方面，要重视学生的潜能，体现独到和长远的眼光

研究生期间的培养要求不同于本科期间——一方面，限于研究生培养的招生名额、培养资源及导师精力，所以较之本科教育研究生的培养更加“小众化”和“精英化”；另一方面，研究生阶段更加注重学生科研能力的训练，因而完成这一过程不仅需要导师因材施教和循循善诱，而且更需要学生积极主动和富有潜力，正所谓俗语中所说的“师父引进门，修行靠个人”。此外，研究生培养不仅为开展科研工作乃至推动学科发展培养“接班人”，而且也为社会各个行业和领域培养高素质的“储备人才”。因此，在研究生选拔过程中发现富有发展潜力、具有科研志向的“千里马”，是

做好研究生培养工作的基础和前提。

在研究生的选拔——特别是博士生的选拔——过程中，既要注重学生的综合素质，也要善于发现不同学生的潜力和特点。考察一个学生的潜力和素质的标准有很多，包括学业成绩、学生领导力、入学成绩、面试表现、科研经历、发展志向，等等。对于导师而言，最好的生源就是综合素质高的学生，但在实际选拔过程中达到这一要求的学生是很少的，这就需要导师结合自己的研究特长和培养意愿在同学生的交流过程中，发现不同学生所具有的特点和潜力。需要说明的是，导师在选拔学生过程中也会受到一定的限制，部分导师还存在"被选择"的情况，这就需要导师不断去了解学生，探寻学生潜能彰显的平台。此外，硕士阶段因为将来就业选择的多样化，因此可以选拔在某一方面或者某几方面具有潜力和特长的学生开展针对性的培养。但在博士研究生的选拔中，对学生的科研潜力和科研能力需要重点关注，这是因为博士研究生无论是在学习还是将来进入工作岗位时都是需要和科研打交道的，没有一定的科研能力和科研精神是不行的。同时，博士生的培养名额、资源也是有限的，因此，要将这些资源重点给予有志于学术研究和学科建设的人。此外在研究生选拔中，也要注重硕士和博士培养的连贯性，发掘一部分具有研究兴趣和研究潜力的学生，在硕士期间就以严格的学术研究素质对其进行培养，使之在继续攻读博士期间能够游刃有余，这种一以贯之的科研训练能够为以后的学术研究打下坚实的基础。特别是在马克思主义学科的大发展阶段，要尤其注意注重专业学习的连续性，从而更好地为学科未来发展提供储备人才。

（二）在研究生培养方面要有教无类、因材施教，注重"过程大于结果"

硕士研究生阶段的培养要从本科期间的知识传授的教学为主转变为科研能力培养为主，尤其是文科类学生需要注重培养文献收集的能力、发现和研究问题的能力、议题阐释和论证的能力、逻辑推导的能力，等等。当前，全国大多数高校在硕士研究生学制方面坚持实行三年制，在三年的硕士研究生培养阶段中，科研能力的培养是一个循序渐进的过程，不同年级有着不同的培养要求。首先，硕士一年级阶段的培养重点以夯实专业功底、尝试科研入门为主，此阶段学生刚从本科阶段转入研究生阶段，在培养方面要有一个衔接的过程，由于各个学校本科阶段培养模式并不相同，加之一些学生跨专业学习的现象，因此在硕士一年级阶段需要进行专业主干课程的补课。不同于本科阶段的课程教学，此阶段的课程教学要以开放式和引导式教学为主，教学内容相应地应增加学科前沿和科研方法论的讲授比重；同时，应积极鼓励和引导学生阅读与本专业相关的经典、名典，制定本专业的指导性（或基本）读书目录，以体现专业学术训练的标准化和规范化要求；此外，在硕士一年级阶段还应注重学生对于通识性科研方法的掌握，如田野调查、资料分析、心理咨询、计算机应用等等，为进一步学习和研究打好基础。其次，在经历了硕士一年级的“磨合期”之后，大部分硕士二年级的学生都有了较为明晰的职业生涯规划，且导师和学生相互之间也逐渐有了更深的了解，因此，在硕士二年级阶段导师对于硕士生的培养要根据学生的不同兴趣爱好、个人潜能和职业规划，因材施教，制定不同的培养方案和培养目标：对于完成硕士学业就要找工作的研究生，一方面要注重培养学生对研究方法的掌握和分析问题解决问题的能力，另一方面要根据不同学生职业规划和定位有针对性地安排研究任务，从而培养学生的实践操作能力和对未来职业选择的实际能力的培养；对于具有一定科研潜力和研究兴趣的研究生，需要指导其在专业的深度和精度上下工夫，使之不仅熟悉人文社会科学的通识性研究方法，也精通专业领域的研究特性和研究方法，并积极引导学生确立大致的研究方向和选题，为之后的研究打下基础。最后，在硕士三年级阶段，在遵循上一阶段培养思路的同时，还要重点围绕硕士毕业论文指导学生熟悉和巩固所学知识，并使之熟练对研究方法论的应用，从而强化学生在专业研究的精细操作方面的能力。

博士研究生的培养是一种精英式的培养，这一方面是由于博士专业学习和研究的人数较少，另一方面也是由于博士研究阶段的学术攻关和研究创新性所致。对思想政治教育专业而言，博士研究生一般要求不仅要打下扎实的马克思主义理论和思想政治教育专业方面的基础，而且要具备较高的写作能力和独立的研究能力，能够对理论和现实中的重点问题展开系统全面的阐释和解题，并且在自己的研究领域内有所创新和突破。博士研究生阶段的学习和研究对于学科平台和学术氛围有着特殊的依赖，这就需要在博士生培养过程中充分发挥本学科领域和相关学科学术群体的整体协同联动优势，为博士研究生开展研究工作创造平台、营造氛围、提供契机。在博士研究生培养的过程中，导师不仅要制定和调整培养计划、指导研究选题和学位论文，同时也要关注博士研究生的思想政治和道德品质等方面的状况，使博士研究生能够德才兼备。再者，独立创新是博士研究生阶段学习和研究的重要特征，博士研究生对自己的博士研究生涯要有明确的研究计划和步骤、研究方向和领域、阅读文献和书目等，做到有的放矢、循序渐进，同时导师要督促学生认真完成所有环节，并且也不能替代他们经历成长的某一个过程。

此外，在研究生培养的探索经验中，一个很值得一提的经验就是"传帮带"模式。研究生的学术成长需要一个过程，在这一过程中有着大大小小的问题，尤其是对刚入门的硕士研究生而言，既在学习态度、研究方法、研究方向等方面存在着需要解决的"大问题"，也在"如何学习""如何研究"等操作性层面存在着亟待解决的"小问题"。而对于导师而言，由于平时要忙于教学、科研、行政工作，加之生活中的一些事情，如果将所有研究生大大小小的"问题"汇集起来全部由导师解决，是不现实的。当然，在这当中也存在着研究生对于一些问题不敢或者不愿"麻烦"导师，抑或一些随时随地产生的疑问不能和导师及时沟通而出现搁置和积压的状况，最终"小问题"积压并形成"大问题"。因此，要解决这一状况，则必须要注意在高年级研究生与低年级研究生之间形成"传帮带"的培养模式，尤其是博士研究生和硕士研究生之间的"传帮带"。由于高年级的研究生对于解决研究和学习过程中的"小问题"一般都有自己独到的经验和办法，加之同学之间更便于交流沟通，因而能够对低年级研究生在平时生活、学习、研究过程中遇到的一些问题随时随地解决，防止问题的搁置与积压。同时，同门之间的相互交流和沟通也能够实现信息共享和“互通有无”，这对于处于成长过程中的研究生而言至关重要。而对于一些“师兄师姐”难以解决，或者是对研究生成长比较重要的“大问题”，再由导师来悉心指导即可。同时，在“传帮带”过程中，导师也要认真督促，体现“无为而无不为”。“传帮带”的优点就在于研究生自我能够化解“小问题”，促进交流，共同成长。因此，如何营造“传帮带”的平台和习惯是研究生培养过程中的一个重要任务，要主动抓住诸如“迎新聚会”“欢送毕业生座谈”、项目论证及课题研讨、论文修改及交流、论文开题及中期考核、毕业答辩等各种工作环节，从而引导和固化“传帮带”的模式。

（三）在研究生论文选题方面要注重将理论性与实践性相结合，将导师特长与研究生特点相结合，彰显选题的专业特色和问题导向

硕博士论文的选题与撰写是研究生培养的一个重头戏。因此，在研究主题的遴选上，要带有强烈的问题意识，掌握学术前沿，填补研究空白，回应现实需求，创新研究方法，规避重复选题；在研究规划上，既要有宏大叙事，又要精细化和可操作化，并较好地掌握二者之间的动态平衡；在研究方法和论述方式上，既要继承已有研究方法，又要有所创新突破，既要保证各个章节之间的相互衔接，又要注意具体行文的内在逻辑，从而确保研究成果的系统性、完整性和连贯性。

此外，由于各个导师研究特长和研究方向的不同，因此对其研究生而言，论文选题既要在其研究视野范围内，又要充分结合学生的研究兴趣和研究特点，更要重视研究工作对社会需要的满足。在当前学术分工日益精细化的背景下，不同的导师都有自己专属的擅长领域和研究特点，而对于自己研究领域之外的学术议题并不一定具有专业独到的见解。然而在研究生的选题过程中，经常出现一种状况就是学生的论文选题与导师的研究范围相脱节，导致导师没有足够的能力和把握来指导学位论文，从而对研究生的培养也将无从谈起。研究生论文选题的出发点一定是导师的研究专长

和学生的研究兴趣的结合，只有在导师的研究范围内找到学生的兴趣点，才既能够使学生有足够的兴趣和动力完成论文的选题和撰写，同时导师也有足够的能力和把握对论文进行指导，最终形成一篇优秀的学位论文。因此，要在结合导师特点和专业属性特点的基础上，注重形成各具特色又构成体系的选题，逐渐形成不同学校和不同导师的系统完整的研究格局。

（四）在研究生素质培养方面，要注重对研究生的为人处世和责任担当的循循善诱，引导学生做到“脚踏实地、心存高远”

著名教育家陶行知有一句名言是：“学高为师，身正为范”，导师对学生的培养并不仅限于学术培养，事实上，导师所秉承的道德理念和精神追求对学生会产生极为深刻的影响。对导师而言，对研究生的培养首先是对学生科研精神的塑造。研究生尤其是博士研究生是国家未来的精英人才，因此具备基本的科研精神是开展研究工作的基础。学术研究的灵魂就是能够永葆一颗对学术的“好奇心和敬畏心”，同时，从事科学研究也要求研究者具备“求真”的精神。只有具备了“好奇、敬畏、求真”的精神，才能够成为一名优秀的学术研究者，这也是研究生求学期间所需具备的基本精神。此外，作为国家未来的精英人才，研究生在具备“才”的同时更要有“德”，需要“德才兼备”。这里的“德”，一个很重要的方面就是能够自觉肩负起国家、社会、家庭和个人的责任，尤其是在经济全球化的今天，更要树立世界眼光和中国情怀，立足自己的本职工作，着眼于中国改革发展的大局，同时要注意实际动手能力及“接地气”意愿的培养，发扬一丝不苟、精益求精、认真敬业的“工匠精神”，真正做到“脚踏实地、心存高远”。

“生活小处总是藏有大观”。研究生素质的培养并不是一蹴而就的，也不仅限于课堂教学或者学术训练中，导师对于学生素质的培养更准确来讲是“熏陶”“感染”，许多为人处世的道理总是在平时的言谈举止中体现出来。因此，研究生素质的培养更多的是来源于平日师生之间的嬉笑言谈和处理具体事务的过程中，让学生在具体的情境中感悟为人处世的道理。尤其是对于每一位学生而言，在具体的成长阶段所遇到的问题都是不同的，有来自于人际关系的、有来自于家庭生活的、有来自于学习状况的、有来自于科研任务的、有来自于情感交往的，等等，这时导师就要细心观察、循循善诱，针对学生的具体处境来谈相关的道理和经验，进而引导学生成长和进步。

第二篇　思想政治教育研究的多维考量视角

思想政治教育研究是一个涵盖思想政治教育理论与实践问题的复杂课题，需要多维度地思考和多维度地探析。本篇立足思想政治教育的内在学理和客观实际，试图从七个维度对思想政治教育研究进行系统而深入的考量。通过考量思想政治教育的空间状况、数据时代、创新意识、供给改革、社会实践、依法治国、信任构筑，明确思想政治教育的时空背景，瞻望思想政治教育的发展动力和优质推进。

一、多维空间：思想政治教育研究的视域扩展

我们今天所处的空间，已经不再是单一的地理空间，而是复杂的社会空间；不再仅有固定的物质空间，而且包含着流动着的虚拟空间。社会空间、虚拟空间以地理空间、物质空间为载体，承载着更多的社会关系、社会要素与社会含义，空间因之不仅提供着实践的场所，更具有了场所整合的力量。此时的空间与彼时的空间已不是完全相同的空间——在全球化、网络化的背景下，空间与地理邻近性之相关性似乎越来越少，但其空间的意义却越来越丰富，出现了个体的精神生活空间、沟通交往空间、网络虚拟空间、制度安排空间、社会生态空间等多重空间交错叠加、交互作用的局面，而这种局面存在于并深深影响着生活于其中的人们的日常生活习惯、思维方式、社会交往等。显然，仅仅用传统的“时间—空间—运动”这一观点来解释多维空间下的实践活动或者活动实践已经行不通了，对于思想政治教育而言也是如此。因此，多维空间视阈下的思想政治教育研究凸显必要。

（一）思想政治教育多维空间概念的引入

要把握多维空间视域下的思想政治教育，需要先了解空间、多维空间

以及近年来对于空间、多维空间认识上的“空间转向”。在一般意义上，空间是由物体之间的关系来定义的。也就是说，空间是物体存在的位置和场所，空间意味着物体之间的分布与联系。德国哲学家莱布尼茨因此把空间概括为“事物并存的秩序”①。马克思则进一步指出了空间的意义和价值：“空间是一切生产和一切人类活动所需要的要素”②。马克思恩格斯对基于“城市生产”“空间生产”的资本主义生产力、生产关系进行了深刻思考，其中最著名的要数“资本力求用时间消灭空间”之“时间换空间”思想。马克思说：“因此，资本一方面要力求摧毁交往即交换的一切地方限制，征服整个地球作为它的市场，另一方面，它又力求用时间去消灭空间，就是说，把商品从一个地方转移到另一个地方所花费的时间缩减到最低限度。资本越发展，从而资本借以流通的市场，构成资本流通空间道路的市场越扩大，资本同时也就越是力求在空间上更加扩大市场，力求用时间去更多地消灭空间。”③ 这些思想都为空间理论的深入研究、为社会理论的“空间转向”奠定了一定的理论基础。社会理论的“空间转向”发端于20世纪七八十年代，经过亨利·列斐伏尔、米歇尔·福柯、曼纽尔·卡斯特、詹姆逊、大卫·哈维、爱德华·苏贾等人（特别是其中的亨利·列斐伏尔与米歇尔·福柯）的研究与传播，突破了传统的以时间为主导而忽视空间的线性的、静态的、因果的、必然的历史决定论观念，以“社会、心理、文化和地域”的多维立体视角强调空间不是“僵死的、刻板的、非辩证的和静止的”，强调事物发展变化的“同时性”与“并置性”。进而引发了思维方式、提问方式、言说方式与解释模式的变革，形成了诸如社会空间、政治空间、都市空间、女性空间、休闲空间、虚拟空间以及空间生产、空间实践、空间表征等新理论，以崭新的研究视角和解释框架描绘着当代学术思想的文化地图。

---

① 莱布尼茨，克拉克. 莱布尼茨与克拉克论战书信集. 陈修斋，译. 北京：商务印书馆，1996：18.

② 马克思，恩格斯. 资本论//马克思，恩格斯. 马克思恩格斯文集：第7卷. 北京：人民出版社，2009：875.

③ 马克思.《政治经济学批判（1857-1858年手稿）》摘选//马克思，恩格斯. 马克思恩格斯文集：第8卷. 北京：人民出版社，2009：169.

空间概念是多维的、动态的、辩证的，这些都基于人类社会实践的改变以及理论知识体系的发展需要。我们所探讨研究的思想政治教育的多维空间问题也是如此。多维意味着立体、系统、全面。如果我们以不同的维度视角来看变化发展着的事物，并依据从简单到复杂的顺序进行排列的话，那么，以“点”的角度来看，是“零维”（没有长、宽、高）；以“线”的角度来看是“一维”（只有长度，没有宽度和高度）；以“面”的角度来看是“二维”（有长度、宽度，没有高度）；以“静态空间”的角度来看是“三维”（有长度、宽度和高度）；以“动态空间”的角度来看是“四维”（我们生活中所面临的三维空间再加上时间因素）……由此我们可以看到，孤立的点、线、面都无法独立成为空间，“空间”必须具有“三维”或者“三维”以上的视角构成因素。因此从某种程度上说，空间或者多维空间就意味着复杂、系统与全面。思想政治教育的空间或者多维空间亦是如此。要完成好思想政治教育所承担的任务与使命、有效推动思想政治教育活动的可持续发展，需要认真思考思想政治教育空间或者多维空间问题。那么，什么是思想政治教育空间？思想政治教育空间的属性又有哪些呢？

（二）思想政治教育空间的内涵及其属性

思想政治教育空间既是思想政治教育活动得以实践的场域，也是思想政治教育活动的意义所在，因此从某种意义上说，思想政治教育的空间是思想政治教育活动的“范围”与“意义”的结合体——秩序。关于秩序的自然含义，古人凭借有限的知识和经验把天地运行之道也即秩序描述为“天圆地方”；关于秩序的社会含义，古往今来的政治哲学家们以及社会学家们一直在思考和追求社会秩序的建构及其有效实现。秩者，常也；秩序，常度也，指人或事物所在的位置，这一词语含有整齐守规则之意。显然，秩序意味着一致性、稳定性、连续性和确定性，思想政治教育空间便是在遵循自然秩序与社会秩序的前提下，有条理地、有组织地安排或协调思想政治教育活动中的各构成要素，并维持其构成因素的相对稳定的互动关系，并在物质空间、精神生活空间、社会空间的互通协调中促进人的思想政治素质与社会主流思想要求相统一的和谐状态。

虽然我们习惯用“秩序井然”来形容“不杂乱”“有条理”，但秩序从来都不是一成不变的，思想政治教育的空间含义也因此是多维的、动态的、可变的、辩证的。举例来说，维护受教育者人群思想的稳定、维护区域政治的稳定，这是思想政治教育所担负的重要使命。但是，思想政治教育自身的功能与发展如果仅限在“维稳”的现实空间框架之中，受教育者就会缺少对现实空间必要的超越之维度，这种缺少会使他们的精神生活空间、社会交往空间变得相对狭窄。事实上，从根本上说，人们接受思想政治教育并非因为思想政治教育现实的“鼓动”，而是因为思想政治教育空间的“内容”。正如列宁所指出的：“如果认为人民跟着布尔什维克走是因为布尔什维克的鼓动较为巧妙，那就可笑了。不是的，那是因为布尔什维克的鼓动说实话。”①

要更进一步考察思想政治教育的空间属性，需要更深入地了解关于教育空间的一般属性。关于教育空间的一般属性，美国教育思想家亨利·吉鲁指出以下几点：（1）教育空间不能被当成脱离于特定社会场合的制度来研究；（2）教育空间应被视作是话语、意义和人的主题建构和控制的政治性场所；（3）指导教育空间的价值观和信仰不是先验的普遍性原则，而是规范和政治性力量的社会建构。由此我们可以看出，思想政治教育的空间属性也应该包括三个方面：一是空间制约并影响着思想政治教育的实践过程。思想政治教育活动总是一定空间内的实践，空间是思想政治教育实践发生的“范围”，空间为思想政治教育活动的开展提供着载体与支撑。二是思想政治教育为人发展空间的拓展提供精神动力与方向指引。思想政治教育通过设置一定的教育目标，选择一定的教育内容，营造一定的教育情境，使受教育者的情感理性、思想认识、行为遵循等符合社会发展的主流，在这一过程中同时促进人的社会化与人的更好发展。三是思想政治教育活动的培育目标是促进受教育者精神生活空间与行为空间的协调统一。思想政治教育的起点在思想引导，重点在行为实践。思想政治教育要达到

① 列宁．在普列斯尼亚区非党工人和红军战士代表会议上的讲话//列宁．列宁全集：第38卷．北京：人民出版社，1986：77.

使受教育者在知、情、意、信、行等方面遵循一定的思想价值观念体系，且做到思想政治观念的知行统一的教育目标。思想政治教育的空间属性体现在思想政治教育活动的实践中，同时思想政治教育活动的实践也扩展了人们的思想政治认知的空间范围。可以看到，思想政治教育与个体的精神生活空间、沟通交往空间、网络虚拟空间、制度安排空间、社会生态空间等相关联，思想政治教育的多维空间架构需要在这些不同特点的空间中，把握规律性，找好结合点，具备话语权。

（三）思想政治教育的多维空间架构

思想政治教育活动的有效性根源于思想政治教育的科学性。在思想政治教育相关活动中，要做到思想政治教育的科学性，除了要考虑教育者、受教育者的科学态度以及教育目标、教育内容、教育方法、教育制度等基于发展规律之上的科学建构外，时间和空间因素也是影响思想政治教育活动能否科学顺利进行的重要因素，我们很难去想象脱离时间和空间因素的思想政治教育活动会是怎样的情形。经过多年的实践与深入研究，学界对于思想政治教育的诸如主体论、过程论、方法论、课程论等的认识已经取得了一定的成果，对于思想政治教育历史（时间）的专门研究也即思想政治教育史的研究也收获颇丰。但是，思想政治教育自身活动的空间及其活动所创造的空间给人的感觉仍然是狭小的，思想政治教育活动的空间架构还处于起步阶段。由于空间的复杂性，思想政治教育活动的空间架构要有全面、立体、系统的视角。现从以下几个方面来着重探讨思想政治教育活动的多维空间架构。

1. 拓展思想政治理论课的教育教学运行空间

思想政治理论课是思想政治教育的主渠道，与之相对应的是这些年来思想政治教育学科队伍与学科建设的发展、课程体系与课程教材的完善以及教学手段方法的改革，这些都取得了较好的成绩。但是我们也注意到，要凸显思想政治教育的科学性并推动思想政治教育学科的理论创新与更好发展，仅仅凭借现有的学校与教室的思想政治理论课教学是远远不够的，必须树立“大思政观”，开阔视野，延伸思想政治理论课的教育教学运行空间，包括思想政治教育向社会实践空间、日常生活空间和网络空间延伸等。

具体而言，通过组建思想政治教育理论学习社团以及开展专题辩论会等形式，能够开阔受教育者的理论视野，拓宽受教育者的理论思考空间；通过举行诸如“三下乡”“青年志愿者服务”等社会调查或参观考察的社会实践活动，能够促使受教育者在实践中加深对马克思主义以及中国化马克思主义思想政治理论的领悟，为受教育者深入了解世情国情党情、了解社会提供更多的机会；通过开拓思想政治教育的教学网络空间，能够使相对枯燥乏味的思想政治理论课的学习变为受教育者畅谈人生的论坛和思想交流的精神家园，进而满足受教育者渴望沟通与交流的需要。同时，在思想政治理论课的教育教学运行空间的延伸中，思想政治教育工作者能够更深入地了解受教育者的实际思想状况，能够更近距离地熟悉受教育者的话语，从而更有针对性地做好思想政治教育的理论传授、宣传、引导工作。

2. 提升思想政治教育个体的精神生活空间

精神是人的基本属性。精神生活空间是与人的精神活动直接相关的空间形式，是具有主体意识、人性觉悟的人所特有的空间，并且充满着复杂的感知、想象、隐喻、意念与情感，是作为社会性的人类的实践活动的产物，其本质地体现着“人”的生存状态，既是人性不断生成与丰富的重要推动力量，也是“完整的人”之不可或缺的重要组成部分。马克思认为，“完整的人”即“人以一种全面的方式，就是说，作为一个完整的人，占有自己的全面的本质”①。显然，人的精神生活空间不断拓展的过程本身，即是个体不断占有自己的本质进而获得人性的丰满和完善的过程，同时，人的精神生活空间与物质技术空间的平衡是塑造“完整的人”的“一体两翼”。纵观人类历史的变迁和发展，思想的变革落后于技术的变革往往是很危险的事情。如果技术在持续的发展过程中，尤其是这种技术对社会发展的推动作用已经表现得很明显的时候，思想的发展若不能与技术的发展相协调或者滞后于技术的发展，就不符合事物发展的自然进程规律，也正

① 马克思．1844年经济学哲学手稿//马克思，恩格斯．马克思恩格斯文集：第1卷．北京：人民出版社，2009：189.

是这种不符合和偏离的存在，会给人类文明、给人类自身带来许多不幸。我们看到，当下人的物质技术空间已处在“时光隧道”的“高速路”上，由于这种不符合和偏离的存在，人的精神生活空间有不断地被物化之物欲所填充、所收窄的趋势。

思想政治教育对于解放和开拓人的精神生活空间具有不可替代的作用。对于人的精神生活空间的自由或者精神生活自由的空间而言，思想政治教育的作用是要合理地引导人不断超越当下物化的、异化的、对象化的束缚，趋向更为理想的、可能的、无限丰富的“精神庄园”。尽管人的精神生活空间永无际涯，但趋向理想的精神生活空间或者说精神生活空间的拓展要比理论课的讲授复杂困难得多，这就要求思想政治教育的实践需要不断尝试结合优秀的哲学、科学、文学、艺术等文化知识。虽然这些文化知识不等于精神，但精神却蕴含在这些文化知识中间。这些文化知识大都经过了历史的沉淀和实践的检验，是人类精神文明的凝结。通过引导受教育者对这些文化知识的体验感悟，能够提升受教育者的道德、情感、信仰等的内涵，进而丰富和拓展受教育者的精神生活空间。另外，价值观也可以沉淀到人的精神生活空间，并作为新的精神力量引导精神生活空间开始新的拓展。因此，思想政治教育还应特别重视与价值观特别是社会主义核心价值观培育的关联研究，并在思想政治教育工作的实践中积极融入社会主义核心价值观教育。

3. *扩大思想政治教育受教育者的沟通交往空间*

马克思指出：“社会——不管其形式如何——是什么呢？是人们交互活动的产物。”① 德国人类学家米夏埃尔·兰德曼也指出：“人的生活并不遵循一个预先建立的进程，而大自然似乎只做一半就让他上路了。大自然把另一半留给人自己去完成……人可以并必须塑造自己。”② 也就是说，人需要并且能够塑造自己的空间，但空间的塑造不是孤立的，原因在于人的本质不是诸如个体存在这样孤立的个人所固有的抽象的东西，而是在动态

① 马克思. 马克思致帕·瓦·安年科夫（1846 年 12 月 28 日）//马克思，恩格斯. 马克思恩格斯选集：第 4 卷. 北京：人民出版社，1995：532.

② 米夏埃尔·兰德曼. 哲学人类学. 张乐天，译. 上海：上海译文出版社，1988：7.

的诸如家庭、单位、团体、国家等的社会关系中生成和表现出来的“类存在”。“类存在”的属性决定了人在社会生活中对情感慰藉的渴望，对相互尊重的追求。由此可见，交往是人与人之间的联系、交流以及人与社会的互动、融合的渠道，是人类现实生活中不可缺少的行为。沟通交往的状况既反映着一个社会的人际心理氛围，也反映着一个社会的精神风貌；既影响着人自身的身心健康，也影响着社会的和谐稳定。现实生活中，城市化产生了空间阻隔、快节奏带来了空间疏离，因此以交流对话为纽带的沟通交往对于打破空间阻隔、缓解空间疏离具有积极的不容忽视的重要意义。

作为人际关系的基础和社会心理因素的重要组成部分，沟通交往对于族群认同与民族意识的形成与发展起着非常重要的作用。同时，沟通交往也是思想政治教育的重要载体与渠道，它能够引导受教育者进行正常的沟通交往并促使他们在沟通交往的实践中形成良好的思想品德，从而拓展受教育者的沟通交往空间，实现以“地缘、趣缘、业缘”为主的崭新的人际关系，进而帮助受教育者建立起平等、尊重、亲切、友好的沟通交往空间，而这本身也是思想政治教育活动的重要任务。在实践中拓展受教育者的沟通交往空间，需要多采取受教育者的视角，多以受教育者喜闻乐见的活动为载体，融思想政治教育——沟通交往的利益观念、平等观念、民主观念等——于思想性、科学性、趣味性、娱乐性的活动之中，并在活动之中帮助受教育者克服不正确的交往心态，引导作为交往主体的受教育者积极向上的交往行为。这样，才能切实提高思想政治教育活动在扩大受教育者的沟通交往空间中的功用，才能有效发挥思想政治教育在促进政治稳定、协调社会关系中的不可或缺的延伸作用。

4. 积极引导网络社会下的虚拟环境空间

世界上各个国家和地区、不同民族和宗教、形形色色的行业以及许许多多的个人已经实现了以即时连线的方式与其他人广泛地交往互动，从而结交成“数字化”的邻居和朋友，这是网络社会下的虚拟环境空间中“城邦式”或“广场式”的“地球村”以及“地球村”的“村民们”相互交往的图景。

虚拟环境空间又称为网络空间、赛博空间，其与计算机、网络、高科技、组织机制相结合，基于Web技术、文件传输技术、即时通信技术、移动网络技术、虚拟现实技术以及电子邮件、BBS、微博微信等信息技术，大大拓展了人类生存空间的时度和维度，为人的主体性发展提供了一个前所未有的数字“信息流”的新领域。借助于虚拟环境空间，人类的交往空间正在由“集权式”“阶梯式”向“分布式”“拓扑式”转变。每一个交往主体都可以自由地以多种角度同时与多个对象进行交往，交往空间更具开放性与广域性；借助于虚拟环境空间，人类的认识空间突破了现实的时空和物质条件局限，通过将事物的多种可能性外化为对象性存在来探索事物存在和发展的新的可能性；借助于虚拟环境空间，人类的民主愿望得以在一定程度上实现。虚拟环境空间是一个主体高度自由的空间，时空以压缩化的状态而存在，人与人之间没有职业、年龄、地域等的限制或者不平等。显然，以互联网为代表的虚拟环境空间就像一个开放的实验室，把人性的丰富性与创造性、个性的多样性与局限性，都鲜活地展示在公众面前。

然而，也正是在这个虚拟、自由、兼容而共享的空间中，极容易出现滥用自由、膨胀个性、无限张扬欲望的现象，从而导致意志薄弱者放弃伦理责任和道德约束。这种现象的恶果，就是编造谎言、传播谣言、泄露隐私、恶意攻击、网络欺诈等不道德、不文明行为的出现，以及拒绝深度、抹平厚重、淡化意义、逃避崇高等人情淡漠、价值偏离等乱象的形成，这些都成为网络社会虚拟环境空间里不可回避的现实。此外，国内外敌对势力也在充分利用“没有围墙”的虚拟网络来传播西方的价值观念和意识形态，企图实现其“和平演变”“西化”“分化”等政治阴谋，种种这些都给当前的思想政治教育工作带来了前所未有的挑战。因此，思想政治教育工作者有责任认真思考虚拟环境空间下思想政治教育的路径选择问题。具体而言，其一，应加快建设性能完善的思想政治教育工作网络系统。性能完善的思想政治教育工作网络系统至少应包括完善的技术支持系统（采用先进的网络技术）、完善的安全系统（充分保障网络使用安全）和完善的信息管理系统（及时搜集和处理思想动态信息与网络舆情）三个方面①。其

① 邱必震，王继武．浅谈网络虚拟群体思想政治教育工作．西安建筑科技大学学报（社会科学版），2005（4）：14-17，22.

二，应加快培育思想政治教育的“意见领袖”。“意见领袖”又称“舆论领袖”，这一概念由传播学者保罗·拉扎斯菲尔德在20世纪40年代提出。“意见领袖”具有较强的判断能力、主观见解和人格魅力，容易得到受教育者的信任，也因此能够较容易地说服受教育者，拥有较高的威望。思想政治教育只有有计划地培育自己的“意见领袖”，才能在复杂的网络社会虚拟环境空间中更好地发挥思想政治教育的感召力、影响力和凝聚力作用，才能更好地引导网络舆论的传播方向，并提高受教育者选择信息、处理信息的能力。其三，应高度重视思想政治教育的网络文化建设工作。相比传统的人类历史上的各种文化，网络文化传播速度快且交互性、开放性强。因此思想政治教育工作应在把握网络文化建设规律的基础上，加强对网络文化的价值引导，赋予网络文化更多的思想内涵，以增强网络文化的人文性、思想性、影响力和渗透力。

5. *逐步完善思想政治教育的制度安排空间*

制度能够通过规范化、秩序化了的知识体系、价值观念以及行为规范，潜移默化地影响着身处其中的人们。在反复遵循制度安排、接受制度文化的同时，人们会在自觉与习惯中吸取、积累制度或制度文化所暗含的道德精神，并逐渐形成一定的道德意识，这种道德意识的内化又会反过来固化制度的推行或者制度文化的传播①。可见，制度安排空间是指制度作用下的所产生的空间网络。实践证明，制度安排空间的建设有利于思想政治教育活动的实践。要做好思想政治教育制度安排空间的完善工作，应着重做好以下几项工作：首先，要做好思想政治教育具体制度的制定与完善工作，其中既包括思想政治教育教学制度、思想政治教育管理制度、思想政治教育考核制度，也包括思想政治教育的奖励制度与惩罚制度；既包括对正式制度的强调，也包括对非正式制度的重视。在制定与完善思想政治教育制度时，要注意在可操作性上下工夫，有关联的单项制度之间应互相衔接与支撑，各项制度应符合教育者与受教育者的生活、学习、工作实际。其次，要严格遵守制度、严格执行制度。古人云：“徒善不足以为政，

① 王学俭，张哲. 制度教化与高校德育关系研究. 兰州大学学报（社会科学版），2013(5)：146-153.

徒法不能以自行”（《孟子·离娄上》)。思想政治教育工作者要以身作则，严格遵守、执行相关的制度规定，为受教育者树立榜样。最后，要把握好思想政治教育制度均衡与制度创新的关系。思想政治教育的稳定性需要制度的均衡，均衡并非没有矛盾，而是矛盾处于暂时的相对统一之中或协调之中，均衡意味着稳定和协调，这就是《汉书·律历志上》中所说的“准正则平衡而钧权矣”。思想政治教育的发展需要制度创新，制度创新通过保持制度的活力，使制度与人的发展、与事物的发展相统一，为人的发展、事物的发展开拓更为广阔的行为空间。制度均衡与制度创新共同构成思想政治教育健康、可持续发展的外部制度空间环境。

另外，完善思想政治教育的制度安排空间，除了以上围绕着制度进行的路径选择外，还应重视制度文化建设。制度文化的基本核心是由历史演化产生或选择而形成的一套包括价值观念、习俗伦理等的传统观念。制度文化潜移默化地影响着人们的行为空间。制度文化与思想政治教育在目标上有趋同性，制度文化的隐性教育途径也有利于克服传统思想政治教育以“说教”“灌输”为主的教育方式方法的不足。

6. 积极建构思想政治教育的社会生态空间

现代思想政治教育实践活动面对的社会环境不再是静态的存在，而是动态的、发展的和相互影响制约的生态存在，甚至从某种视角来看，思想政治教育系统本身也属于生态构造[①]。因此，梳理和建构思想政治教育的社会生态空间是必需的。梳理和建构思想政治教育的社会生态空间，就是要以整体的视角来综合考察“思想政治教育—社会—人”三位一体的关系。思想政治教育的社会生态空间是一个十分复杂的大系统，是由众多的社会因素相互依存、相互作用、相互支撑、相互促进的动态系统。总体来说，思想政治教育的社会生态空间大致是由基础性生态空间、政治性生态空间、社会心理性生态空间等的生态链所组成的。其中，基础性生态空间由生产力、物质基础等构成；政治性生态空间由生产关系、政治制度等构成；社会心理性生态空间的构成比较复杂，包含社会风气、社会情绪、社会

① 张洪春，胡凯．论思想政治教育生态观．河北学刊，2009（2）：165-167.

价值观念等因素，是社会中的人们对社会生活状况的一种经验的感性的心理反应形式，表现为一定的情绪、习惯、自发的倾向和信念等，并且社会心理性生态空间也像其他事物一样存在着活动周期，存在着一个由激发、涌荡、高亢、激昂、低落、疲惫等过程环节所构成的心理周期。在社会心理这种多因素、多表现、多周期的复杂情形下，思想政治教育工作者应充分预计到教育效果的“折扣率”问题，即思想政治教育教育者的“输出”与受教育者的“输入”并非能达到线性的、无损的传播效果。例如在“好饭不怕晚”的社会心态下，人们接受“我为人人，人人为我”的教育需要有良好的社会心理依托。而在“过了这个村就没这个店”的社会心态下，人们的社会预期不佳，这时倡导“毫不利己，专门利人”就可能遇到较大的社会心理阻碍，思想政治教育效果也会受到一定的影响。

架构思想政治教育的社会生态空间应具有开放性，这种开放性主要体现在以下几个方面：（1）思想政治教育系统与外部社会圈（宏观的和特殊的）之间有无充分的交流；（2）生态系统内思想政治教育管理部门与思想政治教育者、教育对象之间有无充分的交流；（3）思想政治教育者与教育对象之间有无充分的交流。从生态系统的角度来看，思想政治教育社会生态空间的架构也是在为思想政治教育的健康发展寻求能量动力方面的支持与支撑，这就需要思想政治教育工作者既要把握和处理好思想政治教育工作系统与思想政治教育基础性生态空间、政治性生态空间、社会心理性生态空间等的外部协调工作，又要把握和处理好思想政治教育组织中的人员素质、目标设定、制度安排、活动管理等的内部统筹工作，这样才能使思想政治教育形成良好的能量供给关系，进而促成思想政治教育社会生态空间能量的交换与平衡，为思想政治教育的可持续发展提供社会生态保障。

需要指出的是，以上思想政治教育多维空间的几个方面并不是孤立的、排斥的，而是相互的、融合的，并统一于“大思政”之多维空间之中。另外，基于“大思政观”的思想政治教育多维空间的架构还有待于其他更多的空间因素的考量及其参与。

空间带给我们的是“一枚硬币的两面”：一方面，空间的改造以及体验空间、形成空间概念的方式，极大地塑造了个人生活和社会关系。另一方面，在我们的时代，焦虑的产生与空间有着根本的关系：随着生产力的发展，我们的物质空间越来越丰富，而我们的精神生活空间却似乎越来越贫困；我们的外在活动空间越来越广阔，而我们的内在自我空间却似乎越来越狭小。在这种“人与物”“外与内”的矛盾纠结中，“焦虑”也似乎在所难免。基于此，理性的意义也随之悄悄发生着变化——一方面我们追求理性，另一方面在追求理性的过程中我们也不自觉地走向理性的反方向，理性正在静悄悄地嬗变为物性的经济理性、科技理性与工具理性。面对这些新情况、新问题，思想政治教育工作者只有更加深入地研究受教育者在复杂的空间背景下思想成长的实际客观需求，只有更加努力地从更立体的视角来思考思想政治教育实践活动的多维空间问题、把握思想政治教育的空间及其多维空间范畴，并认清思想政治教育的多维空间结构并不断开拓思想政治教育的多维发展空间，才能更好地推动思想政治教育活动的有效、持续、健康发展。

二、数据时代：思想政治教育研究的对应重点

大数据时代的到来给社会信息技术带了重大的变革，同时也成为政治、经济、和社会发展等事业转型的重要契机和创新思维的重要支撑点。大数据对高校教育的影响同样不容忽视，高校思想政治教育在大数据时代应主动跟进研究，在各方面做出积极回应，更有效地利用大数据为其发展服务。

（一）大数据时代的概念及其特点

1. 大数据时代的概念

随着云计算、物联网的迅速发展，数据被搜集、存储、分析和应用，我们被包围在数据编织的网络中，生活中的各种行为都被打上数据的烙印，这是一个新型信息时代——大数据时代。“人们能在大规模数据的基础之上做到的事情，并且这些事情在小规模数据的基础上无法完成，就叫大数据。人们能够通过大数据获得更新认知、创造更新的价值观念；大数据还可以改变组织机构和市场，以及政府与公民关系。”① 大数据时代的到来，产生了很多科学价值和社会价值。美国互联网数据中心将大数据定义

① 维克托·迈尔-舍恩伯格，肯尼思·库克耶．大数据时代．盛杨燕，周涛，译．杭州：浙江人民出版社，2013：8-9.

为通过从大容量数据中对特定目标进行抓取并分析进而获取价值的一种新的技术架构。大数据时代，就是通过挖掘、利用和创新大数据的价值，使其为国家社会及人的日常生活服务的时代。这是一个数据量急剧膨胀的时代，是数据被量化分析的“透明”时代，是各行各业因为数据的挖掘和数据技术的运用而面临挑战和机遇的时代，是人们思维方式、行为方式被迫或主动改变的时代。有人这样评价大数据时代：“人类处在不断的发展中，但即便是现代社会飞速的发展中，人们也必须依赖局部数据和片面数据、抽样数据，大数据时代的到来为人类提供了前所未有的条件和机会，在很多领域与很深入的层次获取和利用完整数据、全面数据和系统数据，透彻地分析现实的规律，获得从前无法获得的知识，发现更多的商机。”①

2. 大数据时代的特点

（1）数据规模庞大繁杂。

大数据时代下，数据量难以计数，据全球著名咨询机构国际文献资料中心估计：“截至 2011 年，全世界产生的数据量达到 1.8ZB，相当于全世界每个人都用一块 100 多 GB 的硬盘存储的数据，这种增长仍在加速，预计到 2015 年将达到近 8ZB”②。数据类型不再局限为结构化的数据，各种半结构化、非结构化的数据纷纷涌现。在全面网络化的时代，非结构化的数据诸如声音、图片、视频的数据量急剧增长，占整个数据量的四分之三以上。同时，由于数据规模的庞大繁杂，导致其中新增加的相关关系也呈几何式上升。大数据的数据规模、数据类型、价值密度、处理速度都是大数据时代下难以避开的基础性问题。但也应该看到数据规模庞大的优点——物与物之间、物与人之间、人与人之间、人与活动之间、活动与活动之间全领域全过程的信息都将被记录和搜集下来，相关部门通过对海量数据分析可以发现以前未曾得知的相关性联系，进而对未来的发展做出预测。

（2）数据价值化的总体趋势。

大数据已经渗透到各个行业的不同维度，数据价值也伴随着对行业的

① 涂子沛. 大数据. 桂林：广西师范大学出版社，2012：57.

② 当“大数据”来敲门. 人民日报，2012-12-24（10）.

促进作用得到彰显。需要说明的是，大数据不仅是一种技术，也是一种价值观、方法论：第一，大数据技术要在这纷繁复杂的数据之间发现其内在的相关联系，这也是大数据的核心价值所在。例如谷歌公司最为人称道的甲型 H1N1 流感的传播范围预测，便是通过观察人们在网上的搜索记录来完成的，其与官方统计数据的吻合度高达 97%。第二，数据信息能快速地满足人们对信息的实时性需求。传统的信息传播载体如报刊、广播、电视均有固定的传播周期。新兴媒体尤其是互联网产生并广泛应用之后，信息产生与信息传播几乎零间隔。第三，“大数据的最终意义是通过数据获得洞察力和价值”①，这也是大数据最重要和最受关注的特征。在数字技术条件下，人类的活动踪迹、社会关系被一一记录下来，大数据的预测价值使人类的行为不再是毫无关系的、完全偶然的，而是存在着我们以前未发现的相关关系、蕴含着巨大的研究价值的。

(3) 世界智能化的发展方向。

世界智能化是大数据的发展趋势，同时也是大数据时代的特征之一。随着数据的广泛应用，数据的挖掘分析使我们对各种事物的现象和本质有更深入的认识。此外，基于大数据的各个行业逐步出现智能化的特征，尤其是商务智能化的发展趋势，使我们看到大数据引导的智能化影响范围不仅是各个行业，同时也是社会大众。比如美国的第一个智慧城市迪比克率先完成水电的数据建设；纽约通过数据挖掘，成功预防火灾；西雅图用数据挖掘实现电力资源节省；等等。在我国，也有广东佛山的“四化融合 智慧佛山”发展战略、贵阳依托中关村贵阳科技园进行的数据平台建设等大数据技术应用的实例。与此同时，大数据对世界智能有着更广泛的影响：对于市政府决策而言，通过提升收集分析数据的能力，利用大数据技术可以为市政府决策提供最优决策；对于市民生活而言，市政府通过移动设备搜集数据，可以为市民提供更多实用性的应用程序和更多的智能设备——智能停车表、智能出租车等——以促进市政基础服务智能化。随着大数据时代的不断推进，民生、医疗、公共服务的智能化水平也将逐步提高。

---

① 胡树祥，谢玉进．大数据时代的网络思想政治教育．思想政治教育研究，2013 (6)：60-61.

3. 各行各业应用大数据的发展态势

大数据应用的范围涵盖医疗、交通、农业、科技国防、教育等领域，同时也以惊人的速度波及我们生活的方方面面，其中最典型的案例就是沃尔玛超市的尿布和啤酒之间的相关性发现。此外，大数据应用除了在国外如火如荼地开展着之外，在国内也不乏大数据应用的例子，比如由浪潮集团开发的大数据平台大大提升了济南的警务工作能力、"淘宝数据魔方"利用大数据成功锁定用户喜好等，这都是与人们生活息息相关的成功案例。同时，从《互联网周刊》发布的《2014 大数据应用案例 TOP100》中，我们可以看到大数据在我国各行各业的发展状况。同时，大数据与"云计算"的相辅相成也将引领人们进入"云生活"，诸如云服务、云空间、云搜索等一系列资源分享应用，从侧面也反映出基于大数据技术所带来的社会生活变化。此外，大数据与行业发展的关系紧密度越来越高，各行各业借助大数据平台来达成目的是大数据时代的又一特点，作为信息技术中最具颠覆性的技术变革，大数据与各行各业进行结合，带来了行业新的发展、新的突破，翻开了实现人类世界的新篇章。

（二）大数据时代下思想政治教育所面临的机遇与挑战

当前，大数据的覆盖范围达到了前所未有的高度，对各行各业造成持久而深远的影响。在大数据时代，每个人都成了数据的关联者和发布者，而大数据时代对于思想政治教育学科的发展来说，既有机遇又有挑战。

1. 大数据时代下思想政治教育面临的机遇

（1）增加了思想政治教育内容的针对性和科学性。

在思想政治教育中，由于社会条件的复杂性和教育对象思想的多样性，难以具体把握教育对象最贴近实际的思想状况，导致提出的对策应用范围不够。在大数据时代，大批思想政治教育与大数据相结合的案例涌现，比如大数据提高大学生就业的质量、大数据与"三观教育"的结合等，种种这些都是思想政治教育内容的一手素材，它们能使教育对象对课程更感兴趣并更容易接受。对思想政治教育对象而言，大数据对思想政治教育对象的分析把握将更加彻底，进而促使思想政治教育的内容更具有针对性，从而能够切实改善思想政治教育对象的思想与行为。在宏观层面，所有人的思想行为可以通过线上线下的多样数据被总体把握和揭示。通过这些数据的分析，我们可以把握群体的思想规律、精细分析群体思想与各类事件的联系，甚至掌握不同群体对不同教育信息的好恶等①。例如通过大数据统计出大学生关注的年度热词等，可以从中洞察大学生的思想动态、行为方式、关注焦点以及其他相关项，思想政治教育者通过数据分析得出正面或者反面的案例更好地传达知识、想法，达到教育目的。

（2）“慕课”（MOOC）的出现推动了思想政治教育方式的转变。

互联网、移动技术、大数据三者的结合，对教育产生创新性变革的表现之一就是“慕课”，“慕课”也被誉为“自印刷术发明以来教育最大的革新”，收集、分析数据，开展大数据应用是隐藏在“慕课”平台背后的秘密。“慕课”的教育形式和教育方式，以及其中包含大数据的分析方法引来了众多关注和效仿，同样对思想政治教育也产生了重要影响。虽然中国大学“慕课”方兴未艾，但其中的思想政治教育课程仍处空白状态。通过“慕课”的形式进行网络教育，为思想政治教育的覆盖面和影响力的扩大提供了丰厚的土壤。同时，把“慕课”的教学方式引入课堂或者把“慕课”视频作为课堂教学的一部分，能有效吸引教育对象的注意力，改变教育对象对课程的固有看法或偏见，提高思想政治教育的教育成效。作为思想政治教育的网络载体，“慕课”无论是作为网络教育进行传播还是应用于课堂实际教学，都不同程度地推动着思想政治教育时代性和创新性的发展。

（3）推动了思想政治教育的学术研究。

思想政治教育面临着多种难题：理论不彻底、科学性不够；理解力不够、不能说服人；前瞻性不够、不能指导现实；等等。导致上述现象的诸多原因之一就是实证性不强。思想政治教育研究多停留在思辨的层面之

① 胡树祥，谢玉进. 大数据时代的网络思想政治教育. 思想政治教育研究，2013 (6)：60-62，102.

上，对于思想政治教育的实证性研究多采用的是调查问卷和随机取样的方式，这限制了思想政治教育的研究力度和研究范围，导致思想政治教育的说服力和科学性不强。“大数据时代下，人类第一次可以有条件获得全面数据、完整数据和系统数据，进行‘样本＝总体’的数据资料分析。”[①] 思想政治教育可以通过大数据获取信息，并通过云计算等方式分析思想政治教育的各种现象，用数据说话，以数据为手段增强自身的理论建设和理论说服力。同时，通过大数据物联网等载体来发现潜在的问题、矛盾以及解决契机并以之指导现实，从而增强思想政治教育的前瞻性。

2. 大数据下思想政治教育所面临的挑战

（1）意识形态安全与个人信息安全问题。

首先，在大数据时代，网络平台的日益发达使得文化思想和价值观念的交融更加密切，大数据以其高速的数据分析技术、免费共享的教学资源、种类繁多的数据资料、质量上乘的分析报告开启了信息传播的新篇章。但与此同时，西方意识形态的渗透力和影响力随着大数据的发展变得更加隐秘，教育对象在接收大数据提供的信息的同时极易吸收其所隐藏的西方的价值观念，从而产生抵触意识形态、对主流价值观念产生怀疑、对现行政治体制不认同、对国家的向心力减弱等问题，进而威胁我国的意识形态安全。其次，大数据让个人隐私泄露问题变得更加突出。目前，因个人信息泄露引发的多种网络诈骗屡见报端，信息“去身份化”的保护措施正受到大数据深刻猛烈的冲击——不同的去身份信息经过高度发达的数据分析技术被重新分析、对比和组合后，不仅能够识别身份，还能获取更多内容。因此，在新的应对方案未出台之前，我们要着重提升个人信息保护意识来减少信息泄露对自身造成的伤害。

（2）思想政治教育教育者的能力及相互配合面临挑战。

首先，从思想政治教育工作者个人来说，先于教育对象了解大数据并树立数据观念，才能科学引导教育对象数据观念的发展。大数据时代的发展使得互联网和各个移动终端的信息更加丰富，开放性也更高，因而教育

---

① 维克托·迈尔-舍恩伯格，肯尼思·库克耶. 大数据时代. 盛杨燕，周涛，译. 杭州：浙江人民出版社，2013：35.

对象可以通过多种方式获得有效性信息，甚至超过思想政治教育工作者获得信息的程度和范围。因而如果思想政治教育工作者继续坚持以往的角色定位，没有及时获取教育对象的变化，树立自身的数据意识，并采用适时、适度、适量的教育方式转变，则会很难满足教育对象的需求。其次，由于大数据在各个行业发挥着自身的影响力，因而对于整个思想政治教学系统而言，大数据仍扮演着重要的角色。思想教育工作部门的信息共享、信息沟通、信息开放的实现提供了大数据分析的基础，大数据的价值正是通过信息的整合、分析和开放获得的。因此，只有改善思想政治教育各部门内部信息垄断的局面，大数据才能充分发挥作用。这就需要思想政治教育各部门之间的协同配合，但这种协同配合所带来的思想方式及工作方式的转变势必对原来的工作模式产生冲击。

（3）思维方式变革带来的冲击。

首先，大数据时代下，大数据时代的思维变革主要涉及三个方面：不是随机样本是全体数据；不是精确性而是混杂性；不是因果关系而是相关关系。大数据可以厘清我们头脑中无法整理的复杂情况，克服我们因直觉而产生的错误。但是，数据忽视价值，数据不了解背景，数据可能造成更大的“干草垛”——数据越多，统计上的相关关系也就越多，因而可能导致人在诸多没有实际意义的相关关系中迷失。其次，在大力宣传转变思维方式的背景下，易出现“唯数据主义”、忽视经验研究的方法，在解决问题的过程中一味依靠数据，忽视了经验积累、价值观念以及理性信仰在解决问题中的重要作用，且没有看到大数据的缺陷，比如数据忽视价值、数据不了解背景等，在解决问题时也背离了数据应用的目的。最后，在强调全体数据的同时大数据也在挖掘分析技术的基础上更关注个体。大数据使追踪每个个体数据成为可能，其刷新了传统统计注重全体状况的概念。因此，思想政治教育者不仅要注重思想政治教育对象的问题的发现、教育、疏导、沟通，还要树立个性化、差异化的教学理念。

（三）大数据浪潮下的高校思想政治教育革新趋势

大数据时代下，传统的教育模式正受着大数据的影响，我们应该看到大数据对思想政治教育的影响是多方面的。因此，对思想政治教育工作者来说，必须要做到接受大数据，以积极的姿态应对大数据浪潮对其的影响和改变，从而促进高校思想政治教育的发展。

1. 改善思想政治教育教学内容，增加思想政治教育科学性

（1）进行大量的前期数据准备，用鲜活有力的数据增加教学效果。

根据以往的经验，相比传统的以理论为主的教学内容，用数据呈现出的教学内容更具科学性和说服力。因此对于高校思想政治教育工作来说，应该用数据来论证生命观、幸福观、婚姻观、消费观、生态文明观等各种观念的现状及其相关关系，从而具体了解大学生观念的深层次情况。我们的生活中就有类似的例证，例如在纪念抗战胜利70周年的大阅兵时期，各大媒体通过搜索引擎的相关信息进行数据整理，将热搜词汇、相关搜索趋势、各国政要关注度和武器装备关注度等一一呈现。而这种方式同样可以应用到对于大学生的观念分析中，这就需要大学与各大网络平台联合发力，比如在网上针对幸福观发起话题，并通过大数据手段来分析对幸福观的见解和所呈现出的趋势和特点，以便更有针对性地进行教学。

（2）充分发挥“慕课”效用，提升教学质量。

通过校园内部的交流论坛，可以实时对大学生讨论的热门话题和热门事件加以了解，从而积极进行答疑解惑和教育引导，并及时化解矛盾与冲突。但是大数据对思想政治教育网络平台建设的影响远不止于此，其对教育的影响主要的体现是“慕课”及“翻转课堂”等教育模式的创新。思想政治教育关于“慕课”的研究与尝试，也正体现着思想政治教育对大数据的主动参与。由于网络教育平台“慕课”的风靡，中国也出现了相关的网络平台——“中国大学慕课”，但其中关于思想政治教育的内容少之又少。比如“思想道德修养与法律基础”这门课，在有限的课程规划内老师不可能面面俱到，思想政治教育工作者即可以充分利用这一空缺，积极探索教学模式，丰富教学内容。很多院校根据自身优势平台的不同，联合进行“慕课”的开发和应用，同时借助大数据的分析手段，来分析学生的学习情况、学习进度、课程评价，从而有效地改善教学内容和教学方法，并打造让学生终身受益的课程。

2. 改进思想政治教育者的工作能力，增进思想政治教育实效性

（1）加强意识形态认知，注重信息和自身隐私的保护。

首先，加强意识形态教育。在互联网中，多元价值观的肆意传播，形成巨大的信息场向外辐射。而在这一过程中西方发达国家利用已形成的信息技术优势，占据网络控制的制高点，不断向别国输送其价值观。高校是意识形态的主阵地，因此思想政治教育队伍要注重提升教学素质，巩固马克思主义在意识形态的主导地位。其次，强化隐私安全教育。大数据联动挖掘模式与传统数据挖掘技术相区别的关键，在于它通过复杂运算法则所采集到的非结构性数据单独来看是完全不涉及隐私的，但是恶意分析者完全可以从“马赛克理论”出发，通过多种数据挖掘技术的组合轰炸来发掘隐藏在各种网络交互活动中的特殊关联性，并“提取到隐含的先前未知的有潜在价值的信息”①。因此在高校的思想政治教育工作中，要强化学生的数据保护意识，对社交网络、视频网站、银行卡等个人信息给予高度重视，从理论的角度并通过事例解说促使大学生注重自身信息和隐私的保护。此外，还应使学生认识到“有些日常生活信息看似无关紧要，其实从中也可以摸到国家经济和社会脉搏”②，以免这些信息被西方敌对势力获取和利用。

（2）提升数据利用能力，挖掘数据潜在价值。

首先，高校思想政治教育工作者要在总结自身工作经验的基础上尝试创建一套关于数据收集、分析、管理等的标准化流程，并有意识地提高自身的数据敏感度、数据洞察能力和数据分析能力，从而适应时代的发展要求。比如，微博与微信的盛行使得大学生热衷于把自己的情绪在网络上宣泄，反映了他们的何种心态；大学生自杀案件发生前很多都有在自己的社交平台上显露自杀的意愿，思想政治教育工作者应该做到见微知著、及时介入，从而避免悲剧的发生。其次，思想政治教育工作者分布在不同的部门，因此要整合数据资源，避免条块分割、力量分散。数据的最大拥有者

① 维克托·迈尔-舍恩伯格，肯尼思·库克耶．大数据时代．盛杨燕，周涛，译．杭州：浙江人民出版社，2013：67.

② 郛贺铨．大数据时代的机遇和挑战．求是，2013（4）：49.

是政府，相对来说，政府掌握的数据更为全面可靠，因此要加强政府与高校的合作，充分挖掘有关思想政治教育数据的潜在价值，为增强思想政治教育时效性提供依据。

3. 转变传统思维方式，凸显思想政治教育前瞻性

（1）从注重因果联系转而更加注重相关关系。

大数据的核心价值就是基于海量数据进行的趋势预测，大数据预测特别强调事物和现象之间的相关关系，比如沃尔玛根据周末购物篮数据显示及时调整尿布和啤酒的货物摆放位置而大幅度提高销售额即为明例。大数据时代是在没有理论假设的数据分析的前提下发现知识、发现事物之间潜在关联的过程，并在这一过程中洞察和探索社会的发展规律的时代。比如，目前对于大学生婚恋观、消费观、生命观等大多处于个体研究的状态，而它们之间的内在联系——比如不同消费观念下隐藏着怎样的婚恋观等——就可以用大数据及云计算的方式来发现探究。

（2）经验指导与科学引领相结合。

在思想政治教育工作中，要在科学预测的前提下切实把握教育对象的变化规律和条件，从多种预选方案中进行选择，以获得针对特定目标的最佳经济效果和社会效果。缺乏支持教育决策的数据、脱离教育发展，是导致决策质量水平较低和失误的重要原因之一。大数据所具备的动态性特征可以随时搜集所需要的数据，能够实现跟踪分析和动态分析。比如，在威斯康星州每年举行的“知识和概念考试”的基础上，教师必须参加三次“数据挖掘”活动，深入分析学生的学习发展情况，然后根据这些动态和差异数据进行研讨，确定具体的相关教学管理活动①。但是由于大数据的复杂多变以及数据源的不稳定性，导致其出现小概率的偏差不可避免，因此经验指导所具有的合理性和必要性可以帮助人们猜测哪些变量不适用于数据分析，而数据分析则可客观地确定各个变量因素的权重，进而得出相应的预测精度。

（3）从注重群体的思想行为转而更加关注个体的差异。

思想政治教育的教学多是针对一整个群体，其往往是通过抽样调查的

① 腾珺，朱晓玲. 大数据在美国基础教育中的运用. 人民教育：2014（1）：74－76.

方式获取小范围的数据来反应整体的情况，对个体关注度不够。大数据分析技术使及时获取学生的思想动态成为可能，其可通过对大学生思想行为的筛选和分析，以可视化的方式呈现出学生最近的思想动态，比如关注的社会热点、普遍性的思想问题、行为动向等。在关注群体行为的同时还可以关注单个学生、小群体的思想动态，从而进行针对性教育，比如个别谈话及心理辅导等，并以之提高思想政治教育的针对性和实效性，为创新思想政治教育方式寻求新的实践土壤。

4. 转变思想政治教育研究范式，促进思想政治教育纵深化发展

（1）采用以数据为载体的定量研究与传统的定性研究相结合的新型研究范式。

定量研究在思想政治教育学科中一直备受关注，传统的定量研究的通常做法就是建立理论假设、数据模型，然后抽样调查，数据统计，模型分析，最后验证假设，但是在这一过程中其固有的缺陷——如何实现随机性和小范围样本分析对全局和个别情况的适用困境——也往往凸显出来。在大数据时代，其所倡导的调查方式——“相关关系”和“样本＝总体”——和技术甚至可能实现所有特定目标数据的收集和处理，即实现“样本与总体”的等同，因此与局限在小范围的数据相比，大数据可以把我们的调查分析可量化的维度做到极致。“在小数据时代，我们会想世界是怎样运作的，然后通过手机和分析数据来验证这种假想。在不久的将来，我们会在大数据的指导下探索世界，不再受限于各种假想，我们研究始于数据，也因为数据我们发现以前不曾发现的联系”①。思想政治教育主体可以通过增强自身的数据分析处理等能力，加大定量研究的力度，从而改善以往缺乏数据支撑而导致分析的透彻性低、说服力不强的问题，拓展思想政治教育的主动性、实效性和针对性。

（2）采用跨专业与跨领域的合作研究范式。

大数据发展到今天，不是走向更加普及的道路，而是越来越专业化。广泛潜在的数据价值，不仅需要异源性和异构性数据信息源，更需要专业

① 维克托·迈尔-舍恩伯格，肯尼思·库克耶. 大数据时代. 盛杨燕，周涛，译. 杭州：浙江人民出版社，2013：92.

的数据研究人才和数据研究技术。信息共享是跨专业和跨领域合作的前提，在拥有巨大的数据源的前提下才能让大数据技术对数据挖掘分析更彻底，更有价值。对于思想政治教育学科研究的发展来说，要真正地把大数据运用到研究中去，不仅需要具有本学科理论根基扎实的专业教师，同时也需要专业的数据挖掘整合分析的人才，因此跨专业、跨领域的合作就成为提升思想政治教育研究深度、广度的必要选择。只有结合政府的数据优势、企业的技术优势以及高校的人才优势，多方位、全面性地致力于思想政治教育研究的挖掘和纵深发展，才能为新时期思想政治教育的发展变化、研究方向提供新的助力。

三、创新意识：思想政治教育研究的发展动力

当前，社会环境日益复杂化和多元化，因而为了促进思想政治教育的发展，则要把握好当前思想政治教育中呈现的新特点，发挥思想政治教育的新功能，在批判反思的基础上建立思想政治教育治理体系，并加强对前沿问题的研究，从而不断完善自身的学科体系。作为学科建设的重要组成，思想政治教育学科体系本身不仅是一个复杂全面的过程，也是对于当前社会各种危机频发的现实回应。在这一过程中，作为一种交往实践活动，思想政治教育学科发展过程中意识的创新和提升便成为思想政治教育前沿问题研究的内在要求。

（一）学科意识与思想政治教育科学化

对思想政治教育前沿问题的研究要以促进思想政治教育科学化和学科化为前提。在当前社会条件下，其他学科已经朝着科学化的方向迈进，倘若思想政治教育只注重课程基本理论的教学而忽视与现实社会的对接以及学科理论的现实价值生成，那么学科是难以产生实效的，其自身的发展因之也只能慢慢走向价值虚化。思想政治教育的科学化发展需向复合型方向迈进，在强化学科意识、整合学科理论的同时联系社会发展实际，与现实

社会问题相联系，与时俱进，在否定之否定的辩证思维中实现体系的完善和理论创新。要实现思想政治教育科学化发展，需要从逻辑上廓清以下三个层面的问题。

第一是学科意识的基本内涵。思想政治教育的学科意识是指在马克思主义理论研究中，围绕思想政治教育学科的发展所产生的关于学科发展问题、特点和规律的把握与研讨。要强化思想政治学科意识，就要自觉地将学科发展与建设融入思想政治工作与教学之中。思想政治教育学科意识的强化应该包含以下几方面的内容：一是对于思想政治教育发展过程中出现的新问题的把握；二是对于思想政治教育发展过程中出现的推动学科发展的特殊规律的把握；三是对于社会实际出现的人的思想的各种新问题新特点如何在理论与实践上相互促进与结合的把握。

第二是强化学科意识的原因。思想政治教育学科建设，不仅包括基础理论体系的构建，也包括对专业人才的培养。自 2005 年马克思主义理论一级学科建立以来，思想政治教育在马克思主义理论中的二级学科地位因之得以确立，这对于思想政治教育学科的发展提出更高的要求：从任何学科整体发展环境来看，诸如经济学、社会学、心理学、管理学等学科的发展，无论从学理层面还是实践层面都需要在发展的过程中不断完善自己的学科体系，只有学科体系日趋完善，才能产生现实价值，在发展中屹立于学科之林；从思想政治教育自身发展来讲，自 1984 年以来思想政治教育专业与学科的设置、建设与发展经历了“思想政治教育—马克思主义理论与思想政治教育—思想政治教育”三个阶段，实现了跨越式发展，具有重要的理论价值和历史演进的实践意义。纵观思想政治教育发展历程，其前期发展较侧重于思想政治工作的历史经验的概括与理论概括，但系统化的学理研究不够完善，目前学科体系虽已基本形成，但由于当前社会环境复杂、社会信念和道德品质缺失及社会危机频发，对思想政治教育本身的发展和存在提出了新的要求，学科边界如何明晰和不断完善与发展的任务依然艰巨。

第三是学科意识与推进思想政治教育科学化的路径。思想政治教育发展至今，依然存在很多问题，比如：思想政治教育理论体系尚不完善；无论是学界内外部分人士对于学科尚存在认同性问题；社会中尚有对于思想政治教育功能的片面认识；等等。作为高校教师，一方面要加强马克思主义理论一级学科与思想政治教育的研究。作为一线专门从事马克思主义理论工作的重要群体之一，教师队伍不仅要关注马克思主义理论一级学科宏观研究与整体性的把握、回归对于一些马克思主义经典著作的研究，还要关注日常教学研究的前沿，例如对于生命伦理、生态意识、全球意识等教学内容相关方面的关注。在课内教学手段方面，既要发扬传统的教学模式和手段，又要利用网络和多媒体教学以及同学生进行教学互动。此外，思想理论课教师要结合时代特征，围绕思想政治教育内在规律，理论与实践相结合，将研究成果应用于实践，再经实践检验促进理论的不断完善与发展。另一方面要加强思想政治教育学科自身话语体系的建立。每个学科都有自己学科专业术语，并在其基础之上建立起了清晰明确的学科话语体系以向人们传递本学科的相关知识。马克思主义理论研究队伍中有来自哲学、社会学、政治学、历史学、心理学等相关领域的人员，他们在研究过程中便会产生立足于不同学科的不同视角，对于思想政治教育学科自身教育观念的更新具有一定的借鉴意义，然而有些借鉴倾向过于明显，以致对于思想政治教育学科本身价值即产生了认同性问题。因此在借鉴其他学科时，要立足于思想政治教育，建立本学科的专业术语群和话语体系，从而促进学科的科学化发展，不能偏离本学科，以防在学科发展过程中学科本身被逐渐消解。

（二）问题意识与思想政治教育实效性

思想政治教育是一门新兴的综合性学科，具有应用性的特点。在思想政治教育对实践经验的理论抽象过程中，透过现象抓住本质，反映了现时代思想政治教育的客观规律，是一个动态的螺旋式上升的结果。所谓问题意识，就是在科学研究中积极主动地发现有价值的命题并采取科学的方法加以解决的自觉意识，在学术探索中要有反思精神和批判精神①。提升思

① 王学俭．现代思想政治教育前沿问题研究．北京：人民出版社，2008：1.

想政治教育的实效性，要在思想政治教育研究和关注现实的过程中树立问题意识，发现前沿问题，探索前沿问题。问题意识是思想政治教育研究者应具备的重要素质，是思想政治教育学科创新的不竭动力。要培养思想政治教育研究者的问题意识，需要从理论和实践两个层面入手。

从理论层面讲，一是要把握马克思主义经典理论与思想政治教育的结合。作为马克思主义理论一级学科中的二级学科，思想政治教育需要规范研究马克思主义理论体系中可为思想政治教育发展所用的理论问题。比如，马克思主义实践论对于当今人类社会实践的总体性作用，马克思主义人学论对于思想政治教育促进人的全面发展的诉求，马克思主义需要论从人的需要和对人主体性的强调出发为思想政治教育的发展开拓了新领地等等。在马克思主义理论研究中，我们要把握它与思想政治教育的结合点，为思想政治教育的理论价值与实践价值的存在奠定基础。二是要明确把握当前马克思主义中国化的最新成果，这是发扬思想政治教育问题意识的方向与宗旨。思想政治教育是具有中国特色的综合性学科，它有明确的教育功能定位和演变发展的特殊性。将“思想政治教育”这一概念做一拆分：“思想”“政治”“教育”，这三个词可以说在某种意义上反映了思想政治教育在不同时空境遇所体现的主要功能。思想政治教育的发展要符合时代发展的主旋律，在思想政治教育实践中关照我国社会发展的现实问题，寓马克思主义中国化的成果于日常政治工作和课堂教学中，以把握大方向为前提，在一定的历史和社会背景之下挖掘现实前沿问题。三是对于基础理论的不断反思与完善，是思想政治教育问题意识的源泉。从目前思想政治教育的发展来看，思想政治教育基本范畴、价值体现、目标内容、实现方法、机制建构、环境优化、载体创新、功能发挥等已有了较完整的研究，但是随着时代的进步，其深度有待进一步加深，视野有待进一步拓宽。在这个过程中，我们需要不断反思以下问题——怎样才能使思想政治教育的基础理论更加完整，更加具有说服力；怎样才能抵挡“思想政治教育不是科学”的言论；怎样才能运用这些理论解决现实生活中的问题从而真正构建和发挥学科的理论价值。

从实践层面讲，一是思想政治工作者要在日常的政治工作中善于发现和善于总结。作为思想政治工作者，上到领导干部，下至普通员工，在工作过程中都要善于发现并及时解决问题，切实避免在党的重大方针政策出台之后出现响应迟滞的现象。要保证把党的路线、方针、政策贯彻到经济建设和各项工作中去，使之变成广大干部群众的自觉行动，并形成有利于社会主义现代化建设和社会全面进步的舆论力量、价值观念、文化条件和社会环境，确保改革和建设事业坚定正确的政治方向。二是在教学实践中思想政治理论课教师要将研究与教学有机结合起来，善于观察和善于总结。并在高校思想政治教育中扮演着主导者的角色。作为马克思主义理论的践行者、学生思想问题的解答者和大学生健康成长的指导者，思想政治理论课教师要明确自己的使命与责任，在课堂教学中要积极和学生沟通，不断改进教学方法，让学生积极参与到课堂中，并在课后带领学生对其疑问进行研究。三是高校要以社会实践为载体，通过实践活动改善学生们的精神面貌。目前，我国处于社会主义现代化建设的关键时期，培养具有良好的思想道德素质和科学文化素质的青年是社会发展的重要组成部分。大学生可以通过参加社会实践活动促进自身对社会的了解，从而将理论与实际生活相结合；思想政治教育工作者可以通过对社会实践活动的评估结果来反思思想政治教育的实效性以及存在的问题，进而有针对性地开展工作，在今后的实践活动中不断改进，增强实效性。

（三）开放意识与思想政治教育综合化

在全球化背景下，人类社会的发展改变了思想政治教育的发展条件和对象特点，实现思想政治教育的现代化转型，树立开放意识，是当前思想政治教育发展向综合化方向迈进的关键。所谓开放意识，是指在思想政治教育前沿问题的研究过程中不断汲取各个学科的营养，从而完善自身理论体系的过程。在这一过程中，我们要放眼全球，吸收其他国家在公民教育方面的优势，扬长避短，进而推动我国思想政治教育学科的发展与建设。“要真正地认识事物，就必须把握住、研究清楚它的一切方面、一切联系和‘中介’。我们永远也不会完全做到这一点，但是，全面性这一要求可以使我们防止犯错误和防止僵化”①。作为一门交叉性和综合性很强的学科，思想政治教育学科要注重方法上的综合运用与主体的多边互动，尤其要重视在学科前沿问题的研究中培养开放意识、建立开放体系。

树立开放意识对思想政治教育学科而言是极为重要的。当前，全球化浪潮已席卷世界，国际交往不断向纵深推进，世界已成为一个不可分割的有机整体。随着我国由传统社会向现代社会的转型，社会条件的变化决定了思想政治教育也要发生转变。现代大学生的独立思考能力日渐提升，主体意识日益增强，他们易于接受新鲜事物，因此只有树立开放意识，吸收各个学科和各个国家可资借鉴的成果，打破思想政治教育传统体系桎梏并为其发展注入新鲜血液，才能使得思想政治教育进入人们的视野，并引起广泛关注。

对思想政治教育学科开放意识的探索，具体可体现在以下几点。一是要增强从交叉学科的视角进行思想政治教育研究的自觉性。思想政治教育要汲取其他学科的成果，为自身学科发展提供动力，在这一过程中要正确定位受教育者思想状况的实际、科学设置思想政治教育的目标。具体而言，思想政治教育既需要从政治学、哲学、教育学、伦理学、心理学等传统相关学科中汲取营养，充实学科建设和发展的理论体系；又需要从管理学、人类学等学科中学习前沿成果，启发和引导学科理论的新思路；更需要从生态学、运筹学等相关理工类学科中引入相关理论，保证学科建设理论来源的多样性和丰富性，促进学科建设向综合化方向发展，使学科建设充满生机。二是思想政治教育要面向世界，放眼全球，这一点是促进学科综合化的现实需要。在马克思主义的指导下，思想政治教育学科要立足于我国现实，积极学习和借鉴西方国家在公民教育方面的优势和长处，吸收先进的教育理念和方法手段，在比较鉴别中推动学科发展。例如，德国比较重视宗教教育与德育的结合，通过把思想政治教育渗透于宗教中自然而然地把公民的宗教信仰转化为对政府的顺从；同时学校的学科教学中如历史、地理等学科以及自然科学课程中也渗透了思想政治教育内容；此外德国政府

---

① 列宁. 再论工会、目前局势及托洛茨基同志和布哈林同志的错误//列宁. 列宁全集：第40卷. 北京：人民出版社，1995：291.

在各地建设纪念馆、艺术馆、博物馆、国家公园等场馆，供公民免费参观游玩，并通过这种方式潜移默化地对公民进行思想政治教育的熏陶。由此可见，不论是德育的目标、教育内容、途径、方法、手段还是教育环境，德国的教育都非常注意德育教学潜移默化与深远持久的特性。虽然我国与德国现实境遇和文化背景不同，但其积极成分值得我们借鉴。

思想政治教育是由各个要素组成的系统，前沿问题的研究脱离不了系统各要素之间的相互影响。与此同时，思想政治教育系统随着社会转型也在发生变化，其中包括各个要素内涵的变化、要素与要素之间关系的调整以及系统整体形态的变化。因此，要完成思想政治教育的现代转型和学科的综合化发展，就必须在前沿问题的研究中需培养开放意识，不断为学科建设注入新鲜血液，为培养全面发展的现代公民奠定基石。

（四）改革意识与思想政治教育规范化

创新是一个民族进步的灵魂，是国家兴旺发达的不竭动力，一个学科的发展亦是如此。对思想政治教育前沿问题的研究离不开创新与改革，因此要坚持学科与时俱进，把握时代脉搏，从教育内容、方式、载体等方面不断推进思想政治教育学的体系的创新。改革意识是人们根据社会和个体发展的需求，进行改变和创造性活动的内在动力。树立改革意识，就意味着必须打破固有的学科框架和体系，不断吸收新时代的各种新元素以充实学科，从而使之在新时代里发挥新功能。现代思想政治教育学只有不断紧跟时代步伐，探索发展的新思路、新方法和新途径，在改革中适应时代进步和学科自身实践发展，才能使思想政治教育充满希望和生命力。

作为思想政治教育的主阵地，高校也是各类理论知识研究、创新和应用的基地，是培养新时代创新型人才的摇篮。因此，应进一步加强高校思想政治教育，将以人为本，全面、协调、可持续的理念贯彻到思想政治教育前沿问题的研究中，并树立学科的改革意识。从宏观上说，树立改革意识是时代发展的呼唤；从微观上说，树立改革意识是学科自身发展的要求。树立改革意识，要从以下几点入手：一是创新思想政治教育内容。这一点是推进思想政治教育规范化的关键。无论学校、军队还是企事业单位，各个领域思想政治教育的侧重点不同，此外随着时代的发展，出现了许多必须应对的新课题，这就要求研究者在内容上要把握时代特征。例如在生活压力日趋增加的今天，人们消极厌世，不爱惜生命，那么生命教育便成为思想政治教育发展过程中不可回避的话题；随着全球化浪潮的日趋明显，培养具有全球意识和视野开阔的现代公民也迫在眉睫；随着经济的快速发展，摆在我们眼前的是异化的人们和日趋恶化的自然环境，因此生态意识的培育也日渐成为思想政治教育前沿问题研究中的内容之一；当前社会危机频发，恐怖事件屡次出现，思想政治教育要发挥治理功能，促进人类精神家园的建设，重视心灵培育、道德培养和情操塑造，因而加强思想政治教育治理体系的建设也迫在眉睫。二是将改革意识渗透于思想政治课程的教学过程中。教学活动是师生共同参与的过程，传统的“填鸭式”教学已不能适应当下主体性意识不断增强的学生们，尤其是由于思想理论课程自身理论性强的特点，导致对其更不能实施“满堂灌”的教学方法。因此教师必须将改革意识融入教学中，要根据教学对象的心理和认知特点采取不同的方法和手段。随着教学“主体—客体”二分到“主体—主体”双主体的发展，主体间思想政治教育在继承了主体性思想政治教育的优秀成果的同时，又克服了以自我为中心，将他人看作工具的局限性。此外，交往式的思想政治教育教学方式日益受到广泛关注，这也要求教学工作者在教学过程中要有改革意识，善于创新教学观念和方式手段，将“思想政治教育教学与实践的结合、多媒体教学和传统教育的结合、主干课程和辅修课程的结合、校内教育和校外教育的结合、引导教育和自主教育的结合。在教学方法方面改变以往单纯的灌输教育，综合运用启发式教学、提问式教学、发现式教学、讨论式教学以及研究式教学等教学方法”①，以激发学生的学习兴趣。三是创新思想政治教育的载体和传播方式，发挥新媒体的功效。新媒体是在新技术支撑之下发展起来的，其载体有数字杂志、手机、数字广播、网络等。传统的思想政治教育主要是通过开会、谈话以

① 王学俭．关于思想政治教育专业建设的几点思考．思想教育研究，2014（1）：21.

及书刊报纸等载体来传播，这些传统载体在一定的时间范围内所传播的信息量有限。新媒体工具的出现为思想政治教育的发展开辟了新领域，对人类社会的政治、经济、文化的发展产生了重要影响。思想政治教育要充分运用网络中主体平等和图、文、音并茂的优势，建立各种思想政治教育的主题网站，促进人们对思想政治教育信息的感知和认识，从而推进思想政治教育的规范化。

（五）责任意识与思想政治教育固根守魂

思想政治教育学科具有科学性、人文性和意识形态性，因此在学科发展的过程中既要关注时事变迁和前沿动态，又要强本固基，固根守魂，在对前沿问题进行研究时也不能忘却根本任务和现实价值。在此过程中，要不断强化责任意识，为思想政治教育学科的发展奠定坚实基础。责任意识是将外在要求内化为内心的自觉意识，在思想政治教育前沿问题的研究中，责任意识是指人们能够正确认识一定条件下社会的客观需求，并在思想政治教育发展过程中能按照社会的要求对所做的研究有准确认知，且依照一定的客观规律和价值规范对思想政治教育的前沿问题研究做出理性的选择。加强“三观”、理想信念和道德品行的教育与研究是思想政治教育的根本，同时也是思想政治教育的灵魂，在这一过程中，责任意识是思想政治教育研究的指引，它使得对思想政治教育前沿问题的研究更能抓住根本，而不是在学科发展的道路上仅仅把握了时事前沿而忽视了根本目标，这是思想政治教育研究工作者职责的重要体现。加强思想政治教育研究的责任意识，需要注意以下几点：

第一，明确强化责任意识的重大意义。首先，强化责任意识有利于引导思想政治教育的研究固根守魂。无论是党员领导干部、青年大学生还是社会普通民众，其自身的世界观、人生观、价值观以及理想信念和道德品行都关系到国家事业的兴衰成败，这些内容同样也是思想政治教育发展的根本，并有助于扭转当前部分群体“三观”不正、理想信念缺失、道德品行不佳的局面。其次，强化责任意识有利于引导思想政治教育的实践符合正确方向。思想政治教育学科发展是包含若干要素的庞大体系，随着社会的发展，其研究将不断推进，其内容也将逐步丰富和完善、其基础理论亦将不断夯实，然而思想政治教育的价值旨归应是实现育人目的，培养自由而全面发展的人，而不是理想信念缺失、道德品行低下的“畸形人”。因此，推进思想政治教育的固根守魂，要在前沿问题研究中不断强化责任意识，在理论框架的构建和研究中更加注重思想政治教育的核心问题，即对人的“三观”、理想信念和道德品行的教育和研究。

第二，找出强化责任意识与促进思想政治教育固根守魂的对策。在思想政治教育发展中，关注时事动态的同时不能忘却其根本任务，即对人的“三观”、理想信念和道德品行的教育。如何增强责任意识和促进思想政治教育固根守魂？一是思想政治工作者要准确把握“三观”、理想信念和道德品行教育的核心内容。在“三观”教育中，要积极引导党员领导干部和青年大学生树立正确的世界观、人生观和价值观；在理想信念教育中，要坚定对马克思主义的信仰，防止党员领导干部和青年大学生群体在西方意识形态的影响下迷失方向，并深化对中国特色社会主义的政治认同、思想认同和情感认同，牢固树立“四个自信”；在道德品行教育中，要指引党员领导干部和青年大学生遵守社会公德、践行职业道德、恪守家庭美德，提升个人道德水平，成为一名高尚的人，同时加强党的群众路线教育、社会主义核心价值观教育以及中华优秀传统文化教育，阐释“讲仁爱、重民本、守诚信、崇正义、尚和合、求大同”的现实价值。二是高校要认真做好“三观”教育、理想信念和道德品行教育的教学配置。将必修和选修相配合，理论教学和社会实践相结合，普通授课和网络教育相结合，灌输与引导相结合，围绕党员领导干部和青年大学生在“三观”、理想信念和道德品行方面存在的问题，有针对性地进行剖析和教育。三是提高“三观”教育、理想信念和道德品行教育的实效性。通过灵活运用课堂教学、典型示范、网络教学等多种方式，增强思想政治教育发展中的责任意识，在这一过程中坚持将国际与国内、历史与现实相结合，坚持马克思主义社会科学方法，突出问题，从而提升“三观”教育、理想信念和道德品行教育的实效性，促进思想政治教育固本化发展。

第三，认识到思想政治教育学科的发展只有适应时代主旋律，才能发挥应有功能和作用，这既是思想政治教育研究者和工作者的根本任务，也是时代发展提出的现实要求。思想政治教育学科建设在立足于我国社会发展和人的全面发展的实际、适应时代发展主旋律的同时要固根守魂，在理论研究和实践探索的过程中要不断创新意识，从而促进思想政治教育学科实力和队伍的不断壮大，全力促进思想政治教育整个学科体系的科学化、规范化、综合化和实效化，发挥思想政治教育的正能量，不断攻克发展中的新课题和新矛盾。

四、供给改革：思想政治理论教学的优质推进

自2015年以来，在探索如何适应和引领经济发展新常态的过程中，“供给侧结构性改革”作为一种新的应对策略被提出，这一改革强调以供给能力的提升解决经济社会发展中的深层次矛盾，进而促进经济社会持续健康发展。作为一种精神生产活动，高校思想政治教育同样存在着供给侧改革需要。

（一）高校思政课教育教学供给侧结构性改革的命题确立

如何多层次、多维度、多视角地探索高校思政课教育教学方式方法，切实推动高校思政课教育教学优质高效发展，始终困扰着广大思想政治教育者，而新概念、新思维、新方法的引入则是一种可能的解答。“高校思政课教育教学供给侧结构性改革”的提出，正是这样一种基于学科交叉视角而做出的新的尝试和努力。然而“高校思政课教育教学供给侧结构性改革”并非一个不证自明的命题，要使其被人们自愿或自觉地承认和接受，需要找到合情合理的缘由。

第一，从思想政治教育学科发展的历史维度来看，注重学科融合是思想政治教育的优良传统。在30多年的学科建设过程中，思想政治教育学科

始终保持开放包容的心态，注重借鉴心理学、教育学、伦理学、政治学等相关学科的内容和方法来丰富和完善自身，并以此为基础构建自身的话语体系。

第二，从思想政治教育学科发展的未来趋势来看，注重学科交叉是保持学科活力和竞争力的重要条件。随着学科发展的不断精细化，单一学科在对社会问题和社会现象的认识不断深化、细致的同时，也难以避免认知片面的情况出现。加之现代社会复杂性、不确定性因素增多，因而要从整体上增强学科对社会的解释力、洞察力，并借鉴吸收其他学科的相关理论，拓展学科视野。

第三，从“供给侧结构性改革”对高校思政课教育教学发展的具体适用性来看，作为一种肩负着“时代思想的生产和分配”任务的精神生产活动，高校思政课教育教学的“供给侧结构性改革”与经济领域的“供给侧结构性改革”“相异相通”——相通之处在于其都致力解决发展过程中的根本性、长远性、内生性问题，以发展思路的转换激活发展后劲，实现提质增效；而相异之处在于改革的逻辑不同：经济领域的“供给侧结构性改革”遵循经济逻辑，更加注重成本与收益的核算，以市场为导向，以利益最大化为原则；而高校思政课教育教学的“供给侧结构性改革”遵循思想政治教育发展逻辑，注重教育的科学性、政治性、思想性，在适应需求的基础上引领需求以保持供需之间的内在张力。

正是基于以上几点的综合考虑，我们确立了“高校思政课教育教学供给侧结构性改革”这一命题，并提出双重要求。一方面，要以积极的态度吸纳“供给侧结构性改革”的一些基本理念、思维和方法，推动高校思政课教育教学优质高效发展；另一方面，要以审慎的态度对待新概念的引入，要在思想政治教育学科发展的框架下进行整体思考，切忌简单移植和盲目剪裁。

（二）高校思政课教育教学供给侧结构性改革的推进缘由

供给侧是相对于需求侧而言的，高校思政课教育教学供给侧结构性改革是基于需求侧变化而做出的主动选择。高校思政课教育教学的需求侧包括个人需求和社会需求两个方面：个人需求是指个体为更加积极主动、更具创造性地适应社会，在知识积累、人格塑造、道德熏陶、素质提升、行为导向等方面向高校思政课教育教学提出的现实要求；社会需求是指为更好地实现社会整合，在凝聚思想共识、维持道德秩序、促进价值认同、推进社会动员、延续文化传统、提供决策咨询等方面向高校思政课教育教学提出的现实要求。个人需求和社会需求的客观存在及其升级换代和丰富发展，是高校思政课教育教学不断前进的基本动力。在我国，社会主义制度的建立使个人需求和社会需求从根本上具有一致性，实现个人与社会的协调发展是高校思政课教育教学的基本任务。

需求侧意味着一种不平衡状态，供给侧意味着一种再平衡状态。供给侧对需求侧既有适应性的一面，也有超越性的一面。需求侧的变化会向高校思政课教育教学提出一系列问题，这些问题一旦产生或得到确认，就要求供给侧做出回应、探索和解答。当前整个社会环境和教育对象都发生了深刻变化，高校思政课教育教学供给侧也要做出相应的调整和变革，在这一过程中，以下几点内容值得深思。

第一，随着全球化进程的纵深发展，世界范围内各种思想文化交流交融交锋更加频繁。如何防止西方话语霸权挤压，打造具有中国特色的话语体系，讲好中国故事，参与世界范围内的文化秩序和价值秩序调整，值得深思。

第二，随着国内市场化的日益推进，社会利益趋向多元分化，社会思想意识更加多元多样多变，各种社会思潮竞相争夺对中国历史、中国现实和中国未来走向的解释权。如何坚守意识形态阵地，提升马克思主义理论话语权，值得深思。

第三，随着网络技术的广泛应用特别是新媒体和搜索引擎的发展，信息的传播、呈现和获取方式发生了深刻变革。信息不断泛化膨胀，来势汹汹的信息洪流同时冲击着教育者和受教育者。教育者如何提升素质，使自己能够站稳脚跟并正确引导受教育者，值得深思；与此同时，高校思政课教育教学过程中如何科学地运用网络技术，做到既分享信息革命带来的便捷，又避免陷入技术至上的“技术乌托邦”，值得深思。

第四，教育对象发生了变化。当前，高校思政课教育教学面临的对象主要是“90后”，他们既拥有属于二十岁左右的大学生群体的共性特征，如好奇、敏感、富有活力等，也拥有诸如后物质主义价值倾向、虚拟化生存、追求个性化发展等独特标签；他们既享有“大众创业，万众创新”的政策利好，又面临经济下行、就业难的现实困境；他们既享受着网络消费带来的便捷，又可能面临着陷阱重重的“校园贷”风险；许多看似矛盾的现实造就了充满矛盾和差异的“90后”。如何科学地把握“90后”的思想动态、价值诉求和行为特征，做到既不过分夸大代际差异，又不刻意无视代际差异，值得深思。

（三）高校思政课教育教学供给侧结构性改革的要素剖析

高校思政课教育教学供给主要是通过有目的、有组织、有计划地展开教育活动从而促进一定的思想观念、政治观点、道德规范的传播扩散和教育内化，主要以课堂教学、宣传活动、学术报告等形式呈现。高校思政课教育教学是一种有规律的结构，是由各种要素组成的整体。各个具体要素及其相互关系，决定了高校思政课教育教学整体功能的形成和发挥。由于高校思政课教育教学供给侧结构包括供给目标、供给主体、供给内容、供给方式、供给环境、供给评价等基本要素，因此从整体上改进高校思政课教育教学要优化各基本要素，避免“单打一”的碎片化改革。具体而言，应重视以下几个方面的内容：

第一，供给目标包括意识形态目标和育人目标，应正确把握两种目标的内在张力。高校思政课教育教学一方面要宣传和贯彻党的思想理论，坚守意识形态前沿阵地，引导人们端正政治立场、明晰价值判断、坚定理想信念；另一方面要以立德树人为根本任务，激活个人潜能，提升个人思想、政治、文化、道德和心理等方面的综合素质，促进个人成长。高校思政课教育教学供给侧结构性改革要以提质增效为实践要求，以个人与社会的关系为纽带，寻求两种目标的承接点和重叠处，使供给目标有高度、有梯度、有温度。

第二，供给主体是高校思政课教育教学的承担者和实施者，具有主动性、主导性、创造性等特征。供给主体教育力量的提升关键有三，一要把好专职教师选聘、培养、配备、管理、退出等各个关卡，以理想信念坚定、师德高尚、理论功底扎实、教学效果良好为人才要求；二要树立“大思政”理念，保持供给主体的多元性、开放性，引导高校教学、管理、服务部门和社会各界人士的共同参与，打造“专兼结合、结构合理”的教学人才体系；三要解决好多元共治的内部协调性问题，要加强沟通、各有侧重，注重供给主体“点、线、面”的配合，避免各自为政、相互掣肘。

第三，供给内容是高校思政课教育教学所包含的实质或意义，涉及教材体系和教学体系，重在处理好规范性、统一性与多样性、差异性的关系，做到言之有物。供给内容的优化，一方面要整体规划、统筹推进，打造集思想性、科学性和可读性为一体的思想政治理论课立体化教材体系；另一方面要在吃透教材的基础上，创造性地构建教学体系，契合受教育者多样化、层次化、个性化的需求，从高处着眼，从小处入手，有效承接“一定的社会要求”和“受教育者的思想实际”。

第四，供给方式是高校思政课教育教学所采取的方法和形式，需要在继承、借鉴和探索中丰富拓展，从而适应并引领变动的需求。供给方式要在继承中发展，就要继承中国古代德育的言传身教、学思结合、知行合一、因材施教等传统方式，继承党在长期革命和实践中创造的实事求是、教育与自我教育、解决思想问题与解决实际问题相结合的方式；供给方式要在借鉴中发展，就要借鉴西方国家道德教育、公民教育的方式，特别是对政治传播技巧、人本主义心理学等理论和方法的借鉴；供给方式要在探索中发展，就要在教育教学实践中积极探索行之有效的方式，特别是要在网络技术和新媒体的运用、育人模式多样化开发等方面着力。

第五，供给环境是高校思政课教育教学的运行空间，重在空间协同优化。空间是高校思政课教育教学发生的场域，在全球化、网络化的背景下，空间的意义越来越丰富，出现了自然空间、个体的精神生活空间、沟通交往空间、网络虚拟空间、制度安排空间、社会生态空间等多重空间交错叠加、交互作用的局面，并深刻影响着生活于其中的人们的日常生活习惯、思维方式和社会交往方式。因此，要把握空间的多维性、复杂性和开放性，注重空间协同优化。

第六，供给评价是根据一定的标准，对高校思政课教育教学过程进行考量，目的是对教学效果与效率提供必要的反馈，促进教与学的共同进步。供给评价的展开要以思想政治教育的政策法规为指导，以社会需要满足性和个体需要满足性为标准，以学生主体评价、教育者自我报告、管理者综合评估为基本框架，从而调节和控制教育教学过程，优化高校思政课教育教学供给侧。

(四) 高校思政课教育教学供给侧结构性改革的历史过程

“高校思政课教育教学供给侧结构性改革”虽然是一个新提法，但并不是一个新现象，而是我们一直在做的事情。当下，随着国家相关政策的逐步完善，故尝试用“高校思政课教育教学供给侧结构性改革”这一新概念对其进行总结和升级。改革开放以来，高校思政课教育教学供给侧结构性改革包括几个关键节点。

第一，1985 年，《关于改革学校思想品德和政治理论课程教学的通知》发布。改革开放初期，我国面临的国际国内形势发生了重大变化，从国际上来讲，西方国家大力推行“和平演变”计划，培植反动势力，进行思想渗透；从国内来讲，十一届三中全会制定的发展路线遭到来自“左”和右两个方向的质疑，高校内部自由化思潮开始泛滥，学潮涌动。为统一思想，迎接思想战线的严峻考验，从而适应社会主义现代化建设中的发展变化、培养“四有新人”，中共中央于 1985 年发布了《关于改革学校思想品德和政治理论课程教学的通知》，该通知提出了各学习阶段思政课的教育内容和要求，并对思政课教育教学的各个方面都做出了规定和要求。具体而言，该通知规定，大学阶段思想政治课要进行中国革命史、马克思主义基本理论、社会思潮分析、社会主义建设、世界政治经济基本状况等方面的教育；以启发式教学方法代替注入式教学方法；要统筹编写适应社会主义现代化建设需要的新教材；要推进师资队伍建设，解决教师年龄老化、数量严重不足问题；要加强党的组织领导；等等。该通知的提出，为高校思政课教育教学供给侧结构性改革搭建了基本框架。

第二，1998年，《关于普通高等学校“两课”课程设置的规定及其实施工作的意见》发布。十四大以来，我国改革开放和社会主义现代化建设事业进入一个新的发展阶段，经济体制发生重大变化，对外开放的规模进一步扩大。为引导和帮助学生掌握马克思主义的立场、观点、方法，树立正确的世界观、人生观和价值观，确立建设有中国特色社会主义的共同理想，并为学生坚持党的基本理论和基本路线不动摇打下坚实的思想理论基础，进一步解决好邓小平理论“进教材、进课堂、进头脑”这一主要任务，中共中央宣传部、教育部于1998年联合发布了《关于普通高等学校“两课”课程设置的规定及其实施工作的意见》。该意见规定了专科、本科、研究生阶段“两课”课程的基本内容。其中本科开设七门课程即“马克思主义哲学原理”“马克思主义政治经济学原理”“毛泽东思想概论”“邓小平理论概论”（后改为“邓小平理论和‘三个代表’重要思想概论”）以及“当代世界经济与政治”（文科类开设）与“思想道德修养”“法律基础”，此外，各层次各科类学生均开设“形势与政策”课程，该意见发布的目的是调整课程设置，规定供给内容。

第三，2005年，《〈中共中央宣传部　教育部关于进一步加强和改进高等学校思想政治理论课的意见〉实施方案》印发。21世纪伊始，面对西方敌对势力西化、分化图谋有增无减，国内价值观念日益多样化的局面，为引导大学生正确认识国际国内形势，克服高校思政课学科建设基础比较薄弱等问题，中共中央宣传部、教育部于2005年联合印发了《〈中共中央宣传部　教育部关于进一步加强和改进高等学校思想政治理论课的意见〉实施方案》。该方案在课程设置上规定了本科、专科的课程，其中本科开设四门必修课。一是“马克思主义基本原理”（整合原“马克思主义哲学原理”和“马克思主义政治经济学原理”，并补充科学社会主义内容，后改为“马克思主义基本原理概论”）；二是“毛泽东思想、邓小平理论和‘三个代表’重要思想概论”（整合原“毛泽东思想概论”“邓小平理论和‘三个代表’重要思想概论”，后改为“毛泽东思想与中国特色社会主义理论体系”）；三是“思想道德修养与法律基础”（整合原“思想道德修养”和“法律基础”）；四是新增“中国近现代史纲要”，并设置了本专科专业都必修的“形势与政策”课程。在教材编写上，该方案把高校思政课教学大纲和教材编写纳入“马克思主义理论研究和建设工程”作为重大项目集中全国教学科研力量组织编写。在教学研究上，重点加强对各门课程的教学目的、主要内容以及理论体系和教学体系的研究，优化教学方法和教学手段，实现立体化教学。在教师培训上，着力提高教师的思想政治素质、专业水平和教学能力；在学科建设上，设立马克思主义一级学科，加强“马克思主义理论与思想政治教育”硕士点和博士点的建设；在组织领导上，重在确保课程设置方案的顺利平稳过渡。该方案的提出，系统推进了高校思政课教育教学供给侧结构性改革。

第四，2015年，《普通高校思想政治理论课建设体系创新计划》印发。在新时期，世界范围内各种思想文化交流交融交锋更加频繁，国内社会思想意识更加多元多样多变，思想政治理论课建设自身亦存在许多困难和不足。因此，为巩固马克思主义在高校意识形态领域的指导地位，落实立德树人的根本任务，推进社会主义核心价值观教育，中央宣传部、教育部于2015年联合印发了《普通高校思想政治理论课建设体系创新计划》。该计划的重点内容包括七个方面：一是以统编教材为基础，建设集思想性、科学性和可读性于一体的思想政治理论课立体化教材体系；二是切实提高专职教师整体素质，建设专兼结合、结构合理的思想政治理论课教学人才体系；三是积极培育和推广优秀教学方法，建设理念科学、形式多样、管理有效的思想政治理论课课堂教学体系；四是努力强化实践教学，建设与课堂教学相互促进的思想政治理论课第二课堂教学体系；五是努力做大做强马克思主义理论学科，形成以马克思主义理论学科为引领、相关学科为补充的思想政治理论课学科支撑体系；六是坚持管理与激励并重，建设导向明确、系统完善的思想政治理论课综合评价体系；七是切实加强统筹协调，建设有利于形成工作合力的思想政治理论课条件保障体系。该计划的特点在于重视体系化建构，旨在推动新形势下高校思政课教育教学的创新发展，是高校思政课教育教学供给侧结构性改革的深化发展。

纵观高校思政课教育教学供给侧结构性改革的历史过程，有几个突出的特点：一是坚持党的领导是推进高校思政课教育教学供给侧结构性改革的关键；二是顺应国际国内形势变化、坚持理论联系实际是推进高校思政课教育教学供给侧结构性改革的重要原则和方针；三是马克思主义基本理论是高校思政课教育教学供给侧结构性改革过程中一以贯之的重要内容；四是中国化马克思主义理论的创新发展是高校思政课教育教学供给侧结构性改革的理论动力；五是体系化、系统化、创新化建构是高校思政课教育教学供给侧结构性改革的趋势。

（五）高校思政课教育教学供给侧结构性改革的实践典型

各高校在思政课教育教学过程中的积极探索，正是高校思政课教育教学供给侧结构性改革的生动实践和经验积累。以下所列举的几所高校的做法，即为高校思政课教育教学供给侧结构性改革的明例。

第一，清华大学思政课基于“慕课”的混合式教学模式。为促进优质教育资源共享，创新思政课教学方法和模式，2014 年起，清华大学启动了思政课“慕课”建设，截至 2015 年 4 月 27 日，清华大学四门思政课“慕课”全部登陆学堂在线平台。与此同时，清华大学思政课采用线上线下相结合的混合式教学方法，线上课堂主要通过学生观看在线视频、阅读在线材料、在线讨论、在线练习和测试来实现，线下课堂主要通过教师组织小班专题讨论、综合辅导讲座和线下笔试来实现。清华大学基于“慕课”的混合式教学模式改变了传统的教与学关系，对调动学生积极性和自主性，敦促教师提高教学能力和综合素质，增进教师与学生的沟通，提升教学效果都是有帮助的①。

第二，南京师范大学思政课的网络教学模式。南京师范大学一方面利用网络平台，通过科学设置网络教学的自学教材课件和拓展课件，构建思

① 参见汪潇潇，聂风华，吴瑕. 清华大学思想政治理论课慕课的建设与实践. 现代教育技术，2016 (8)：83－88.

政课网上题库支持线上考试，从而利用网上讨论区充分调动学生的主动性，使学生自主完成思政课知识性学习；另一方面利用课堂教学通过建立集体备课小组，梳理思政课教育内容的内在逻辑和重点难点，充分发挥课堂教学的主导性，建构学生的认知体系，进而实现教材体系转化为教学体系、教学体系转化为学生的知识体系和信仰体系。南京师范大学思政课的网络教学模式，使课堂教学和网络教学各安其位、各有侧重，既调动了教师的积极性，又激发了学生的自主性①。

第三，上海大学的“课程思政”。上海大学在强化显性“思政课程”的同时，细化隐性思政课程，并致力于构建“课程思政”。当前，上海大学的“课程思政”体系包括第一季“大国方略”（已开设 6 学期）、第二季“创新中国”（已开设 3 学期）和第三季“创业人生”（即将开设）。“课程思政”采用“2＋1”师资搭配模式——1 名授课者为来自非限定领域的学者、企业家、工程师，讲述个人科研感想、服务国计民生的历程，2 名课程主持人负责串场、点评，把握课堂的主流方向，通过深入发掘通识课的育人资源，在通识课中融入思想政治理论教育，配置优质师资实行团体教学，以活泼的课堂组织形式、生动的案例，直面社会中的热点难点焦点问题，带领学生触摸历史、感知现实，引导学生获得客观公正和认真负责的思维方法②。

第四，北京工业大学的智慧课堂。针对高校思政课学生到课率低、课堂抬头率低、大课堂实时控制难等问题，北京工业大学遵循“回归课堂”“教学并重”“精准教学”三大理念，充分利用互联网技术的建构支持，开发了“主动参与”“密集互动”和“智慧开发”的智慧课堂。北京工业大学智慧课堂基于成熟的公共移动互联网通信和“云计算”技术，充分利用每个学生和老师个人的智能手机或平板电脑终端作为载体，通过“移动端＋PC 端”互联互通的教学软件平台的功能研发，构建了软智慧课堂系

① 参见王刚，王跃．运用网络教学平台推进高校思想政治理论课实现“两个转化”．思想理论教育．2015（3）：65－68．

② 参见卢丽君，李梁，王向明，等．“大国方略”：引导青年学生真切理解中国．中国高等教育，2015（1）：49－51．

统，从而实现了便捷精准的身份识别，支持全终端、大容量的课上实时无障碍互动，以大数据平台的构建提供了数据支撑，使移动互联网和“云计算”技术的最新发展成果更好地为思想政治理论课教学服务①。

第五，河北大学微电影实践教学模式。河北大学思政课的微电影实践教学模式包括四个环节：一是前期工作设计和建构，包括前期动员、布置任务，确定主题、制定预案和微电影的制作培训三个方面的内容；二是实施过程中的工作设计和建构，包括创设情境、自主实践和协作交互学习三个方面的内容；三是后期的工作设计和建构，包括成果展示和作品反馈两个方面的内容；四是实践教学延伸，以微电影这一实践成果联系课堂教学和实践教学，进一步巩固微电影实践教学成果，促进知行统一②。

上述高校思政课的实践探索有的以技术取胜，有的以内容取胜，有的以形式取胜。总体而言，它们都重视调动教师和学生两个方面的积极性，促进思政课的互动发展；都重视思政课教育内容、教学手段和教学方法的创新，特别是重视互联网技术的应用开发；都致力于打造当代大学生“真心喜爱、终身受益、毕生难忘”的优秀课程，以期实现高校思政课教育教学的优质高效发展。

（六）高校思政课教育教学供给侧结构性改革的重点突破

当前，高校思政课教育教学供给侧结构性改革的推进须从以下几个方面进行重点突破。

第一，树立学科自信，以开放的态度面对思想竞争。学科自信是对思想政治教育的信任、肯定和认同，是维系思想政治教育共同体有效运转的精神纽带。树立学科自信，要认真研读马克思主义经典著作，体悟马克思主义理论对历史进程的科学把握、对现实问题的深刻揭露、对未来发展的

① 参见沈震，钱伟量．基于移动互联技术的思想政治理论课课堂教学改革．北京工业大学学报（社会科学版），2016（3）：66－74．

② 参见柴素芳，沙占华．微电影：高校思想政治理论课教学的新载体：以河北大学微电影教学法为例．思想教育研究，2015（10）：44－48．

前瞻判断，从而更加自觉地以马克思主义理论为指导；树立学科自信，要大胆地表达自己的观点，坦然地面对自身的缺陷，包容地对待各种社会思潮，有力地回击带有敌意和偏见的诽谤；树立学科自信，要把握思想政治教育的时空坐标，明晰思想政治教育这一实践活动的世界性、历史性存在属性，从比较研究和历史研究中增强底气，改变不恰当贬低自身的“自我矮化”状态，以更加积极主动的姿态迎接风险挑战。

第二，利用大数据创造性构建教育内容，促进高校思政课教育教学的个性化、细致化和精准化。在大数据时代，受教育者的学习、生活和交往等行为——借阅图书记录、网络搜索关键词、社交账号动态等——都会留下数字的痕迹，通过对这些数字痕迹留下的规律进行现实挖掘，可以在很大程度上了解分析对象究竟是怎样的一个人。因此，通过与各大网络平台联合发力、建立大数据教育研究中心等方式，构建系统的思想政治教育数据平台，可以更好地把握受教育者的真实需要、价值倾向、兴趣爱好、言语特征、行为方式等动态，进而基于受教育者的丰富性、差异性需求对普遍性的教育内容进行优化重组和补充扩展，实现教材体系向教学体系的转化，促进教育服务供给的个性化、细致化和精准化，改变教育内容与学生需求之间的供需错配现象。与此同时，在最大程度挖掘数据的潜在价值的同时，要加强责任与自由并举的信息管理，尊重受教育者的隐私权和“被遗忘权”，提高大数据运用的透明度、公开性和伦理性。

第三，树立相对教育优势的理念，完善教育者的素质体系。教育者的相对教育优势基于长期的信息积累，体现为对理论和实践更及时、更冷峻、更深刻、更全面的洞察，是保障教学秩序、实现预期目标的基础。“要给学生一碗水，教育者得有一潭水，而且是一潭清水而不是浊水”，这就要求教育者有坚定的理想信念和清晰的价值判断，在信息的获取和整合的过程中能够有效地辨真伪、识优劣、定取舍，实现激浊扬清。同时，这潭“水”是一潭“活水”而不是“死水”，这就要求教育者在教育输入的过程中保持开放包容的胸怀，拥有自我更新的意愿和能力；在教育输出的过程中培养意见生产能力，不仅提供信息还能够提供观点，乐于思考新锐问题、敢于回答尖锐问题、善于提供不同视角，从而真正激起思想涟漪。

此外，这潭“水”是一潭“深水”而不是“浅水”，这就要求教育者要有扎实的理论功底和深厚的理论素养，做到融会贯通地学、游刃有余地教，进而引导学生真正学有所思、思有所得。

第四，优化教学过程，打造“立于科学、达于艺术”的精品课程。思想文化领域存在着此消彼长、你退我进的状态，因而高校思政课教育教学有自己的规定和使命，要保持足够的责任感、敏锐度和紧迫感。行稳方能致远，稳健的步伐不能浮于表面、流于浅薄，需要稳扎稳打地推进。要致力于教学过程的优化，打造“立于科学、达于艺术”的精品课程，处理好规范性与灵活性之间的关系，实现“从心所欲而不逾矩”。这就要求高校思政课教育教学一方面要遵循教学活动规律，减少教学过程中的随意性和无序化，有效整合教学资源，精心安排教学环节，科学把握教学节奏，合理营造教学情境；另一方面要以丰富的灵感和饱满的热情投入教学过程中，坚持传统经典教育方法和现代新式教育方法相结合，灵活地运用多种教学方式，创造性地探索教学模式，全方位地调动受教育者积极性，动态性地管理教学过程，使教与学成为美的熏陶和享受过程。

五、社会实践：思想政治理论教学的现实跟进

思想政治理论教师一方面要坚持运用灌输原则，把正确的价值观和基本理论传授给学生，使学生认识、了解和掌握马克思主义的基本观点、基本原则和科学体系；另一方面要认识到思想政治理论教育的成败关键在于知行统一，在于学生能否自觉运用正确的思想和理论去指导自己的行为，去观察社会，分析问题、解决问题，这是检验思想政治理论教学是否落到实处的重要标准。因此，理论与实践的结合是提高大学生对思想政治理论认同的关键。

（一）思想政治理论课开展社会实践教学的必要性

1. 社会实践的性质、地位和功能决定了思想政治理论课要开展实践教学

首先，实践是认识的来源。“无论何人要认识什么事物，除了同那个事物接触，即生活于（实践于）那个事物的环境中，是没有法子解决的”①。虽然学生从思想政治理论课课堂中学习了马克思主义的理论知识，

① 毛泽东. 实践论//毛泽东. 毛泽东选集：第1卷. 北京：人民出版社，1991：286-287.

但尚停留在浅层的理性认识阶段，唯有通过实践才能真正认识其本质、规律和所包含的丰富而深刻的内涵，真正从感性和理性两个层面获得正确的知识。其次，实践是认识发展的动力。“我们的实践证明：感觉到了的东西，我们不能立刻理解它，只有理解了的东西才更深刻地感觉它。”① 这个由感觉到理解再到感觉的过程便是在实践中发展认识、深化认识的过程。由于具有内容的丰富性与生动性、形式的直观性与多样性、影响的深刻性与持久性等特点，社会实践能够帮助大学生加深对课堂教学中“感觉”到的理论知识的理解、深化对疑难问题的认识，从而推动认识的发展和认知水平的提高。最后，实践是检验认识正确与否的根本标准。当前有些大学生对马克思主义理论产生怀疑，一个重要原因就是所学理论在个体生活中缺乏实证检验。理论本身不能成为检验真理正确与否的标准。“真理的标准只能是社会的实践”②。规范、科学、系统的社会实践既可以检验理论知识，又可以帮助大学生构建正确的理论体系，树立独立的思维品格。

2. 人的思想品德形成发展的规律要求思想政治理论课开展社会实践教学

从思想品德形成发展的内在过程来看，知行转化规律是人的思想品德形成和发展的基本规律，即“知、情、信、意、行”五要素的统一均衡发展过程，社会实践则是实现这一过程的基础环节。在思想政治理论课教学中，只有通过社会实践的体验，大学生才能检验学习到的理论知识，形成自己的思想品德认识；只有通过多次的思想品德实践锻炼，大学生才能强化自己的情感、信念和意志；只有在长期的行为实践中践行思想品德规范，大学生才能逐步养成良好的思想品德行为习惯。所以说，大学生思想品德的每一个要素，都是在社会实践中形成、强化和巩固的③。

从思想品德形成发展的外在过程来看，作为人的社会性的重要内容，思想品德是在一定的社会关系、社会环境中形成的。社会环境是人类赖以

---

① 毛泽东．实践论//毛泽东．毛泽东选集：第1卷．北京：人民出版社，1991：286.

② 同①284.

③ 张耀灿．思想政治教育学原理．北京：高等教育出版社，2001：92.

存在和发展的外部条件，对人思想品德的形成具有重要影响，但这种影响是以人们的社会实践为中介的。在思想政治理论课社会实践教学中，社会环境通过社会调查、参观考察等实践形式渗透到大学生的思想意识和行为习惯中，塑造着大学生的思想品德。

3. 理论教育和实践教育相结合是大学生思想政治教育的根本原则

理论是实践的先导，理论教育是实践教育的基础；实践是理论的现实化和具体化，实践教育是理论教育的延伸；理论教育要接受实践的解释和检验，实践教育则要以理论为方向和指导。思想政治理论课社会实践教学是面向社会现实对大学生进行思想政治教育的重要形式，是课堂理论教学的有效补充，也是课堂理论教学真正取得实效的重要保证。大学生思想政治教育的基本目的，在于培养大学生正确的政治方向、扎实的理论素养、为人民服务的高尚情操、良好的道德品质、健康的心理素质、高雅的审美情趣。实现这些教育目标，既需要理论引导，又需要实践锻炼；既需要熏陶感染，又需要比较鉴别；既需要集体教育，又需要个别指导；既需要思想教育，又需要心理咨询。思想政治教育不仅是解决认知的问题，更重要的是解决知行统一的问题。因此，思想政治教育要真正取得实效，最终要靠理论教育与实践教育的有效结合。在接受理论教育的同时，大学生只有积极参加社会实践，才能了解社会、认识国情、增长才干、全面发展、奉献社会，才能正确认识社会发展的规律、国家的前途命运，才能坚定地走中国特色社会主义道路。

（二）开展社会实践面临的困难和问题

实践性教学环节是思想政治理论课面向社会现实进行思想政治教育的重要方式。学习理论的目的贵在学以致用，培养学生分析问题、解决问题的能力和创新精神，使其自觉地将自己的聪明才智转化为对社会的贡献，并服务于人民。要达到这个目的，就必须根据不断变化的社会现实进行思想政治教育。如果学校的思想政治教育不能面对社会现实展开，不能圆满解释社会改革变化时期的种种表现，不能正确有力地阐明形形色色的社会思潮，不能使学生真正在“知”的基础上达到“信”，那么就难以保证“行”的问题，就难免显得苍白无力。改革开放以来，在大学生群体中，各种社会实践蓬勃开展，虽然各种社会实践活动和形式都为促进大学生理论联系实际进行了非常有意义的探索和尝试，且产生了一些成功的经验和做法，但总体而言，目前，高校社会实践教学的组织和安排还没有形成一套普遍有效可行的运作模式，其突出的问题如下：

首先，学生参与缺乏广泛性。作为必需的教学环节，社会实践教学应该是面向全体学生的，但许多高校把主要精力投放在院、系社会实践小分队或某一类实践活动上，而对面向全体同学的个体实践活动则缺乏具体有效的指导和相应措施。

其次，活动开展缺乏连续性。许多高校的社会实践教学活动不是作为一种必要的经常性的教学环节坚持下去的，而是因教师、领导、能力、场所等客观因素影响而断断续续地进行，没有形成一个稳定的、一贯的、学校和学生普遍认可的评价标准和运行机制。此外，目前社会实践教学并没有真正纳入完全的教学计划之中，一定程度上带有随意性和随机性。

再次，组织层面缺乏规范性。社会实践教学一般是在课外、校外进行的教学辅助活动，其组织程度比一般课堂教学复杂、细致得多，涉及教师、学生、场所、经费、教学安排，以及相互协调、培训、考核等环节和因素。因此，必须要在组织层面进行细致、周密、规范的安排和考虑。

最后，活动结果缺乏实效性。社会实践活动是围绕着特定的教学内容和基本目标进行的，应当对其进行有效的指导。但目前，许多高校对于如何确定有针对性的实践教学活动主题、如何选择合适的实践教学方式、如何完成具体的实践教学的各个环节、如何撰写实践报告及实践教学的具体要求等尚缺乏系统的培训和辅导，同时对于社会实践活动的开展情况也缺乏有效的管理和考核。如果教师不能及时对学生在社会实践中发现的问题进行辨析与答疑，就会直接影响到社会实践的效果。

（三）创新思想政治理论课社会实践教学的机制

近年来，高校思想政治理论课社会实践教学不断加强，在取得了一些成效的同时仍存在着较多薄弱环节，社会实践新体制新机制还没有建立起来。因此，加强和改进思想政治理论课社会实践教学，必须建立和完善实践教学创新机制，并探索实践育人的长效机制。

1．学分制

思想政治理论课社会实践教学学分制，是指建立在选课制基础上以学分为计算单位的社会实践教学管理制度，其基本思路是从思想政治理论教育模式由整齐划一向多样化方向的转变。实行学分制有利于促使学生主动地学习、创造性地学习，促进学生个性的培养和综合素质的提高，也有利于促进教师创新社会实践教学方式，提高教学质量和水平。

学分制的实施是由选课制、多样化的社会实践教学模式等制度和措施共同组成的教学过程。选课制的特征是赋予不同社会实践教学形式以一定学分，从而给学生以选择社会实践教学方式的自主权。在思想政治理论课教师、校团委干部和学生辅导员的指导下，学生根据自身成长需要，自主选择同一课程不同教师的不同社会实践教学方式修完规定学分即可。根据思想政治理论课教学目标和任务要求，社会实践教学模式可以划分为以下几类：一是以树立正确的世界观、人生观、价值观为目标的理想信念教育。例如，在“马克思主义基本原理”课程中，通过组织观看《航标》等马克思主义教学录像，深化大学生对马克思主义的科学理解；在“思想道德修养与法律基础”课程中，组织学生深入生产劳动第一线，参与社会调查，指导学生正确运用马克思主义的世界观和方法论去认识、分析、解决问题，树立为人民服务的人生观等。二是以爱国主义教育为目标，组织学生参加军训，增强国防观念、国家安全意识，培养集体主义的价值观，从而开展民族精神教育和革命传统教育。例如，在“毛泽东思想、邓小平理论和‘三个代表’重要思想概论”和“中国近现代史纲要”课程中，组织学生参观革命纪念地，到经济社会发展典型的地区参观学习，了解国情国史，了解革命、改革、建设的伟大成就，增强爱国主义和社会主义的精神品质。三是以公民教育为目标，开展大学生基本道德规范教育。例如，在“思想道德修养与法律基础”课程中，通过组织法庭旁听、勤工俭学、“三下乡”、“进社区”等社会服务活动，使大学生树立起爱国守法、明礼诚信、团结友善、勤俭自强、敬业奉献的基本道德规范。四是以大学生全面发展为目标，深入开展素质教育。在各门课程中，通过举办科技发明、科普活动、党的基本知识竞赛，开展书法、演讲、辩论、音乐、舞蹈等文体活动以及进行心理咨询辅导等实践方式，促进大学生思想政治素质、科学文化素质、身体素质、心理素质的全面、协调发展。

2. 导师制

思想政治理论课社会实践教学导师制，是指在社会实践教学中专门指派思想政治理论课教师、校团委干部和学生辅导员在社会实践中对学生进行教育，帮助学生提高以思想政治素质为核心的综合能力素质，实现思想政治理论课教学目标的教学制度。导师制集互动、参与式教育于一体，注重学生知识、能力、素质的全面均衡发展，可以弥补学分制带来的学生盲目选课、趋易避难等缺陷。因此，导师制是学分制的有效补充。

实行导师制需要做好几个方面的工作。一是确定导师的工作目标和责任。必须对社会实践导师“导什么，不导什么”的职责进行清晰的界定。思想政治理论课社会实践教学导师制不同于研究生阶段的导师制，也不同于专业导师制，其作用在于提高学生的思想政治素质和观察分析社会现象的能力。导师应指导学生运用马克思主义世界观和方法论去认识和分析问题，引导学生树立高尚的理想情操，养成良好的道德品质，树立体现中华民族优秀传统和时代精神的价值标准和行为规范。了解国情、国史，领会历史和人民是怎样选择了马克思主义、选择了中国共产党、选择了社会主义道路。二是要有健全的制度。良好的制度是顺利实施导师制的前提。学校应该完善导师制的各项规章制度，规定导师应完成的工作和应尽的义务，完善导师的选拔条件、任用程序、工作职责、考评奖惩等方面的规定。尤其是学校应将社会实践教学纳入工作量计算，以形成良好的运行机制。三是保证导师队伍来源的多样性。为改进师资结构、提高师资队伍实践素质，在充分利用校内师资力量的同时，应聘请社会实践基地的领导干部、专业人士担任社会实践导师，从而补充教师队伍，优化师资结构，进而促进社会实践教学真正取得实效。

3. 项目招标制

项目招标制是思想政治理论课社会实践教学的又一创新机制。学校思想政治理论教学部、校团委、教务处通过网络或走访等多种渠道调查收集相关企事业单位、城市社区、农村的基本情况、汇集亟待解决的问题，并请实践地根据自身需要向学校提出实践要求。之后，思想政治理论教学部再根据教学的总体要求，结合学校学科特点、专业特色进行项目设计，将社会实践活动分为多个板块，在全校范围内招标，引入竞争机制。项目招标制的引入，有利于发挥学生、实践地的积极性。学生通过公开竞标，发挥各自专业优势、学科交叉优势与自身特长，谁有实力谁中标，谁出成果谁获益，从而有效调动广大学生参与实践、解决问题的积极性。同时，项目招标制有较强的针对性，能较好地满足实践地的需要并创造一定的经济效益和社会效益，促使实践地与学校积极配合，实现两种资源的优化组合。

要顺利实施项目招标制，首先，思想政治理论教学部要根据教学大纲的要求，结合学生培养方向和社会实际需要，确定若干社会实践课题，面向全校学生公开招标。学生根据需要和兴趣在导师的指导下自由组合课题小组，制定具有科学性、可行性、创新性的投标方案，设计标书，进行投标。其次，思想政治理论教学部要组织有关老师组成社会实践项目评委会，根据确定的标准，通过面试或答辩等方式进行评标，在确定中标单位后与中标者签订合同以规定双方的权利义务，并给予中标者一定的经费资助。

4. 社会实践基地建设机制

思想政治理论课社会实践教学的目标、要求以及学校自身在学科、专业等方面的特点，决定了高校必然要面向社会，充分利用社会丰富的思想政治教育资源，开辟广阔的社会实践基地。学校、各院（系）应结合自身学科特点、学生状况、业务关系，与地方企事业单位、城市社区、农村开展广泛合作，按照“命名挂牌、共建合作、正常运作、深度实践、示范建设、双向受益”[①] 的原则，建设一批以贫困地区中小学、科研单位为依托的教学、实习基地，以经济社会发展典型、优秀文化遗址、博物馆、纪念馆、革命旧址为依托的爱国主义和革命传统教育基地，以城市社区、农

---

① 吕健. 对“两课”社会实践运行机制的探讨. 辽宁教育研究，2006（10）：101-103.

村、残疾人联合会、捐赠站、救助站、福利院为依托的社会服务基地，以歌剧院、美术馆、心理协会、琴棋书画中心为依托的素质教育基地，力争每个院（系）、专业都有相对固定的实践基地。

学校选择和建设社会实践基地，在保证实践基地数量的同时，要按照以下三点原则严把质量关。一是有特色。社会实践基地要体现社会主义现代化建设的伟大成就和现实状况，富有经济、社会、文化、教育特色和民族、历史、地理特色，以增强实践教学的吸引力、感染力和影响力。二是多样性。社会实践基地的选择不能千篇一律，既要有体现理想信念教育的实践基地，又要有进行爱国主义教育的实践基地。既要有开展公民道德教育的实践基地，又要有实施素质教育的实践基地。三是城市、农村并重。城市社区和农村社区是开展大学生社会实践教学的主战场和实施思想政治教育的重要阵地。就目前我国大学生生源分布来看，约有一半学生来自农村。因此，要通过社会实践教学，使来自农村的学生了解城市，来自城市的学生了解农村。

六、依法治国：思想政治教育研究的遵循方略

十八届四中全会强调："全面建成小康社会、实现中华民族伟大复兴的中国梦，全面深化改革、完善和发展中国特色社会主义制度，提高党的执政能力和执政水平，必须全面推进依法治国。"实施依法治国战略，是我们党在全面建成小康社会、全面深化改革和全面从严治党的发展道路上、在重要战略机遇期采取的有力战略保障措施。而在实施依法治国基本战略的大背景下，作为社会主流意识形态得以传播和发展的重要载体，作为国家意识形态教化和个体政治社会化的系统工程，思想政治教育只有根据自身所处的政策环境、根据时代和形势的发展变化，对自身做出调适和创新，才能使国家战略得到更好实现，使自身功能得到更好发挥。

（一）依法治国视域下思想政治教育调适的基本诉求

1. 坚持依法治国的原则是思想政治教育调适的重要遵循

依法治国并不是无的放矢，它有一定的目标导航，必须遵循一定的原则。在《中共中央关于全面推进依法治国若干重大问题的决定》中，明确提出并阐述了实现全面推进依法治国总目标必须坚持的五个基本原则，即坚持中国共产党的领导、坚持人民主体地位、坚持法律面前人人平等、坚

持依法治国与以德治国相结合、坚持从中国实际出发。作为中国特色社会主义事业的组成部分，依法治国基本方略是推动当代中国社会发展进步的重要力量。世界上没有完全相同的法治模式，中国的依法治国战略必须以新中国的民主法治实践为基础，从中国实际出发，并在建设中国特色社会主义的历史进程中形成。在依法治国的背景下，思想政治教育必须以依法治国方略的基本要求为基点进行调适和创新，必须坚持上述五个基本原则。

坚持依法治国，首先，要坚持依宪治国。我国宪法确立了中国共产党的领导地位，“坚持党的领导，是社会主义法治的根本要求，是党和国家的根本所在、命脉所在，是全国各族人民的利益所系、幸福所系，是全面推进依法治国的题中应有之义。”“思想政治教育是党的领导的重要方面，自觉地接受党的领导是思想政治教育本质的内在要求”①。因此，要进行思想政治教育调适，首先必须坚持党的领导。其次，人民群众的根本利益是思想政治教育调适的价值基础，因此思想政治教育调适必须坚持人民主体地位，加强对人民群众的宣传教育，使理论为群众所掌握并成为其改造世界的武器。再次，思想政治教育调适必须坚持正义观教育。平等公正是思想政治教育的价值指向，它指明了思想政治教育调适的方向；同时，思想政治教育调适必须坚持道德教育与法治教育相结合，努力提高社会主义建设者和接班人的法治思维。最后，要进行思想政治教育调适，必须要坚持从中国实际出发。马克思曾强调：“理论在一个国家实现的程度，总是决定于理论满足这个国家的需要的程度。”② 这就意味着思想政治教育调适必须坚持思想政治教育理论满足中国的实际需要、从中国的实际情况出发。因此，坚持依法治国的基本原则是思想政治教育调适的重要遵循。

2. 实现依法治国的目标是思想政治教育调适的基本追求

思想政治教育总是不可避免地处于一定的政策环境中，而周围的政策环境总是在不断发生变化。因此只有不断进行调适，思想政治教育才能真

① 沈壮海. 思想政治教育有效性研究. 武汉：武汉大学出版社，2008：165.

② 马克思.《黑格尔法哲学批判》导言//马克思，恩格斯. 马克思恩格斯选集：第1卷. 北京：人民出版社，1995：11.

正适应不断变化的政策环境，使思想政治教育的功能得到充分的发挥。“法令行则国治，法令弛则国乱。”肇始于古希腊的法治思想对整个人类文明进程产生了巨大的影响，展望未来，法治仍是推动人类文明发展、人类秩序安定的不二选择。对任何一个国家而言，要得以政治清明、经济兴盛、文化繁荣、社会稳定、生态文明，完善的法律制度建设在这一过程中都起着举足轻重的作用。因此，我们必须选择法治，实施依法治国战略。全面推进依法治国的总目标是建设中国特色社会主义法治体系，建设社会主义法治国家。也就是说，要“在中国共产党的领导下，坚持中国特色社会主义制度……促进国家治理体系和治理能力现代化”①。实现国家治理体系和治理能力现代化是依法治国的基本目标。

作为国家意识形态建设的主要载体，作为马克思主义理论和政策解读宣传的主渠道，思想政治教育必须积极主动适应政策环境的发展变化，推动政策实施，提高思想政治教育实效性。因此在依法治国大背景下，实现国家治理体系和治理能力现代化即成为思想政治教育的基本追求，思想政治教育的一切行动都要自觉围绕这一基本追求、实现这一基本追求。目前，无论是思想政治教育政策体系，还是思想政治教育治理能力都还有许多不适应之处和能力不足之处，因此，我们必须完善思想政治教育政策体系，提高思想政治教育治理能力。具体而言，即加强思想政治教育法治建设，坚持以人为本，构建科学规范、持续稳定的思想政治教育制度体系，形成稳定的法规、程序组织，增加思想政治教育的强制力；提高统筹规划、系统开展思想政治教育活动的能力，构建思想政治教育工作大格局，为实现国家现代化和法治理想提供人才保障和智力支持。

3. 维护依法治国的权威是思想政治教育调适的重大使命

我国的依法治国战略，强调树立法律的最高权威。人民对法律的内心拥护和真诚信仰，是法律最高权威得以确立的精神动力和信念支持，是依法治国权威建立、发展的基石。正如美国法学家伯尔曼强调的：“法律必须被信仰，否则它将形同虚设。”② 只有得到人民的真诚信仰，法律才能真

① 中共中央关于全面推进依法治国若干重大问题的决定. 人民日报，2014-10-29 (1).

② 伯尔曼. 法律与宗教. 梁治平，译. 北京：中国政法大学出版社，2003：3.

正获得普遍的社会感召力，由此，法律的最高权威才能得以真实地确立，法律规范才能内化进而落实到人民自觉的行为之中，法治理想才能成为现实。否则，倘若法律只能依赖国家强制力来维护其实施的话，那么法治精神和原则就名存实亡。确立依法治国的权威，就要求在人民的内心世界树立起法律的至上性和权威性。因此，建设社会主义法治国家，确立依法治国的权威，需要使每一个公民都成为社会主义法治的真诚信仰者、自觉拥护者、坚定捍卫者，共同推动法治现代化的实现。

作为依法治国的“软件”系统，人民对法律的内心拥护和真诚信仰的培育是一个复杂的社会工程，不是一蹴而就的，它需要一个长期积累的过程。全面深入开展法治教育，全面提高人民的法律意识和法律素质，形成人民普遍守法和护法精神，是培育人民法律信仰的重要手段。正如卢梭所说的：“法律既不是铭刻在大理石上，也不是铭刻在铜表上，而是铭刻在公民们的内心里。”① 只有对人民进行法治教育，使人民获得对法律的真诚信仰，使人民敬畏法律，建设社会主义法治国家、实现依法治国的目标才有可能实现。因此，思想政治教育调适必须加强法治教育，使社会主义法治理念在公民价值观念中成熟发展，提高人民的法律信仰程度，维护依法治国的权威。维护依法治国的权威是思想政治教育调适的重大使命。

（二）依法治国视域下思想政治教育调适的价值导向

依法治国视域下的思想政治教育必须以依法治国方略的基本要求为基点进行调适和创新，而正确的调适必须坚持正确的价值导向。思想政治教育调适的价值导向由思想政治教育存在的社会背景和根本利益所决定，是价值观念与社会存在的统一体，在依法治国的战略背景下，思想政治教育调适的价值导向体现为人文化、制度化、组织化和系统化。

1. 人文化的思想政治教育

人一直是哲学家们思考研究的主题，人文关怀是马克思主义哲学的基

① 卢梭. 社会契约论. 何兆武，译. 北京：商务印书馆，1980：20.

本价值取向。“对人的关注是哲学的根本诉求和使命，这是一切思想的旨归，马克思则将对人的关注从天上拉回人的实践中，回到人的生活世界。马克思哲学致思的起点，不是学术的而是生活的；不是理论的而是实践的；不是无关乎人的而就是对人的思考和关心。”① “人”是马克思关心的核心问题，“人文思想”构成了马克思主义的核心内容，体现了马克思的价值关怀。当今，全面推进实施依法治国战略，必须坚持马克思主义的指导地位，坚持人民主体地位，注重“人文关怀”，弘扬法律人文精神。人是法律之本、法律之源，人民意志是法律的基础，是法律成立的依据。人是依法治国的主体，同时促进人的自由全面发展也是依法治国的目的，离开了人，依法治国既无存在的必要，也无存在的可能。依法治国不是“见物不见人”、崇拜“制度拜物教”，而是注重发挥人的作用、保证人的主体地位。

法律中的人文关怀引导和要求将“人文化”的思想政治教育作为思想政治教育调适的价值取向和目标。长期以来，思想政治教育存在“泛政治化”的危险——国家和社会需要什么思想政治教育就注重什么，这固然是必要的，但这些毕竟只是思想政治教育的社会价值，思想政治教育的本体价值——对人性的提升与对人的发展的关注——也是不容忽视的。思想政治教育从本质上说是面向人这个永恒主体的社会实践活动，思想政治教育的一切均发端于人也落脚于人。因此，为了实现党的思想政治教育的目标，必须构建人文化的思想政治教育，只有这样才能增强思想政治教育的实效性，从而使思想政治教育真正落实到实处。在以“人”为中心，以人文精神为精神核心，以马克思主义为指导思想的要求下，从本质上说，人文化的思想政治教育应以尊重人的需要为基本出发点，以实现人的价值为价值取向，以依靠人的行动为本质特征，制定符合人发展的思想政治教育政策体系，坚持以人为本的思想政治教育观，实施素质教育，从而促进人的自由全面发展，培养社会主义“四有新人”，提升社会主义建设者和接班人的法律素养，提供全面推进依法治国的主体力量。

---

① 魏波. 文化与生命：中国变迁的人文诉求与马克思主义的回应. 北京：北京大学出版社，2013：102.

2. 制度化的思想政治教育

新制度学派认为："制度是一系列被制定出来的规则、守法程序和行为的道德伦理规范，它旨在约束追求主体福利或效用最大化的个人行为。"① 新制度学派将制度理解为一套标准和规范。制度化是我们在分析管理活动时经常使用的一个概念，"制度化"概念中的"化"表示转变成某种状态或性质的过程，因此，制度化是建立和实施标准和规范，协调和模式化行为，不断推进和发展各种规则、程序和组织从而获取价值和稳定性的动态过程。制度问题带有根本性、全局性、稳定性、长期性，不论是在宏观指引还是微观指导方面，制度都发挥着无可替代的作用，是维系、保障社会和具体对象稳定存在和健康发展的基础。邓小平同志在强调社会主义的制度建设时曾指出"制度是决定因素"②，"所有领域，所有的方面，都要订出章程，建立规章制度，要严、要细，标准要高，一点差错也不能有"③。作为社会主流意识形态得以传播和发展的重要载体，作为国家形态下推进意识形态教化和个体政治社会化的重要手段，思想政治教育要切实增强思想政治教育的有效性，就必须吸收依法治国的规范化、制度化、标准化思想，改变思想政治教育的任意性、随意性，将其纳入制度化、规范化的轨道，构建和发展制度化的思想政治教育，制定章程，建立规章制度，协调和模式化思想政治教育行为，推进思想政治教育规则、制度、组织和程序的稳定性建设进程。

过去，我国的思想政治教育制度建设不完善，在许多方面存在着任意性、随意性的问题，因而造成思想政治教育活动混乱、思想政治教育资源浪费等问题，严重削弱了思想政治教育的实效性，损害了思想政治教育的权威。同时，由于思想政治教育为法治教育提供内在价值取向，但思想政治教育本身随意性较大、"人治"化色彩浓重，因而其法治教育的效果也不尽如人意，并影响了我国依法治国理想的实现。因此，我们必须构建制

① 诺思. 经济史中的结构与变迁. 陈郁，罗华平，译. 上海：上海三联书店，1994：225.

② 邓小平. 对起草《关于建国以来党的若干历史问题的决议》的意见//邓小平. 邓小平文选：第2卷. 北京：人民出版社，1994：308.

③ 中国人民解放军总政治部. 邓小平新时期军队建设思想学习纲要. 北京：中国人民解放军出版社，1997：67.

度化的思想政治教育，形成规范的思想政治教育政策制度体系，增加思想政治教育的强制力，增强思想政治教育施行的权威性。但思想政治教育制度化，并不是思想政治教育简单的标准化、形式化、模式化以及程序化。制度化的核心是制度、规范和标准，但是要掌握好制度化的“度”的问题，即要求思想政治教育工作要针对不同的对象及不同的任务制定规范，并在具体操作过程中坚持具体问题具体分析，实事求是，一切从实际出发，尊重人的需要，实现人的价值，使规范内容合理正当、宽严得当，保持思想政治教育的灵活性，防止出现标准化弊病。

3. 组织化的思想政治教育

组织具有双重属性：既是作为实体本身的组织又是作为一个过程的组织活动；既是组织形式，又是开展活动的有效工具。组织能够合理有效地将人力、物力、财力等各种资源组织起来，为共同目的努力奋斗，从而实现预期目标。作为一项全方位的国家发展战略，依法治国事关经济长足发展和政治恒久清明，事关当前的改革发展稳定大局和未来中国的繁荣复兴。因此，从总体上规划实施这一基本方略，是一项宏大而持久的战略工程，其既有赖于立法、行政、司法各部门的主动推动，又有赖于经济、政治、文化和社会的持续发展；既有赖于人民的积极自觉参与和拥护，也有赖于党的坚强领导。实施依法治国战略，需充分调动人力、物力、财力等各方面的社会资源，形成推进依法治国战略实施发展的强大合力，这是一项组织化程度非常高的组织活动。依法治国方略实施的组织化，可以为思想政治教育调适指明方向，提供借鉴，从而提高思想政治教育筹划、领导、开展和保障等方面的组织化程度。

思想政治教育活动效率低，思想政治教育机构重叠或缺乏，都是因为思想政治教育组织化程度不高引起的，要提高思想政治教育的实效性，必须构建适应人类和社会发展需要的组织化的思想政治教育。组织化的思想政治教育要求组织和统筹安排人力、物力、财力等资源，贯彻执行思想政治教育方针，协调社会劳动，确定各部门系统的思想政治教育工作目标，以促进思想政治教育任务的完成；组织化的思想政治教育要求建立合理而高效的思想政治教育组织，使各部门及成员有机结合、合理分工、职责范围明确具体，为达成目标而协调一致地行动；组织化的思想政治教育要求坚持齐抓共管、形成合力，推动各方协同配合、全社会支持参与，构建思想政治教育工作大格局；组织化的思想政治教育要求完善思想政治教育工作机制，建立健全党委统一领导、党政工团齐抓共管、党委宣传部门牵头协调、有关部门共同参与的工作机制。因此，只有提高统筹、领导思想政治教育活动的组织化程度，提高思想政治教育治理能力，做好思想政治教育这一战略工程、固本工程、铸魂工程，才能为实现中华民族伟大复兴的中国梦和现代政治文明的核心法治理想提供人才保障和智力支持。

4. 系统化的思想政治教育

系统论是第二次世界大战后迅速发展起来的新兴学科，其以系统的分析研究为基本框架。一般系统论的创立者贝塔朗菲将“系统”定义为：“处于一定的相互关系中并与环境发生联系的各组成部分（要素）的总体（集合）。”[①] 世间万物都以系统的形式存在，人们生活在各种系统中，系统论为人们认识系统与外部环境提供了思想工具和理论方法。我们应对系统内的各组成部分（要素）进行合理有效安排，使各个部分都能有效发挥其职责和功能，进而使系统健康协调高效运转，并且使系统效能得到优化，这也是系统化的过程。按照系统论的观点，法治主体、法治对象、法治活动本身，都是一个特定的系统。因此在依法治国方略实施的过程中，必须运用系统理论和方法合理有效部署依法治国各要素，坚持依法治国、依法执政、依法行政共同推进，坚持法治国家、法治政府、法治社会一体建设，实现科学立法、严格执法、公正司法、全民守法，其目标是使法治中的各要素之间协调运转，进而使法治系统得以最优化地发挥效能。这充分体现了依法治国的系统化思想。而在依法治国的系统工作中，无论是作为政治还是思想方面的保障，思想政治教育都不能缺位，因此，依法治国基本方略要求系统化的思想政治教育系统、科学地开展思想政治教育活动。

系统化的思想政治教育突出的是系统目的性思想、系统整体性思想、层次等级性思想和系统开放性思想，其目标是使思想政治教育各要素协调运

---

① 冯·贝塔朗菲. 一般系统论基础、发展和应用. 林康义，魏宏森，等译. 北京：清华大学出版社，1987：27.

转，使思想政治教育最大限度地发挥意识形态和社会教化功能。为了实现思想政治教育的系统化，应从以下几个方面入手：第一，系统目的性思想要求思想政治教育必须有明确的共同目标，并通过确定系统内的共同目标将各要素有机地结合起来，使系统内的各要素紧紧围绕共同目标来确定自身的目的及职能；第二，系统整体性思想要求思想政治教育必须坚持整体审视和长远对待的发展性思维，立足中国特色社会主义的宏大整体，立足“四个全面”的伟大格局，着眼于中华民族的伟大复兴；第三，层次等级性思想要求思想政治教育必须构建以党委组织系统、工团组织系统为体制支撑系统，高校网络及报刊媒体为舆论支撑系统，思想政治理论课、党校培训体系为信念支撑系统，思想政治教育主体培训系统为规范支撑体系的层次性系统，明确每一层次的功能、任务、职责和权力范围，从而提高思想政治教育的实效性；第四，系统开放性思想要求思想政治教育必须坚持系统开放性思想，及时了解外部信息，根据社会环境变化和大系统的要求及时进行调整，以使系统结构有序，保持活力，从而增强系统的整体效能。

(三) 依法治国视域下思想政治教育调适的现实思考

1. 思想政治教育主体拓展

邓小平同志曾强调：“一个学校能不能为社会主义建设培养合格的人才，培养德智体全面发展、有社会主义觉悟的有文化的劳动者，关键在教师。”[①] 在思想政治教育过程中，能否提高公民的法治意识，关键在思想政治教育者。作为思想政治教育的主体，思想政治教育者是思想政治教育体系中的关键性要素，而加强思想政治教育主体建设的核心在于提高思想政治教育者的素质。思想政治教育者的素质要求不是一成不变和僵化抽象的，而是根据时代的发展要求不断改变的、具体的。在当代依法治国基本战略实施的条件下，思想政治教育者不仅要有专业的思想政治教育理论知识基础，而且还要熟悉和掌握与法学相关的知识。因此，在当前必须加强

① 邓小平．在全国教育工作会议上的讲话//邓小平．邓小平文选：第2卷．北京：人民出版社，1994：108.

对思想政治教育者的法律素养的培训，从而使思想政治教育者具备较为健全的法律知识，从而提高思想政治教育者的法治意识和法律素养。由受过正规法学教育的思想政治教育者担当法治教育的重任，可以保证思想政治教育中的法治教育有一支专业化、学术化、素质过硬的思想政治教育专职主体队伍。

与此同时，在依法治国背景下，思想政治教育主体不能仅包括专职主体队伍，还应充分利用社会上的各种资源将专职法治人员等纳入思想政治教育主体队伍中，从而拓展思想政治教育主体，壮大思想政治教育兼职人员队伍，提高依法治国视域下思想政治教育的实效性。事实上，在依法治国基本方略实施的过程中，在法治运行的各个环节都离不开专职法治人员相关能力的发挥，他们拥有更专业和更具说服力的理论体系和实践体系。在思想政治教育过程中应调动这些人员的积极性，邀请其投入依法治国视域下的思想政治教育中来。在这一过程中，专职法治人员可以将自己实际经历过的真实案例作为素材，从而激发大众的兴趣，通过对真实案例的分析和讲解向大众传递法的精神。除此之外，教育部门可以联合法治部门等开展多种社会实践活动，如通过“模拟法庭”“模拟审讯和上诉”“我来当法官”以及到立法机关旁听等活动为大众提供参与法治实践的机会，从而吸引受教育者的兴趣，尊重受教育者的需要，调动受教育者的积极性，依靠受教育者的行动推进法治建设。

2. 思想政治教育内容整合

到目前为止，全国人大及其常委会、国务院、地方各级立法部门及各级政府已制定了多部法律法规，进而使得我国的政治生活、经济生活、文化生活以及社会生活的基本方面都已“有法可依”。但我们必须清晰地认识到我们尚未做到“有法必依，执法必严”，在法律实施过程中还存在着较为严重的无效率和无效益的现象。以上情况的存在正是我国民众缺乏法治精神和法治意识的现实反映：立法机关可以在短时间内制定出法律，但却不能奢望民众在短时间内掌握法治的精神和形成法治意识。实践证明即使有了比较健全完善的法律体系，但如果民众缺乏法治观念和法治思维，再好的法律也会因为得不到有效的遵行而失去其成效和价值。因此，法治意识落实不到每个人的素质中就难以建立真正的法治，法治不仅仅是一种理论，更是一种实践。

思想是行为的先导。只有当民众树立起对法律权威的普遍认可和信仰、树立起自觉的法治意识时，其才能自愿遵守法律的规则，才能将守法、护法、用法内化为约束自己行为的标尺，才能有效推动依法治国战略的施行。如同英国法学家哈特所指出的："如果一个规则体系要用暴力强加于什么人，那就必须有足够的成员自愿接受它；没有他们的自愿合作，这种创制的权威，法律和政府的强制权力就不能建立起来。"① 因而推动法治建设，必须切实提高广大民众的法治意识和法治观念，增强民众的法律素养。然而作为一种特殊的社会意识，法治意识并非民众天生具备或自发形成的，其生成和发展是一个长期的历史过程，需有目的地进行培养，在这一过程中加强教育是一条重要途径。因此，法治教育在实施依法治国基本方略、建设法治国家的进程中至关重要。

综上可知，必须将法治教育纳入思想政治教育中，并将思想政治教育的世界观、人生观、价值观的教育内容与法治教育内容相整合：在对公民的世界观教育中渗透社会主义法治理念教育，从而使每一个公民自觉为社会主义法治理念所引导，自觉维护法律原则；在对公民的人生观教育中渗透法治精神和法治观念教育，与此同时加强对民众的政治素质和思想道德素质的教育。法治教育不可能仅凭掌握法律知识就可以实现，而必须在提高民众的政治素质和思想道德素质的前提下实现；在对公民的价值观教育中弘扬社会主义核心价值观，使每一个公民逐步树立公平、自由、法治等法律价值观念，引导公民进行正确的价值判断、价值选择，从而维护法律权威。此外，还应在思想政治教育课堂上加大对"依法治国"战略的宣传，大力弘扬社会主义法治理念和法治精神，培育民众的法治意识和法治观念，形成民众的法治精神和法治思维，提高民众的法律修养和素质，在全社会形成遵法、守法、护法、用法的良好氛围，使民众学会用法律维护自己的权益，而不是一遇问题就想着"找熟人，托关系"。一种意识的培

① 哈特．法律的概念．张文显，译．北京：中国大百科全书出版社，1996：196.

养、一种观念的树立，需要一个相当长的历史过程，我们也必须充分认识到思想政治教育法治教育的长期性、艰巨性，并逐步使之制度化、规范化，构建制度化的思想政治教育。

3. 思想政治教育载体创新

思想是行动的先导。我们党必须高度重视思想政治教育工作，依法治国基本方略实施到哪一步，思想政治教育工作就要跟进到哪一步，目标明确地开展思想政治教育工作，提高民众的法治意识和法治精神，为实现法治目标奠定思想基础。而思想政治教育工作要取得实效，就必须选择合适的载体。正如毛泽东同志曾指出的："我们的任务是过河，但是没有桥或没有船就不能过。不解决桥或船的问题，过河就是一句空话。"[①]"桥"和"船"是实现过河任务的载体，同样，思想政治教育工作也离不开合适的载体。载体合适，可以使受教育者更好地接受思想政治教育内容，实现思想政治教育目标；载体不合适，就会事倍功半，思想政治教育的成效就低。法治知识通过自发的方式来普及是远远不够的，必须有目的地、有计划地大力推进。因此，必须进行思想政治教育载体调适，探寻合适的思想政治教育载体，运用各种方式动员各种力量共同推进法治建设。

当今社会已经步入了新媒体时代，新媒体技术使人们更便捷、更迅速地获取信息，作为一种有效的思想政治教育载体，新媒体深刻地影响着民众的思想观念、政治认同和价值判断等。因此在当今时代实施依法治国方略的背景下，开展思想政治教育，必须着重运用新媒体载体，创新网络思想政治教育，大力推进报纸、广播、电视等传统媒体数字化建设，立足社会开办一批有吸引力、有特色、有影响力的网络法律名站名栏，着力培育一批政治价值导向正确、影响广泛的网络名师，建设一支由专业人员组成的网络法治意识宣传员队伍，打造示范性法治教育资源网站、法律主题网站和网络互动讨论组，推进法治机关工作人员博客、微博、微信等网络新媒体建设。

① 毛泽东．关心群众生活，注重工作方法//毛泽东．毛泽东选集：第1卷．北京：人民出版社，1991：139.

“媒介发展过程并非是新旧更替的，而是以叠加的方式不断融合并扩大。旧媒介不因新媒介的出现而消亡，反而会在与新媒介的竞争中吸收新的元素，继续满足人们对于信息的某种需求。”① 因此在新形势下，我们要继续发挥传统媒介的固有优势，运用报纸、广播、电视等传统媒体开辟出各种老百姓喜闻乐见、通俗易懂的法治栏目，并且利用全国各地的报纸杂志宣传法治思想。与此同时，语言也是思想政治教育者开展思想政治教育工作、与受教育者互动的重要载体，在做思想政治教育工作时，应避免使用晦涩难懂的词语，尽量使用简洁、明快、通俗的语言，使用大众化的口语，从而贴近大众的生活，增强语言的生动性和感染力，提高思想政治教育成效。

① 王学俭，刘强．新媒体与高校思想政治教育．北京：人民出版社，2012：133.

七、信任构筑：思想政治教育过程的可信变量

所谓思想政治教育的过程，是“教育者根据社会的要求，充分调动各个要素协调运动，对受教育者进行有目的、有计划、有组织的教育，使受教育者形成社会、阶级或社会集团所期望的思想品德和心理素质的过程”①。思想政治教育的过程不能简单地理解为思想政治教育活动展开、运行和发展的流程，而是围绕着社会发展要求和受教育者思想品德发展需要，在教育者和受教育者共同参与和相互作用的基础上，不同思想政治教育过程要素的要素效能和要素间结构匹配之间的渐进性、动态性的关系②。在思想政治教育动态复杂的过程要素及其关系中，信任始终发挥着简化、衔接和融通的作用，这主要通过思想政治教育过程的结构性和动态性中体现出来。

首先，从思想政治教育过程的结构性来看，不同的要素效能和要素匹

---

① 陈秉公. 思想政治教育学原理. 沈阳：辽宁人民出版社，2001：132.

② 对于思想政治教育过程的构成要素学界存在着不同的看法，主要有“三要素说”（教育者、受教育者、教育介体）、“四要素说”（主体、客体、介体、环体）、“三体一要素说”（“三体”包括教育者、受教育者、教育环境；“一要素”包括媒介要素）、“五要素说”（教育者、教育对象、教育内容、教育方法、教育情境）、“六要素说”（教育者、教育对象、教育内容、教育目的、教育方法、教育情境）。本部分主要是基于信任的视角，从思想政治教育的前提、实施和结果三个阶段对不同要素进行梳理，从思想政治教育的可信因素、受教育者信任倾向因素、教育开展的情境因素、教育结果因素等方面来探讨形成思想政治教育信任的要素效能和结构匹配问题。

配关系中都内含着基本的信任因素。作为基本的组合单元，单个要素关系与其他单元相联系，形成了更为复杂的信任关系网络，这种复杂和多元的要素关系不仅表征着思想政治教育过程中信任所发挥的重要作用，而且也决定了思想政治教育信任的复杂和多元性。其次，从思想政治教育过程的动态性来看，思想政治教育不仅在持续的关系中进行，而且也在持续的关系中生成新的机构、功能与系统，以及新的良好稳定关系。最后，思想政治教育不仅包含着多种要素和环节，并以之为信任生成的中介，而且也需要信任来简化这些中介因素所带来的复杂性。因此复杂多元的信任关系不仅是思想政治教育适应性的表现，而且也是其超越性的表现。

考察思想政治教育过程中的信任机理，需要以形成思想政治教育过程的前因变量——思想政治教育的可信性和受教育者的信任倾向——为出发点；需要以思想政治教育过程的中间变量——教育者的功能作用、第三方人际信任、教学管理、组织氛围以及学校外部信任等因素——为关键点；需要以思想政治教育过程的结果变量——思想政治教育信任的结构均衡和不信任的功能失调——为研究着力点，进而尝试通过多元复杂信任关系来还原思想政治教育过程中信任的形成机理。

（一）信任基础：思想政治教育的可信性与受教育者的信任倾向

在以往的思想政治教育信任理论的研究中，普遍地认为主客体二元关系构成了思想政治教育信任的基本结构①，尽管不同学者对于信任的主客

① 有学者认为，思想政治教育信任关系的主体是教育者和受教育者，客体既包含了教育者与受教育者，也包含了思想政治教育的内容、目的、方式和载体等要素，参见范碧鸿．思想政治教育信任理论初探．学术论坛，2010（3）：186－190．有学者认为思想政治教育信任的主体是教育者，客体是受教育者，中介是思想政治教育，参见谢光绎．论思想政治教育过程中的主客体信任关系．湖南社会科学，2008（4）：195－197．有学者认为思想政治教育的信任是作为主体的教育者与受教育者之间的双向或多项互动关系，参见黎玉明，侯波．思想政治教育信任形成机理与信任培育．湛江师范学院学报，2012（1）：51－55．也有学者认为思想政治教育信任关系的主体是人（组织或个人），客体是思想政治教育的行为对象，参见王小凤．思想政治教育信任、信度与可信性之辨．学校党建与思想教育，2013（9）：25－27，38．另有学者从思想政治教育公信力层面，指出思想政治教育信任的主体是社会公众，客体是思想政治教育的“能力”，参见向征．论思想政治教育的公信力．马克思主义与现实，2013（1）：195－198．

体划分有着些许不同，但正是这种不同使得思想政治教育过程中的信任结构要素得以逐渐清晰，也使得主客体关系成为思想政治教育信任的基础范式。同时也应当看到，作为思想政治教育信任基础的主客体二元关系并不能涵盖所有思想政治教育过程中的信任关系，思想政治教育信任关系的现实图景正是在信任的主客体二元关系基础上所进一步衍生出的多元和复杂的信任关系，并且在一个系统的和动态的思想政治教育过程中起着交互作用。

由思想政治教育可信性与受教育者的信任倾向构成的思想政治教育信任前因变量是思想政治教育过程中多元复杂信任关系的前提和基础，也是思想政治教育信任发生的基础与核心。以往的思想政治教育信任理论较多地将研究的聚焦点和落脚点限于思想政治教育本身的可信维度，即通过对思想政治教育的学科、内容、目标、主体、机制、载体、方法、效果等方面的调整和建构，使思想政治教育的理论研究和实践操作更加稳定、可靠和高效，而对于思想政治教育信任的另一维度——受教育者的信任倾向却鲜有考察。

思想政治教育可信性研究的基本思路就是通过思想政治教育本身的信任调适来赢得受教育者的信任，增强思想政治教育的效果，在这一研究视域中，“可信度”是建构思想政治教育信任理论的核心要素①。按照西方社会心理学家梅耶（Mayer）对可信度的三个基本维度——能力（一方在某一领域产生影响的技能、特长或特征的集合体）、善意（能够为另一方利益考虑）、正直（行为是否符合合理规范）——的划分②，思想政治教育可信度的研究主要包括了三个方面：一是在能力层面上思想政治教育能够有效实现其责任和目标的综合胜任能力与特点；二是思想政治教育的活动开展能否真正意义上彰显主体性的价值与地位；三是思想政治教育的活动规范与社会基本道德规范以及受教育者的认知规律的一致性。从实现思想政治教育可信性的基本策略来看，主要涉及了思想政治教育不信任的约束策略和信任的展示策略，即不信任的约束策略就是通过建立和完善思想政治教育的相关制度和规范，以评估、监督、惩罚、奖励等方式降低受教育者

① 姚琦，马华维．社会心理学视角下的当代信任研究．北京：中国法制出版社，2013：233.

② MAYER R C，DAVIS J H，SCHOORMAN F D. An integrative model of organizational trust. Academy of Management Review，1995，20（3）.

对思想政治教育的消极评判和预期；信任的展示策略就是通过将思想政治教育自身值得信任的因素展现给思想政治教育活动的主体，以建立积极的评判和预期。

通过以上分析，不难看出传统思想政治教育信任理论的研究对思想政治教育的可信维度的分析和研究较为集中和成熟，但是从信任的涵义来看“可信度”并不等价于“信任”——信任不仅包括了被信任方的可信度，而且也包括了信任方的信任倾向：在心理学中，信任强调的是一方对另一方的情境刺激反应，在社会学中，信任强调的是文化和制度的影响作用，在经济学中，信任注重交互关系中的“理性计算”。但无论基于何种理论视野来看待信任问题，在信任基本涵义中的信任方与被信任方的交互关系是具有通约性的，信任关系的任何一方都不能脱离对方而存在。从思想政治教育的信任情境来看，思想政治教育的可信度与受教育者的信任倾向共同构成了思想政治教育信任理论的基础范式。

传统思想政治教育信任理论的研究仅仅关注于思想政治教育的可信维度，从单一的角度去探讨思想政治教育信任问题，而对于思想政治教育的另一方——受教育者的信任倾向——没有予以足够的关注，这显然有失偏颇：在思想政治教育信任理论的研究中缺少了对受教育者信任倾向的考察，也就能够解释为什么有时思想政治教育在可信的三个维度（能力、善意、正直）均处于较高水平时，思想政治教育思维信任层次和教育效果却参差不齐，而有时在思想政治教育可信的某个维度表现不足时，却也能够取得较好的信任与效果。因此，只有从可信维度的研究进一步拓展到受教育者的信任倾向维度，思想政治教育信任理论才能够形成完整的研究视域。

信任倾向是对受教育者人格、情绪情感、社会交往以及自我价值等内在特质的总结。在社会学家什托姆普卡看来，个体的心理信任倾向是组成信任的基本维度，个体所给予的信赖和抱有的怀疑来自于成长过程中家庭、群体、兴趣团体和组织等社会交往的历史中，“是个人信任的历史经验的痕迹，固化在信任的行动者的人格中”①。在思想政治教育过程中，受

① 彼得·什托姆普卡.信任：一种社会学理论. 程胜利，译. 北京：中华书局，2005：94.

教育者的信任倾向是较为稳定的因素，这种构成信任的基本前提会潜在地影响到受教育者信任意愿的确立和信任行为的选择。“不同个体由于成长背景、人格类型以及文化背景的不同而表现出不同的信任倾向。”①

总体来讲，影响受教育者信任倾向的主要因素包括了受教育者的社会交往因素和人格特质两个方面。首先，在受教育者的成长过程中，社会交往的可能性与稳定性所产生的直接结果就是熟悉性和交往经验，在卢曼看来，熟悉性能够简化世界的复杂性，使简单性在相当狭窄的界限内得到保证，强化了期望的可靠性，从而形成了信任的前提②。同时，受教育者通过社会交往的方式不断凝练和总结成长经验，并将其迁移到新的社会交往情境中，使得信任得以强化，例如家庭交往就为“特别亲近和强烈信任的日常经验提供了背景”③。反之，受教育者的社会交往不足则会形成不信任的个体倾向。其次，受教育者的人格特质也是在思想政治教育过程中影响受教育者信任选择的主要因素，这主要包括了受教育者的公正性、开放性、公平性、连贯性、忠诚性、活跃性等个体内在因素。受教育者的情绪和情感因素也是影响受教育者信任倾向的主要因素，即受教育者积极的情绪情感倾向于依靠先验的知识图景所形成开放的信任观，而消极的情绪情感则较少依赖先验知识，倾向于较为谨慎的信任观。此外，受教育者成长的地域差别、经济状况、自我效能感等个体状况也是影响受教育者信任倾向的重要因素。

考察受教育者的信任倾向并不能止步于静态地认识其影响因素，而是需要系统地、动态地将受教育者的信任倾向纳入整个思想政治教育的信任情境当中，结合思想政治教育本身的可信度，进而形成完整的思想政治教育信任认知过程。在思想政治教育过程中，受教育者的内在倾向性并不能直接地影响到思想政治教育的信任结果，而是在基于个体认知和情感的双向互动基础上，对思想政治教育在能力、善意和正直三个维度上的可信度作出评判，从而形成对于思想政治教育的信任意愿，最终通过受教育者信

---

① 翟学伟，薛天山．社会信任：理论及其应用．北京：中国人民大学出版社，2014：37．

② 尼克拉斯·卢曼．信任：一个社会复杂性的简化机制．瞿铁鹏，李强，译．上海：世纪出版集团，2005：25．

③ 同①174．

任意愿的强弱来表征思想政治教育的信任水平。

在这里，构建系统完整的思想政治教育信任认知过程需要引入四个基本环节。第一是由受教育者内在信任倾向性形成的认知信任和情感信任共同构成思想政治教育信任认知过程的基础，并且二者在形成信任基础的过程中存在着交互和转化作用；第二是包含了认知和情感信任的思想政治教育信任基础对思想政治教育可信性作出评估和预测；第三是形成受教育者对思想政治教育的信任意愿；第四是受教育者信任意愿的高低直接影响到思想政治教育信任水平。由以上四个环节不难看出，包含了认知和情感因素的信任基础与思想政治教育可信度之间并不能独立于对方而影响思想政治教育信任结果；受教育者的信任意愿在思想政治教育的信任基础、可信度与信任结果之间起中介作用；在所有的思想政治教育信任认知环节中，信任意愿的作用最为显著，是影响思想政治教育信任结果的直接标量。

（二）过程追踪：思想政治教育过程中的情境因素

单纯具备思想政治教育自身的可信性和受教育者的信任倾向两个基本要素并不能够完整地揭示出思想政治教育信任的形成过程。从动态性的角度来看，思想政治教育过程中要素的多样性决定了这一过程中的情境因素是影响思想政治教育信任的一个不可或缺的环节，这些情境因素作为中间变量影响着思想政治教育信任的结果。具体来讲，这些情境因素就包括了教育者的功能作用、第三方人际信任、教学管理、组织氛围以及学校外部信任等因素。

首先是教育者在思想政治教育信任过程中的功能作用。吉登斯在阐述现代性时指出，在现代社会中由专业知识和专家队伍所构成的现代抽象体系与非专业的普通社会公众之间存在着知识鸿沟，而抽象体系的专家或者代理人就扮演着沟通者的角色，非专业人士对于抽象体系的信任一方面来源于抽象体系的知识和技能的准确性，另一方面也来源于抽象体系的代理人士或操作者的品行与技能①。思想政治教育作为“现代抽象体系”的一

---

① 安东尼·吉登斯. 现代性的后果. 田禾，译. 南京：译林出版社，2011：75.

部分，其取得信任的一个关键因素就是教育者的专业技能、道德品行以及在教育过程中的人际沟通和知识分享的主动性。具体而言，教育者的专业技能主要包括了两个方面，一方面是教育者对于思想政治教育知识结构、理论特质、实践操作以及研究方法等专业性知识的熟识程度，同时也包括了对与思想政治教育相关的其他学科知识和理念的了解程度；另一方面是教育者在开展思想政治教育过程中激励、启发和动员受教育者的学习兴趣和教学氛围的能力。此外，教育者的道德品行也是影响思想政治教育信任的重要因素，"就教师群体而言，那些为学生所信任的教师首先是有着良好道德的教师，他们大都言而有信、坦荡无私、公平公正"①。与此同时，在思想政治教育过程中，教育者人际沟通和知识分享的积极性和主动性也是影响思想政治教育信任的因素，而形成教育者积极性和主动性的动因不仅包括了教育者的人格特质（宜人性、责任心和开放性），也包括了促进积极教学情绪的相关技术和管理机制。

其次是思想政治教育过程中的第三方人际信任。思想政治教育信任双方都处于多重复杂的人际和组织结构中，且不能脱离这一情境而单独存在，思想政治教育的信任也嵌入在现有的或者潜在的人际关系或者组织氛围的复杂网络中。在这一过程中，受教育者的信任意愿就不可避免地受到第三方意见的影响，在这里，第三方意见有可能来自于受教育者社会交往中的个人意见，也有可能来自于组织意见。一般来讲，第三方意见会通过两种途径影响受教育者的信任意愿，一是直接影响受教育者的人际行为或组织行为，二是间接影响受教育者的信任判断②，在整个思想政治教育过程中，第三方意见普遍存在，例如来自于同辈群体、兴趣小组、亲戚或社会团体和个人的意见等，这些正式或者非正式的意见对于受教育者的信任意愿起着十分重要的影响作用，因此，考察思想政治教育信任要综合考察受教育者的直接经验与第三方判断。

再次是思想政治教育过程中的教学管理。思想政治教育的教学管理系统中的信任是一个综合多维体，从不同信任视角来看具有不同的信任类型——从思想政治教育教学管理的人际信任视角来看，主要包括了教育

① 曹正善，熊川武．教育信任：减负提质的智慧．上海：华东师范大学出版社，2012：29.

② 姚琦，马华维．社会心理学视角下的当代信任研究．北京：中国法制出版社，2013：21.

者、受教育者以及从事教学管理的组织或人之间的相互信任关系；从思想政治教育教学管理的组织信任视角来看，又可以分为水平信任关系和垂直信任关系，所谓水平信任关系是指“地位平等的信任主体之间的关系”，而垂直信任关系“则存在于地位不平等的信任主体之间”①。在思想政治教育的教学管理中，水平信任包括了教育者之间、受教育者之间、同级别的教学管理人员之间的信任等，垂直信任包括了教学管理人员与教育者之间、教学管理人员与受教育者之间、不同级别的教学管理人员之间的信任等；从思想政治教育教学管理的制度信任视角来看，又可以分为教育者与受教育者对于思想政治教育管理目标、管理准则、管理模式、管理决策、管理队伍以及思想政治教育过程中软硬件教学资源的信任。总体来讲，思想政治教育教学管理中的信任关系是教育主体对于教学管理人员的责任心、教学管理组织的规范性以及教学管理环境的熟悉性的认知反应，这一过程中的任何一对信任关系都将影响到思想政治教育信任结果。

最后是思想政治教育过程中的组织氛围。思想政治教育的组织氛围就是思想政治教育情境中的信任文化，这种文化氛围是具体的思想政治教育教学和实践过程中集体经验的沉淀物，“信任文化可以为相信他者提供充足的影响，而不信任文化可能唤起不信任行为”②，思想政治教育信任文化的约束力对于受教育者给予信任的要求、对于可信度的估计以及对于内在信任倾向是一种促进作用。此外，思想政治教育信任并不是纯粹的人际信任或者学校教育信任，而是一种渗透着复杂制度、规范等社会因素的“社会信任”，因此，影响思想政治教育信任的情境因素还应当包括学校与家庭、社区、社会组织间的多元信任关系。

（三）结果考量：思想政治教育信任的结构均衡与不信任的功能失调

具有动态性和综合性的思想政治教育信任结构，由前因变量（可信性

① 曹正善，熊川武. 教育信任：减负提质的智慧. 上海：华东师范大学出版社，2012：33.
② 彼得·什托姆普卡. 信任：一种社会学理论. 程胜利，译. 北京：中华书局，2005：95.

与受教育者的信任倾向）奠定基础，经过中间变量（情境因素）的影响，最后形成的结果变量就是受教育者的信任与不信任。

一方面，从受教育者付诸信任意愿的结果视角来看，这不仅表征着整个思想政治教育处于一个高水平的信任层次，而且也表征着思想政治教育过程中复杂多元的要素关系也是处于稳定、高效的状态，以及由各个要素关系所引申出来的信任关系也是处于一种正序的、均衡的以及互动的关系，即随着参与思想政治教育的各个主体间的积极互动，其逐渐积累的经验和积极行为会逐渐增加受教育者对于思想政治教育可信度的感知，信任也会互惠更快地发展，信任促进信任，“当信任和实现信任的惯例变成信任者与被信任者双方都遵守的标准规则时，便产生了信任文化”①，包含规则与价值的思想政治教育信任文化，不仅能够提升思想政治教育的公信力，而且也促使受教育者实现相互给予或达到信任的成长要求。因此，从思想政治教育结果信任的角度来看，整个思想政治教育结构是有序均衡的，这一信任结果也将会以文化的形式积淀和反馈，从而形成思想政治教育信任的良性循环。

另一方面，从思想政治教育结果不信任的视角来看，不信任也是客观存在于思想政治教育信任情境中的现象。“信任是需要精心守护的东西，任何一个小小失误就可能使可信性受到伤害，甚至彻底丧失，使双方的关系陷入僵局。”② 作为信任的对立面，不信任在思想政治教育的结果导向中往往表现为两种形式。一种是“怀疑性”的态度，这种“怀疑”是介于思想政治教育信任与不信任的中间变量，是悬而未决的，表现为受教育者对思想政治教育缺乏清晰的预期和评判，是处于信任建立和信任丧失的动态中间阶段；另一种是“否定性”的预期和评判，包括了负面的、防御性的和悲观主义的意识和行动，其不考虑思想政治教育可靠性的暗示或不积极地进行评估，这一结果的直接表现就是受教育者在思想政治教育过程中能动性和积极精神的保留与消减。与产生信任意愿的结果输出不同，不信任有可能出现在思想政治教育信任的各个环节当中，例如，在前因变量中的

---

① 彼得·什托姆普卡. 信任：一种社会学理论. 程胜利，译. 北京：中华书局，2005：148.

② 曹正善，熊川武. 教育信任：减负提质的智慧. 上海：华东师范大学出版社，2012：194.

思想政治教育可信度与受教育者信任倾向的相互关系中，就有可能产生不信任；在中间变量中，任何一项情境因素都有可能产生不信任。因此在思想政治教育过程中，产出信任要比导致不信任更难。

尽管不信任的现象客观存在，但是我们可以通过对不信任的逻辑考察，提出消减思想政治教育不信任的基本策略。首先，从思想政治教育不信任本身来看，其存在着功能性的失调，即一旦使受教育者形成不信任的意愿，便会使受教育者不再考虑思想政治教育的可靠性暗示和积极地进行评估，也限制了受教育者在思想政治教育情境中潜在的互动伙伴范围，阻碍了受教育者交往互动的启动，这不仅使受教育者抛弃了已存的有益关系，而且也意味着其丧失了一系列的行动机遇；其次，根植于思想政治教育价值与规范系统的信任文化能够形成激励合作与参与的文化氛围，在这一过程中不仅能够释放信任，而且对于不信任的现象形成强烈的道德制约和文化导引；最后，随着思想政治教育自身可信度的不断调适和增强、思想政治教育信任情境的积极影响，以及良好的教育情境和社会风尚感染熏陶，这种不断增强的信任基础和现实性将会对受教育者不信任的意愿起到很大的扭转和改变作用，也能够使思想政治教育的不信任逐渐丧失现实基础，在面对持久的、反复被证明是值得信任的思想政治教育行为表现时，没有被证明是合理的思想政治教育不信任将被终结。

作为人们日常例行互动的必要基础，信任在整个人类社会生活中起着十分重要的作用。德国哲学家西美尔认为："没有人们相互间享有的普遍的信任，社会本身将会瓦解，几乎没有一种关系是完全建立在对他人的确切了解之上的。"① 信任作为一项既相当复杂，又十分重要的心理和社会现象，自然而然地成为心理学、社会学、经济学、管理学、政治学和教育学等学科研究的重要议题。思想政治教育是"以人们的思想品德形成发展和对人们进行思想政治教育的规律"② 为研究对象的新兴学科门类，是一项由教育者和受教育者共同参与其中的主体性活动，因此，在思想政治教育的理论研究和实践开展过程中，信任问题也必然是一个十分重要的研究

---

① 西美尔. 货币哲学. 陈戎女，译. 北京：华夏出版社，2007：178.

② 张耀灿，等. 现代思想政治教育学. 北京：人民出版社，2006：5.

议题。

由于思想政治教育的学科发展和理论研究的起步较晚，学界对于思想政治教育信任理论研究尚处于初始阶段，有待于探讨的问题仍较多。本部分内容在以往思想政治教育信任理论的研究的基础上，将受教育者的信任倾向纳入思想政治教育信任理论的研究视野中，进一步探讨受教育者的信任倾向与思想政治教育的可信性的交互关系，由此形成思想政治教育信任的基础，在此基础上动态性地分析思想政治教育过程中的复杂多元信任关系。这一研究思路从两个方面推进了当前思想政治教育信任理论的研究：一是在考察思想政治教育信任形成过程中，引入了受教育者信任倾向的因素，对以往思想政治教育信任理论研究提出主客体二元关系却单方面地注重可信性研究的研究方法进行了补充，充实了思想政治教育信任的基础；二是系统动态地考察了思想政治教育过程中各种情境因素对于思想政治教育的影响，尝试通过多元复杂的信任关系来还原思想政治教育信任的真实图景。

第三篇　思想政治教育研究的重点领域视角

思想政治教育研究，应当根据思想政治教育理论建构和实践发展的需要，自觉探寻和深入把握一系列重点研究的领域。只有把思想政治教育研究的重点领域研究好，才能有效带动整个思想政治教育研究的科学发展、内涵发展和持续发展，也才能提升思想政治教育的实效，彰显思想政治教育的价值。本篇依次择取并分别论析了思想政治教育关涉的立德树人、理想信念、社会动员、法治教育、生态意识、权威生成和日常生活，这些领域历来是思想政治教育研究的重点和焦点所在。

一、立德树人：思想政治教育的本质诉求

“思想政治教育是促进人进步与发展的重要手段，也是实现人的价值的重要途径，思想政治教育将伴随着社会个体的生存发展变化而存在并更新。”① 长期以来，思想政治教育在其价值归属上不断强调对社会经济发展的服务导向，在其功能示范上凸显规范性、限制性引导准则，而恰恰忽视了培养全面发展的个体人这一目的性的价值诉求，忽略了思想政治教育自身所应有的人的发展价值，从而漠视了育人功能。思想政治教育要坚持立德树人，构建符合人性发展的协同育人机制。

（一）立德树人是思想政治教育的本质诉求

1. 立德树人的着眼点是树立共产主义理想与信念

立什么“德”是立德树人要解决的培育什么人、怎样培育人的根本问题和核心问题。如果不搞清楚这个问题，立德树人就容易流于空泛、失于模糊、偏于笼统，甚至被对立思想钻了空子、昏了头脑、乱了阵脚。“德”，有小德，有大德；有私德，有公德。立德树人，要立的是大德、是

① 曾长秋，银红玉．马克思主义需要理论视域下的思想政治教育价值探究．思想教育研究，2013（5）：14.

公德、是共产主义理想与信念之德。立共产主义之德，就要以为共产主义奋斗为基础，在调整人们的行为关系时坚持个人利益服从无产阶级的根本利益，并时刻忠于共产主义事业；忠于共产主义事业，又以坚定共产主义信仰为基础。只有具有矢志不渝的共产主义信仰，才能有全心全意为人民服务的决心，才能有以集体主义为原则的意志，才能有“为国家尽忠，为民族尽孝”的觉悟；坚定的共产主义信仰，又建立在共产主义是真理的认知上。立共产主义之德，不是忽略社会成员道德水平的层次性，也不是什么“人为的拔高”，而是体现发展趋势、表明立德导向。“我们信仰的主义，乃是宇宙的真理”，这不是无知的狂悖，而是科学的信念。思想政治教育坚持立德树人，就是要“千教万教教人求真，千学万学学做真人”，以马克思主义理论统领人文社会科学的发展，以马克思主义、共产主义科学理论为学生一生成长奠定科学的思想基础。

2. 立德树人的立足点是独特的历史、独特的文化、独特的国情

独特的历史是立德树人的底气。思想政治教育要坚持立德树人，就要扎根中国独特的历史脉络。作为世界上独一无二的历史悠久的“文明型国家”，“立德”在中华民族血脉传承中的作用无可替代，它使中华民族由小到大、由弱到强，并赋予了她浩然正气和蓬勃朝气；独特的文化是立德树人的底蕴，思想政治教育要坚持立德树人，就要汲取中国独特的文化涵养。思想政治教育的立德树人，就是要培养学生揭示和遵循事物发展的客观规律性，站在人民群众的立场上，不断把追求真理的事业推向前进，为民族和人类持续地做出更大的贡献；独特的国情是立德树人的底线。思想政治教育要坚持立德树人，就要尊重中国独特的国情基础。我国现处于并将长期处于社会主义初级阶段的发展阶段，而当前由资本主义世界体系向社会主义世界体系过渡的历史方位具有许多新的特点的伟大斗争的历史任务，因而我国的基本国情同时代特征决定了立德树人的时代使命。这三个“独特”是思想政治教育坚持立德树人的现实基础。

3. 立德树人的切入点是学生的发展需要

“人的需要即人的本质”这一观点，是马克思关于人的本质理论的三大命题之一。由于社会的发展与人的发展高度统一，因而归根结底立德树

人是做人的工作，必须围绕学生、关照学生、服务学生，满足学生自由发展、充分发展、全面发展、协调发展的需要。马克思强调，需要的发展可使“人的本质力量得到新的证明，人的本质得到新的充实”①。马斯洛需求层次理论将人的需要分为生理需要、安全需要、情感与归属需要、尊重需要和自我实现需要，上述五种需要是呈阶梯式上升排列的，即为发展需要的一种表现形式。由此可以看出，发展需要既包括物质方面的发展需要，也包括精神方面的发展需要。因而立德树人首先要满足学生精神方面的发展需要——精神方面的发展需要本身就是一种更高层次的发展需要，而精神方面发展需要的满足又会促进物质方面发展需要的实现。中国传统道德中关于“修身齐家治国平天下”的思想，关于“正其谊以谋其利，明其道以计其功”的理论，对“明则诚、诚则明”的认识，对“君子型人格”的推崇，对“内圣外王”境界的追求，无不反映了古人对于从人的发展需要入手去立德树人的理解。中国共产党人“革命理想高于天”的品格、“为了人类的幸福而工作”的情怀、“全心全意为人民服务”的宗旨、“坚持真理，修正错误”的风骨、“世上无难事，只要肯登攀”的意志，鲜明体现了从“必然王国”向“自由王国”飞跃的历史规律，塑造着人类的庄严典型，调动和规范着学生的发展诉求，把理想与现实、应然与实然紧密相连，是思想政治教育立德树人最合适的切入点。

4. 立德树人的支撑点是课程之间的协同效应

课堂是立德树人的主要阵地，而课程建设则是立德树人的主要载体。要通过课程建设收到立德树人的实效，就要将课程之间的协同效应作为支撑点。习近平总书记强调，“各门课都要守好一段渠、种好责任田，使各类课程与思想政治理论课同向同行，形成协同效应”②。毋庸讳言，长期以来存在一种误解，认为对学生进行思想政治教育负有责任的课程仅仅是思想政治理论课，专业课建设对于思想政治工作则是“事不关己高高挂起”，

---

① 马克思．1844 年经济学哲学手稿//马克思，恩格斯．马克思恩格斯文集：第 1 卷．北京：人民出版社，2009：223.

② 把思想政治工作贯穿教育教学全过程　开创我国高等教育事业发展新局面．人民日报，2016-12-09 (1).

乃至排斥、冲击思想政治教育，其不但无法与思想政治理论课形成合力，甚至造成反力。要使各类课程与思想政治理论课形成立德树人的协同效应，不但事关哲学社会科学类课程，而且事关自然科学类课程：对于哲学社会科学类课程来说，就是要用马克思主义基本立场、观点、方法这把尺子来衡量各门课程的建设情况，在意识形态问题上决不允许“跑冒滴漏”；对于自然科学类课程来说，则应注意体现马克思主义世界观，彰显立德树人中的真理力量。除了各类课程与思想政治理论课的协同关系外，思想政治理论课内部的协同也值得重视。在思想政治理论课内部，就阶段协同来说，本科生和研究生阶段各自开设了数门思想政治理论课程，因而如何衔接好同一阶段的不同课程使之构成完整体系，如何衔接好不同阶段思想政治理论课达到“步步高、步步深”的教学目标，都是亟待研究的问题。就内容协同来说，思想政治理论课又涉及原理与方法论的协同、理论与实际的协同、历史与现实的协同以及世界观、人生观、价值观、政治观、道德观、法治观等具体内容之间的协同。只有将各类课程与思想政治理论课之间、思想政治理论课内部各种要素之间的关系都厘清理顺，才能筑牢思想政治教育立德树人的支撑点。

5. 立德树人的发力点是旗帜鲜明与润物无声的有机统一

旗帜鲜明与润物无声不但不矛盾，而且互为依托：旗帜鲜明，就是要形成声势、造成影响，而不是哗众取宠、表面文章；润物无声，就是要潜移默化、久久为功，而不是畏首畏尾、三缄其口。达到旗帜鲜明与润物无声有机统一的关键，在于坚持中国特色社会主义道路自信、理论自信、制度自信、文化自信，这是改变“在有的领域中马克思主义被边缘化、空泛化、标签化，在一些学科中‘失语’、教材中‘失踪’、论坛上‘失声’”①现象的基础和前提。多年来，我们一直致力于批评和反对“轰轰烈烈搞形式，扎扎实实走过场”的现象，注重立德树人的受众感知和实际效果，这是完全正确的。同时也要注意，提倡人文关怀、将立德树人落细落小落实，并不等同于不敢亮旗、不愿发声，更不是搞万籁俱寂、万马齐喑。立

① 习近平．在哲学社会科学工作座谈会上的讲话．(2016－05－18)［2017－03－20］．http：//news．xinhuanet．com/politics/2016－05/18/c＿1118891128．htm．

德树人应当旗帜鲜明地讲、大张旗鼓地讲，同时注意以理服人、以情动人，重要理论透彻宣讲、重视问题反复研讨、重大时事持续跟进、重点效果及时巩固。在立德树人的形式上，应将课堂讲授、学生讨论、课后阅读、表演展示等相互结合、灵活运用，传统教学形式与现代教学形式如“慕课”“微课”等相得益彰、交相辉映，而不是相互掣肘、顾此失彼，只有这样才能真正发挥出真理征服力、人格吸引力、语言感染力、艺术塑造力。思想政治工作者要热忱关心学生的学习、细致关怀学生的生活、敏锐关注学生的思想、倾情关爱学生的人格，把全方位立德、全过程树人落到实处。

（二）思想政治教育协同创新的育人机制构建

立德树人目标的达成需要协同创新育人机制的支撑。在我国社会转型的背景下，传统的思想政治教育育人模式偏重于服务社会经济发展需要而忽视个体发展诉求的倾向，制约了思想政治教育的价值功能的真正发挥。因此，以满足和实现社会个体——人的生存需要、享受需要、发展需要——为指向，构建包括人文理念、有效评价、完善协同、集成整合、调适实践、延展反思等综合元素在内的思想政治教育协同创新育人机制，对更好地实现人的价值、实现思想政治教育的创新发展意义深远。值得一提的是，思想政治教育协同创新的育人机制应当是遵循学科建设规律的科学发展机制、遵循社会教育规律的可持续发展机制以及遵循以人为本目标的包容性发展机制。

1. 人本性协同的育人理念

作为对思想政治教育育人实践持久有效的精神驱动与思想引领，以人为本的人文关怀理念不仅可以作为确保人的价值追求的可靠激励方式，不断促进和完善人的精神世界，而且也是坚持思想政治教育集体价值个人实现、整体价值局部实现、长期价值阶段实现、高位价值低位实现的基本路径。思想政治教育的终极目标是对人理性的开发和健康人格的培养。因此，思想政治教育的育人实践不能背离“以人为本”的原则，它要培养的应该是有情感、有思想、高素质、创新型、全面发展的人。对作为教育对象的人来说，思想政治教育的育人价值不仅在于特有的思想品德培养，更在于其着眼开发人的潜力、促进人的发展、提升人的境界、扩大人的生命内涵，从而为人的一生奠基。思想政治教育育人机制必须有一种着眼于未来的境界，使人有一种大格局的思维人生。因此，坚持人文导向育人是对人的终极关怀。

2. 有效性协同的育人原则

思想政治教育协同创新育人机制的有效性要考虑两个方面的因素，一是注重育人机制的衔接性建设，二是注重育人机制的创生性建设。衔接性建设强调的是育人过程为一体的均衡有序，创生性建设强调的是育人目标的切实可行。目前，学界中有研究者从哲学高度提出了高等教育发展的“三基础说”：认识论基础、政治论基础、实用主义基础。思想政治教育协同创新育人机制的有效发展也应基于三个方面去认识：首先是政治论的基础动力——实现国家意志、体现意识形态需要；其次是实用主义的利益驱动——契合社会现实市场对人的需求和素质要求；最后是认识论的价值动力——追求知识积累与人的全面发展、知识创新与价值选择的交互逻辑。

3. 完善性协同的育人方法

第一，完善思想政治教育育人体系。思想政治教育育人体系是一个集空间延展、时间延续、制度保障为一体的有序模型。在这个育人体系中，需要各个环节、各参与主体的均衡衔接和有效配合，并在人的发展的每一个阶段都体现不同的个体特征和行为动态。此外，这种教育体系的制度安排要遵循人的接受能力和可持续发展需求，因此，应在不同的阶段运用相应的教育体制，实现思想政治教育协同创新育人机制的动态性完善和科学性安排。

第二，提升思想政治教育育人质量。思想政治教育的育人质量是思想政治教育育人实践有效性的衡量标准。思想政治“教”与“育”是两个层面的实践行为和价值选择：思想政治教育育人的“教”体现的是外化的育人过程，此环节重在“灌输”或传播；思想政治教育育人的“育”体现的是内化的育人过程，此环节重在宣传教化的内在吸收和进一步的外在转化。在“教”与“育”的过程中，“内化”与“外化”不断地相互交织和自我修正。因此，只有将“教”与“育”真正地结合在一起，实现教育育人质量的实质性提升，才是思想政治教育协同创新育人机制的建构要求。

第三，创新思想政治教育育人平台。思想政治教育协同创新的育人机制建构应当集创造的价值、经验的价值和态度的价值于一体。创新思想政治教育育人平台的逻辑起点，是对创造的价值、经验的价值、态度的价值的综合考察：思想政治教育育人平台的创造价值强调的是教育主体价值的主动性体现；思想政治教育育人平台的经验价值体现的是对教育实践的梳理总结和理性反思，将传统与现代、内部与外部、核心与边缘的教育元素进行有效整合；思想政治教育育人平台的态度价值实现了教育主体和教育客体的互动对接，在有序、融合、尊重的教育平台上实现育人模式的可持续发展。

4. 整合性协同的育人模式

第一，良性社会资源的有效转化。有学者指出，目前社会结构中除了传统儒家规定的“五伦”——君臣关系、父子关系、夫妻关系、兄弟关系、朋友关系（彼此认识的人情关系）外，现代社会需要正视“第六伦”——“群己关系”（彼此不认识的非人情关系）。随着城市化进程的加快，社会交往的“群己关系”将日益凸显，在相互交织的人际交往关系中，各种纷繁复杂的社会参量和社会资本也不断涌现，在这一过程中只有将诸如诚信、缔约、公平等良性的社会资本转化为积极的思想政治教育育人资源，才能推动思想政治育人机制的有效构建。

第二，积极精神生产的科学塑造。追求人的全面发展是思想政治教育协同创新育人机制建构的应有之义，其要求思想政治教育实践在实现有效的育人目标追求前提下经受和抵制各种负能量的冲击和诱惑。思想政治教育协同创新育人机制科学化是实现科学育人的重要途径，对精神生产领域的正能量文化产品的合理消费是对育人环境的有序治理和对育人动力资本的有效发掘。思想政治教育协同创新育人机制的建构既凝聚了教育实施主体的育人智慧，同时又是教育参与主体的实践总结。身处现代转型之中的思想政治教育，应该对积极精神生产的科学塑造有一种理性的接纳。

5. 调适性协同的育人实践

第一，全面发展的育人目标与物质崇拜的功利主义之间的重塑性调适。思想政治教育的“高势位”和“低势位”的学术思考虽没有严格的界限，也没有严格的衡量标准，但却有一种“接地气”的实践思维：在具体的育人方式上，需要积极地引导“有所为”——对理想和信念的追求，但也需要正确地看待“有所不为”——对道德底线的坚守。让学生懂得如果不能做到高风亮节，也至少要守住道德底线。因为有时候当“有所为”成为唯一一种衡量道德价值的标准时，就很容易流于形式并成为虚无主义的实践，相对于“有所为”而言，“有所不为”是一种易遵守并具有更强可操作性的道德底线。

第二，社会现实规范与校园理想规范之间的适应性调适。思想政治教育的接受主体对社会现实与学校教育之间的失落感来自于：对社会堕落和溃败现象的失望感；对文化破坏和价值消解的悲观感；对人性冷漠和道德滑坡的绝望感。因此，在思想政治教育协同创新的育人机制建构中，要正视社会现实、坚守教育理想、平衡对接差距，引导教育接受主体正确面对真实现象，理性看待社会现实，科学分析发生原因，合理调适对复杂社会的适应心态，从而实现教育过程中对社会现实规范与校园理想规范之间差距的正面适应。

第三，新生群体活动特质与传统思想教育方式之间的融合性调适。新生群体伴随着社会的发展不断涌现，在这一过程中其产生发展不得不直面时空维度的外在影响。思想政治教育是人文教育的重要形式，人文教育的核心价值是人的自由教育，包括自由的人格、自由的思考、自由的诉求、全面的发展。因此，思想政治教育应当积极探寻新生群体的价值诉求、理想追求和人生渴求。在育人机制的协同创新中，思想政治教育需要引入知识的“周边扩展”（contextualization），这也是思想政治教育对学生“知识信息融会贯通”（contextualization information）的基本要求。当代国人的故事蕴含着时代精神，普通人的追求凝聚着家国梦的力量，因而思想政治教育育人的实践应当从细节处入手，用真实具体的故事、有血有肉的人物、引人入胜的情节，讲述当代中国发展成就、发展道路、发展理念，实现对新生群体活动特质与传统思想教育方式之间的融合性调适教育。

6. 延展性协同的育人反思

第一，要对思想政治教育育人体系进行统一规划。实现思想政治教育协同创新育人机制科学发展、可持续发展和包容性发展是目前思想政治教育的反思重点。思想政治教育协同创新育人机制发展的有序进行，需要将教育安全观、规则意识、规范思维和体系化的习惯贯彻至教育实践的方方面面，并且将全面发展的育人要求、具有社会正能量的价值理念熔铸在思想政治教育参与主体的内心深处。

第二，要对思想政治教育育人方式实施隐形对接。思想政治教育协同创新的育人机制需要考虑到学术化、教育化、艺术化、科学化、生活化等因素。在具体的育人实践中，应当充分考虑到让受教育者在改变命运的转折点到来之前具备一种选择的能力和判断的能力，并且在达成目标后学会享受付出的幸福感和收获的满足感，这才是培养人的目标所指。在受教育主体的社会互动过程中，将受到社会文化潜移默化的影响，在这一过程中，思想政治教育育人的有效性将体现在其通过育人活动使受教育个体接受社会主流文化的价值观、成为社会所需的人才、自觉地承担起社会赋予的责任上。

第三，要对思想政治教育育人模式开展自主创新。自诞生之日起，思想政治教育便承担着引导存在意义的价值诉求的任务，是一门教育的艺术，在时间和空间的动态交错汇总中探寻着“我是谁，我存在的价值在哪里，我将走向何方”的历史性、实践性、人本性的元问题。因此，思想政治教育协同创新育人机制的发展需要有开辟先河的改革勇气，需要有教育方式的不断创新，需要有教育平衡的教育政策组合，需要有符合实际的教育政策导向。

第四，要对思想政治教育育人视野提供开放格局。未来，思想政治教育的协同发展应当以创新育人机制为导向和重点，并在协同理论的视野下以思想政治教育育人机制的现代化建设、思想政治教育育人机制的人本化建设、思想政治教育育人机制的互通化建设、思想政治教育育人机制的多元化建设为契机，实现思想政治教育育人机制的目标达成、主体互动、空间拓展、动力补充、过程控制、体系完善、格局开放。

二、信仰守护：思想政治教育的战略任务

习近平总书记在庆祝中国共产党成立95周年大会上系统回顾了我们党取得的光辉成就，深刻指出："无论是处于顺境还是逆境，我们党从未动摇对马克思主义的信仰。"① 信仰是一个政党长期执政、永葆活力的精神动力，更是一个国家、一个民族生存发展的深沉持久的精神力量。"信仰是主体世界观、人生观、价值观的核心和重要体现，是主体关于人生意义和生活态度的最高理想和信念。"② 作为人的自我意识的超越性产物，信仰始终伴随着人类自我意识的觉醒、自我发展的迷茫和自我超越的渴望，成为引导人的精神世界有序运行和继往开来的内生性力量。在全面建成小康社会的伟大进程中，人们面对价值理性日益式微、工具理性日益张扬的现代社会，膨胀的物质欲求冲撞着人的精神世界，扩张的世俗精神导致了终极关怀的失落，人们在精神的空旷世界里迷失于意义的探寻，经历着"严重的乃至致命的心灵痛苦"③。消解信仰危机，需要从中国特色社会主义的现实场域出发，借助现代性的批判性、超越性与建构性，不断激发人的反思性与自觉性，进而从多维角度耕耘人的精神世界，建构以马克思主义信仰

① 习近平．在庆祝中国共产党成立95周年大会上的讲话．人民日报，2016－07－02（2）．

② 王学俭，李东坡．大学生信仰教育的突出问题及对策．思想教育研究，2010（11）：44．

③ 大卫·雷·格里芬．后现代精神．王成兵，译．北京：中央编译出版社，1998：24．

为主导的、符合中国特色社会主义的现代信仰。

（一）当前中国信仰问题的主要表现

从唯物史观维度审视，当代国人的信仰问题是在中国特色社会主义现代化建设所引发的社会由传统向现代转型的过程中产生的。信仰本质上是人对于自我本质的对象化，是人在精神世界对现实世界的超越性建构。作为精神世界的产品，信仰从一开始就深受现实生活世界的制约和匡制，是由人客观生存的现实生活世界所决定并随着现实生活世界的发展而不断呈现丰富性和复杂性的精神活动产物。从某种意义上讲，人类需要信仰是基于人的本性，恩格斯认为："即使是最荒谬的迷信，其根基也是反映了人类本质的永恒本性"①。人的追求无限性和存在有限性，导致人既生存在具体的、有限的现实生活中，又畅游在普遍的、无限的精神世界里，人往往通过现实社会的此岸眺望精神花园的彼岸，并在渴望超越现实生活的过程中，将现实生活投射进精神世界，形成聊以慰藉的信仰。中国特色社会主义现代化建设过程中，传统与现代的裂变、生活与理想的差异导致人的信仰之路充满坎坷和曲折。现代化生活将整个社会抛离了原有的生活轨道，与此同时，在谋求与过去的决裂中，人的生产生活方式、行为交往方式、思想道德观念产生了广泛而深刻的影响，内心深处也因之被打下烙印。人在经受活在当下与向往未来的矛盾历程中、在面临坚守传统与融入现代的两难选择中，如果不能及时妥善处理在全面建成小康社会和全面深化改革过程中所产生的具体生活方面的种种错谬，极易在信仰领域产生危机。

1. 信仰的虚无化倾向

"信仰是在人类进入智人阶段后从他们的生产劳动和社会生活中逐渐产生、独立出来的一种精神活动和文化现象。"② 人们在现实生活世界里因为具体实践产生的困惑、迷茫和无助，需要精神世界的文化滋养、信仰慰

① 恩格斯. 英国状况 评托马斯·卡莱尔的"过去与现在"//马克思，恩格斯. 马克思恩格斯全集：第1卷. 北京：人民出版社，1960：651.

② 冯天策. 略论信仰本体的起源、分类和本质. 东岳论丛，2007（1）：147.

藉，从而弥补现实生活的不堪并去追求生活的价值和意义。因此，信仰及其发展既是人的心理和精神需要，又是社会实践的互动产物。中国特色社会主义在不断推进我国现代化建设进程的同时，也不可避免地受到自工业革命以来被广泛推崇的工具理性的影响，且其在现代性的推动下攫取了话语垄断权，同时，在科技不断获得发展并逐渐主导人的生活的过程中，科技理性主义甚嚣尘上。伴随着中国特色社会主义市场经济的横空出世和不断发展壮大，西方社会因为市场经济曾经引发的"上帝之死"的拷问和"人类万能"的遐想，在我国深化和完善社会主义市场经济的过程中推动着一些人产生了对"经济人"假设的顶礼膜拜，进而导致了物质欲望的膨胀和精神世界的空虚。人们用行动消解着曾经的崇高信仰，用经验验证着流行的世俗价值——"我很忙"成为逃避心灵拷问的流行借口；"怎么都行"成为社会通用的行为法则；"我不相信"成为自我回避的妙手良方；"别谈信仰，我已戒了"成为人们虚无信仰的大众宣言。身处"信仰"和"崇高"不断消解、"生活"和"现实"逐渐流行的时代，人们过多忙于追求眼前物质欲望的满足，信仰的空间在逐渐被压缩，甚至有些人因为信仰不能在短期内解决现实问题、无法在实际中调配眼前利益，而陷入信仰虚无的旋涡，并埋头于生活世界的林林总总。2015 年在武汉地区高校开展的一项调查显示，大学生把亲情、自我和爱情当作信仰的比例分别高达 18.6%、14.7%和 13.7%①，这充分说明了面对信仰，人们对其的理解和认识还存在相当高的虚无化倾向。

2. 信仰的世俗化倾向

全面建成小康社会是目标指向性与现实关涉性的有机统一体，理想的精神性蓝图与现实的生活性指标之间存在张力，部分群众容易在处理二者张力关系中产生信仰的世俗化倾向。信仰解决的是人的终极性问题，即人在具体的社会实践中产生的价值性、目的性和意义性问题。从这个角度而言，信仰是超凡脱俗的，是超脱于世俗欲求之上的精神需要，是纯精神性的超越性需求。信仰把人从物质世界提升到精神世界，从现实生活擢升为

① 赵曼，林季杉．当代大学生宗教信仰状况调查研究：以武汉地区为例//江畅，等．价值论与伦理学研究（2015 年卷）．北京：社会科学文献出版社，2015：260.

理想图景，从事实存在升格为价值存在，它将人从世俗的社会生活中解脱出来。信仰的这种超越性决定了人在精神世界与生活世界之间存在着一种张力，而在现代化社会变迁过程中，这种动态平衡的张力关系呈现紧张状态，在信仰领域主要表现为信仰出现世俗化倾向。“人对理想信念追求，本质上是一种精神追求，是对当下物质生活的超越。因此，在精神追求和物质追求之间有一种紧张的关系。”[①] 在高扬工具理性的时代，纯粹功利主义的价值追求逐渐占据上风，并统治着人的精神世界、左右着人的行为过程。由于人的物质性欲求和逐利性本性的扩张和膨胀，人在物质生活与精神生活、功利追求与价值追求、世俗目标与理想信仰之间出现失衡也就成为一种客观必然。中国特色社会主义现代化建设本身是物质文明现代化和精神文明现代化的统一体，但是我国一些群众在处理精神生活与世俗生活的关系时，因为没有正确处理二者的张力问题，导致信仰的天平向物质世界倾斜，信仰逐渐不再是崇高的代名词，而是与日常生活混在一起，开始变得世俗不堪。在市场经济不断冲击人的物欲的过程中，“找份好工作”成为一些人的价值追求；“为钱而活”演化为部分人的生存目标，甚至连“过好每一天”都可以成为人们口头标榜的“信仰”。北京市开展的一项调查报告显示，认为人生价值体现在“享受生活的快乐”和“获得丰厚的经济收入”的人占调查总人数的比例居然分别高达46.2%和39.8%[②]，此外，武汉高校也有3.5%、2.9%和1.5%的大学生将“权力”、“金钱”和“明星”当作自己的信仰[③]，这表明人们在过分关注物质生活的得失问题中，精神世界的信仰追求开始服从于生活世界的物质欲求，信仰逐渐由崇高走向世俗。

3. 信仰的极端化倾向

中国特色社会主义现代化建设过程并非一帆风顺，其中产生的现实问题往往拷问着人们的理想信仰，并在与信仰的互动中引发人的精神世界的

---

① 刘建军. 信仰的呼唤：社会主义市场经济条件下的信仰问题研究. 北京：人民出版社，2011：17.

② 谭日辉. 信仰危机下的社会心态研究//北京社会心理研究所. 北京社会心态分析报告（2014—2015). 北京：社会科学文献出版社：167.

③ 赵曼，林季杉. 当代大学生宗教信仰状况调查研究：以武汉地区为例//江畅，等. 价值论与伦理学研究（2015年卷). 北京：社会科学文献出版社，2015：260.

动荡。部分不能与时俱进分析现实问题的群众，往往因为现实问题与理想信仰的冲突产生极端化行为。信仰最终表现在人的行为举止上，对人的行为产生不可估量的规范、激励和导引功能。经由人的社会实践并反映社会实践实质的信仰，是人的生产生活、社会交往、自身发展的绝对律，处于人的精神世界的最顶端，承担着建构和引领精神家园的重要使命。某种信仰一旦成为人的信奉对象，就会反过来成为指导、规范和激励人的行为的精神性力量，并往往因其形式的排他性和内容的唯一性成为精神世界的主宰者。在社会跳荡起伏的生活实践面前，信仰对人的精神主宰极易因为信仰的理想世界与现实的世俗世界之间的客观冲突所形成的尖锐对立而突出表现为信仰的极端化倾向。面对日新月异的社会主义现代化建设现实，不断涌现的新生事物、鲜活实践和时代问题总是挑动着信仰的敏感神经。人们如果不能依据生活世界的发展变迁在精神世界里及时做出相应的、合理的和有效的回应，并依据现实生活调整或者发展自己的信仰，就会在用既有信仰标尺度量现有生活实践的过程中产生信仰模式化的倾向，进而导致信仰的极端化。一方面，人们会因为信仰形式的排他性固化自己的既有信仰，选择性地面对由现代化社会催生的时代变迁、实践变化和生活变革，继续坚持信奉客观上已经落伍的既有信仰；另一方面，人们会因为信仰内容的唯一性僵化自己的既有信仰，偏激性或激进性地对待伴随社会变迁产生的各种社会思潮甚至科学理论，盲目性或教条性排斥一切与既有信仰不一致、不符合或相龃龉的思想和观念。当前社会流行的宗教原教旨主义、民族极端主义、地域狭隘主义等现象均是信仰极端化倾向的外在表象，例如近几年来因为中日钓鱼岛争端部分群众在抵制日货过程中发生的非法打砸抢烧行为、因为南海争端部分群众爱国主义的非理性表达等，都是信仰极端化倾向的具体表现。

4. 信仰的飘变化倾向

中国特色社会主义现代化建设所引发的社会现实生活的快速变迁，导致人们在适应快速变化的生活世界时，容易产生信仰的飘变化倾向。作为人的最高价值理想和终极追求目标，信仰是人的实践指标、生活导向和精神旨归。德国著名哲学家尼古拉·哈特曼曾经指出，人可以追求实现多种具体价值，但终身追求的价值方向和终极目的必须是统一和一元的，正如人不可能同时朝两个或多个不同甚至相反的方向行走一样。人们信奉和追求的信仰及其包含的价值坐标，以及在信仰指导下的行为表现，同样具有内容的同质性和方向的一致性，表现为精神世界与生活世界的融洽。但是信仰并非只有理性内容，更有感性表现，信仰既是理性价值观念的集中，更是情感需要的彰显。尤其是处于社会变迁和转型过程时，信仰的外显——信仰指导下的行为表现——愈加呈现感性化色彩，其与信仰包含的价值坐标的理性化形成冲突，具体表现为人们在生活世界里对于信仰的情感抒发、行为反映等具有的飘变化倾向。中国特色社会主义现代化建设的突出特征之一就是变革，而永远的不安定状态和持续的变迁性生活与人们内心坚守的信仰之间必然会产生一定的冲突和矛盾。面对生活世界变迁对精神世界形成的挑战，人们一方面会继续坚守自我的信仰内核和价值坐标，另一方面又迫于现实压力而在具体实践中不断变换着表征信仰的情感和行为。信仰在生活世界的具体表现中变得飘摇不定、左右摇摆，常常随着社会的变迁发生变化，而且社会变革越是剧烈，信仰变化越是飘幻。“什么都信”成为当下普遍的信仰状态；“又改变了信仰”成为人们流行的话语言说；“今天我信它”成为推脱责任的通行法则。目前在青少年群体中存在的“追星”现象，今天崇拜这个明星，明朝追捧那个“巨星”，甚至有些青少年因为崇拜的明星偶像不同而展开“网络骂战”，其背后都是信仰的飘变化倾向在作祟。

（二）当前中国信仰问题致因的基本透析

“信仰危机已被公认为现代社会普遍存在的基本问题之一，被视之为一种‘现代性’现象。”[①] 作为一种精神性危机，信仰危机与现实世界的变迁密切相关，而其背后根源则是社会转型过程中由社会生产生活决定的社会关系的变化。从唯物史观视域审视，我国当代信仰问题的产生根源在于

① 万俊人．信仰危机的“现代性”根源及其文化解释．清华大学学报（哲学社会科学版），2001（1）：23.

中国特色社会现代化建设过程中的社会变迁。正如马克思所指出的："我们判断一个人不能以他对自己的看法为根据，同样，我们判断这样一个变革时代也不能以它的意识为根据；相反，这个意识必须从物质生活的矛盾中，从社会生产力和生产关系之间的现存冲突中去解释。"① 历史唯物主义认为精神生活受制于物质生活的变迁，中国特色社会主义现代化建设本身就是由传统走向现代的建构过程，因此建筑于其上的信仰既受个体觉醒的主观影响，又受群体交往的客观制约，更受社会进步的宏观匡制。

1. 自由与理性的张力引发个体精神世界的价值选择危机

中国特色社会主义现代化建设所开启的社会变革，在个体层面引发了自由与理性价值选择的两难困境，进而导致了信仰危机的产生。现代性对社会个体的影响首先表现在个体自我价值的选择和确认上。马克思认为："不管个人在主观上怎样超脱各种关系，他在社会意义上总是这些关系的产物。"② 因此，中国特色社会主义现代化不断赋予着人们现代化体验，并影响着人们社会关系的建构。现代化建设推动着个体从自在自发的原生状态进入到自由自觉的生存状态，突出凝化为个体的自由追求和理性张扬。现代化生活赋予人自由意志和主体理性，并在社会转型过程中将自由与理性深深镌刻在人们的头脑里，投射在人们的实践中，映画在人们的行为上。理性与自由是现代化生活中的两个基本要素。但是自由与理性之间本身就是一个悖论式的存在形态，有其不可化解的内在张力和矛盾，二者既相互促动又相互羁绊，推动着人在革新与解放的场域中不断前行。这种内在张力同样影响着人们对个体自我价值的选择：人们一方面渴望获得更多的自由，彰显现代社会的人性光辉；另一方面又期冀形成深刻的理性，凸显现代社会的智慧力量，两种渴望相互冲撞，造成了现代社会关系的价值选择两难。自由是现代人的核心权利和主要追求，但是一旦自由突破了现代人的心理承受能力和素质承载范围，自由就会转变成为灾难，导致精神

① 马克思.《政治经济学批判》序言//马克思，恩格斯. 马克思恩格斯文集：第2卷. 北京：人民出版社，2009：592.

② 马克思. 资本论//马克思，恩格斯. 马克思恩格斯文集：第五卷. 北京：人民出版社. 2009：10.

世界的紊乱和信仰体系的塌陷，并在现实世界里表现为文化的慌乱和行为的荒唐。理性历经“形式合理性”与“实质合理性”的分裂、“工具理性”与“技术理性”的逐渐霸占话语权、“交往理性”与“公共理性”的另辟蹊径，更多地展现了人们在盲目崇拜理性过程中精神世界的萎缩和信仰体系的僵化。现代人的生活危机从其自身内在精神而言，就是理性主义与自由主义的张力危机，而理性与自由的对抗，在个体的精神世界里引发着信仰战争。

2. 传统与现代的变迁导致群体精神家园的信仰紊乱危机

中国特色社会主义现代化进程推动的社会转型，在群体层面营造了传统价值与现代价值的叠加效应，二者的张力冲突导致人的信仰危机。从传统向现代转型是中国特色社会主义的突出标志，蕴含着生存于现代社会的人们在既与传统告别，又与现代相遇的过程中心理层面上发生的转向与断裂。马克思与恩格斯在诊断资本主义社会时，已经认识到社会生产力的变革与发展容易引发人们在传统与现代之间的价值紊乱和信仰危机，指出：“生产的不断变革，一切社会状况不停的动荡，永远的不安定和变动，这就是资产阶级时代不同于过去一切时代的地方。一切固定的僵化的关系以及与之相适应的素被尊崇的观念和见解都被消除了，一切新形成的关系等不到固定下来就陈旧了。一些等级的和固定的东西都烟消云散了，一切神圣的东西都被亵渎了。”① 中国特色社会主义的确立、建设与发展是对传统的否定，这种否定既是对传统社会经济政治制度的超越，又是群体文化心理结构的转型，更是对传统价值观念和理想信仰的扬弃。传统的交往规则、价值信念因为转型而遭到怀疑、批判甚至否定，新生的自由精神、独立意识则在情感获得共鸣的同时因为缺少成熟和深刻的客观条件而难以提供安全的心理保障。人们突然发现，由于生活在不断变迁的社会，因而似乎难以找到安身立命的精神家园，心灵处于无根基的悬浮状态。因此，当前中国的信仰危机是社会群体价值在社会生产力变革中的张力危机，是社会整体形而上学意义上的存在孤独。

① 马克思，恩格斯．共产党宣言//马克思，恩格斯．马克思恩格斯选集：第1卷．北京：人民出版社，1995：275.

3. 解构与建构的互动产生社会公共领域的信仰建构危机

中国特色社会主义现代化发展过程在社会整体层面面临着由解构意愿与建构诉求交织而成的现代化价值瓶颈，并因社会公共价值的紊乱而引发了信仰危机。现代社会本身就是在推行“解构”与“建构”的逻辑理性，这种性质相反但却并行存在的现代性之路不仅存在于以社会生产实践为主体的现实世界，同样存在于以文化生产实践为主体的精神世界。马克思曾经指出：“社会的物质生产力发展到一定阶段，便同它们一直在其中运动的现存生产关系或财产关系（这只是生产关系的法律用语）发生矛盾。于是这些关系便由生产力的发展形式变成生产力的桎梏。那时社会革命的时代就到来了。随着经济基础的变更，全部庞大的上层建筑也或慢或快地发生变革……”① 中国特色社会主义的现代化建设过程一方面不遗余力地消解着传统社会价值的影响力和约束力，另一方面又力所能及地搭建着现代社会价值的秩序大厦和生活乐园。然而社会公共价值的形成与发展有其内在的不容忽视的客观规律性和内在一致性，其并非可以仅仅通过简单的批判与否定就可以实现所谓的改造与转型。更为普遍的情况是，在对传统社会公共价值祛魅的过程中现代社会的公共价值仍在生长和徘徊，甚至在传统公共价值大势已去之际而现代公共价值得势之前会形成社会公共价值的空白期，导致此一阶段的社会运行失去应有的价值规约、价值导引和价值促动，引发精神世界的秩序紊乱。人们在新旧公共价值之间茫然不知所措，一方面为尽力摆脱传统公共价值的束缚而奋力挣扎，另一方面为习得现代公共价值的精髓而苦苦追索。人们在解构传统价值之后，面对琳琅满目的现代价值观念，一旦缺失社会核心价值观的引领，精神家园的建构之路缺乏主流信仰的支撑，就会产生普遍的信仰危机。

（三）信仰建构的四个纬度

信仰危机是“关于人生意义和生活价值的需求性危机和选择性危机，

① 马克思.《政治经济学批判》序言//马克思，恩格斯. 马克思恩格斯文集：第2卷. 北京：人民出版社，2009：597.

是精神领域的调适与冲突危机、选择与认知危机”①，究其实质而言是中国社会转型发展、创新发展导致的精神发展危机。根治当前中国的信仰危机，必须立足于当代中国特色社会主义现代化建设的实践场域，“坚持以我们正在做的事情为中心”②，通过全面建成小康社会、全面深化改革、全面依法治国、全面从严治党等系统性工程，不断为实现中国民族伟大复兴的中国梦而奋斗，不断坚定人们的道路自信、理论自信、制度自信和文化自信，从而引导人们牢固树立马克思主义信仰，并以马克思主义信仰为主导，引领人们的信仰发展更加符合中国特色社会主义现代化建设进程、更加符合人们对幸福美好新生活的期待。马克思主义并不排斥现代化变革，并且较早地对现代化现象进行了反思。马克思在批判现代生活的过程中，提出了“人的自由全面发展”的观点，他指出，人的自由全面发展是“人以一种全面的方式，就是说，作为一个完整的人，占有自己的全面的本质”③。作为完整的现代人，人不仅要在物质生活领域占有人的本质，更应该在精神生活领域彰显人的本质，实现自然因素、社会因素与精神因素的有机统一。因此，人的自由全面发展在更高层次上应该是人精神领域的自由全面发展，即人的信仰的现代化建构过程。运用马克思人的自由全面发展观，从自由人、理性人、交往人、思想人四个维度实现当代信仰危机的有效消解，既是坚持马克思主义信仰为主导的理论归位，更是诊治当前中国信仰危机的实践需要。

1. 端正自由人，通过自由精神激发主体觉醒

马克思和恩格斯曾经指出：“全部人类历史的第一个前提无疑是有生命的个人的存在。”④ 人的自我意识和主体意识的觉醒以及由此生发的自由精神，是人在现代化生活中具有存续力和发展力的重要内容。置身于我国

---

① 李东坡．青年信仰的生成机制、发展规律与危机消解．湖南师范大学社会科学学报，2015（1）：24.

② 习近平．在庆祝中国共产党成立95周年大会上的讲话．人民日报，2016-07-02（2）.

③ 马克思．1844年经济学哲学手稿//马克思，恩格斯．马克思恩格斯文集：第1卷．北京：人民出版社，2009：189.

④ 马克思，恩格斯．德意志意志形态（节选）//马克思，恩格斯．马克思恩格斯选集：第1卷．北京：人民出版社，1995：67.

改革开放和社会转型发展过程中，我们仍然摆脱不了自身存在的有限性和价值追求的无限性之间的冲突和矛盾，并试图在具体的现实生活世界里避免由此引发的自我统一性问题。信仰就在避免现代性导致人的精神分裂、思想迷茫、价值低迷的过程中凸显其意义，因为“真正的信仰对纯粹精神事物的追求导致个体人格的独立和自由”①，并因信仰所赋予的自由意志帮助人类适应现代化的紧张生活。当前社会存在的信仰弱化与虚无现象，与人们在现实生活世界里没有真正获得自由感密切相关，即人在具体生活实践中丧失了对自由的真正理解和把握，将所谓的行为无拘无束看作自由的应有之义，失却了自由在精神世界里的应有之位。作为现代人的精神品质，自由更多地指向内在和内心，即人应该在自我的精神家园“随心所欲”，而不是在现实的生活世界“旁若无人”。对自由的狭隘性理解和扩大化狂热，导致人在现实生活中始终充满着痛苦的情绪解放和焦灼的情感体验。因此，消解信仰危机，承认现代化生活赋予人的自由精神，并引导人们在物欲化的生活世界之上建构自由化的精神世界，有利于人们在中国特色社会主义现代化建设的具体实践中“跋山涉水”时，学会抬头“仰望星空”。

2. 培育理性人，通过理性生活规范现实狂热

在文化意义上，中国特色社会主义市场经济赋予了人生存中的开放超越性维度，并用理性精神激发了人的反思性和自觉性。理性推动着人在现代化建设过程中以更加自觉和彻底的方式展现着自我的超越本性，并在构成现代化之准绳的过程中解决人在现代社会的安身立命问题。因此，理性成为人在现代社会适意生活的认识之源、价值之源和动力之源，是人类精神家园的灵魂基调。而信仰在现代社会变迁中，逐渐产生着其无所不能而又无所可能的矛盾现象，其根源与现代社会中对理性的疯狂而又盲目的崇拜有着密切的关系。对此，恩格斯早就批判地指出：“宗教、自然观、社会、国家制度，一切都受到了最无情的批判；一切都必须在理性的法庭面前为自己的存在作辩护或者放弃存在的权利。思维着

① 邓晓芒. 信仰三题：概念、历史和现实. 马克思主义与现实，2015（4）：38.

的知性成了衡量一切的唯一尺度。那时，如黑格尔所说的，是世界用头立地的时代。”① 因此，在彰显其现实性力量的过程中，理性逐渐引导着人们相信凭借自我和仰仗理性可以为所欲为地解决任何现代化问题。当人类在现代社会的具体生活和生产中逐渐以科技理性和工具理性取代人类理性本原力量的时候，如何成为真正的、彻底的理性人并探寻获取适度的理性力量，进而在现实世界里放弃狂妄和肆意成为现实生活的“循规蹈矩者”，是消解现代信仰危机的重要途径。毕竟，“人是一个充满生命力的完整的活体，只有从人类自身存在的丰富性、完整性出发，才能正确解释和说明与人类生存、发展直接相关的一切精神现象和文化现象”②。理性崇拜所引发的人在现实生活世界的狂热，以及由此导致的精神世界的困顿，必须要在吁请理性走下神坛、彰显理性本真力量的过程中得到合理解决。

3. 涵育交往人，通过社会交往探寻化解之道

中国特色社会主义不仅表现为一种价值追求、制度安排，更主要表现为一种生活状态和社会实践。马克思和恩格斯认为：“社会生活在本质上是实践的。凡是把理论导致神秘主义的神秘东西，都能在人的实践中以及对这个实践的理解中得到合理的解决。”③ 现代化生活引发的精神空虚、价值迷茫和信仰危机，同样也需要在具体的社会实践中探寻化解之道。现代化逐渐蔓延，其所催生的文化精神自觉构成了社会运行的灵魂，引导着社会不断变革、持续变迁。但是，人的自觉精神如果不能通过制度化设计和安排发展成为现代社会的运行机理，而只是一种价值言说，则会阻碍人的精神世界的现代化进程。“人类实践理性所表达的高尚的道德动机、善良意志和价值永恒，无法完全凭借理性本身获得解释。”④ 理性自身不可克服的局限性呼唤着信仰的出场，而信仰的生成和深化则是在人的交往过程中产

① 恩格斯．反杜林论//马克思，恩格斯．马克思恩格斯文集：第9卷．北京：人民出版社，2009：19-20.

② 于尔根·哈贝马斯．现代性的哲学话语．刘东，译．南京：译林出版社，2011：24.

③ 马克思．关于费尔巴哈的提纲//马克思，恩格斯．马克思恩格斯选集：第1卷．北京：人民出版社，1995：60.

④ 万俊人．信仰危机的“现代性”根源及其文化解释．清华大学学报（哲学社会科学版），2001（1）：24.

生的，信仰的僵化和固化与人在现代社会不断追随科学技术的理性精神并形成的“自我中心化”相关。因此，只有在中国特色社会主义现代化建设进程中强化人的社会交往与文化交往，并在交往过程中产生物质世界的多元互动与精神世界的心灵对话，才能够破除理性所导致的人类认识性困境，并从自我中心中脱离出来，克服理性主义的过度膨胀导致的对精神生活的物力挤压，还原人的世界的二重性——生活世界与精神世界，并由此建构人们诗意的栖居之地——全面建成小康社会的实践场域。

4. 建构思想人，通过思想教育重建现代信仰

从时代意识与时代精神的角度审视，中国特色社会主义是对传统的否定和扬弃，是在精神启蒙过程中人的自觉性和反思性得以生成并影响整个社会的普遍心理、价值取向和理想信仰的文化体验。现代社会的变革和转型，既在现实世界鼓舞着人们寻求突破并完成社会实践的超越，又在精神世界启迪着人们走向深刻从而实现人的思想解放。“信仰更具有一种文化的根源性和价值的理想性意义。”① 信仰为人们提供着价值追求的动力和目标，避免人在精神世界的思想沉沦和灵魂沦陷。“现代信仰危机不单是一个如何重建现代理想信念（仰）的问题，还是一个如何整合现代人价值信仰的问题。”② 因此，消解信仰危机，需要从人的思想深处入手，引导人们转变为现代社会的思考者和思想者，进而自由自觉地重建现代灵魂，耕植自我精神世界。现代社会在极大解放人的生产力的过程中，也在逐渐地实化或物化人的理想、价值和信仰，尤其是在我国社会主义市场经济体制不断完善，经由工具理性、科技理性演变而来的经济理性已然被泛化为理性本身并演变成为人们思考问题的金科玉律的叙事背景下，如何重新赋予人严谨的思考能力和持续的思想深度、打破理性异化的条框，成为现代教育尤其是思想政治教育理应承担的重要使命。由此，思想教育具有了还原人之为人、耕耘精神家园、赋予人类信仰的“灵魂工程”的终极意义。对此，习近平总书记曾经指出：“加强爱国主义、集体主义、社会主义教育，引导我国人民树立和坚持正确的历史观、民族观、

①② 万俊人. 信仰危机的“现代性”根源及其文化解释. 清华大学学报（哲学社会科学版），2001（1）：22-29.

国家观、文化观，增强做中国人的骨气和底气”①。因此，要在建设社会主义文化强国的总体战略规划下，强化思想教育，引导人们积极培育和践行社会主义核心价值观，不断增强人们的文化自觉和文化自信，为树立科学崇高信仰注入思想力。

① 习近平．提高国家文化软实力//习近平．习近平谈治国理政．北京：外文出版社，2014：162.

三、社会动员：思想政治教育的内在需求

在现实中，社会动员并不仅限于人为发动群众、引导社会成员参与重大社会活动，还包括引导社会成员形成与现代社会相适应的价值观念，其触及了现代社会变化的深层次文化机理。所谓社会动员，是指一定的社会或社会群体依据特定的价值旨向要求，有目的、有计划、有组织地对动员客体施加影响，发动动员客体积极主动地参与重大社会活动，并促使动员客体的思想、心理、态度和价值取向产生社会所预期变化的具有导向性的社会功能机制。人的思想、心理、态度、价值取向并不是固定不变的，而是在动员客体积极主动地参与重大活动的过程中不断变化，同时，新的符合动员主体所预期的思想、心理、态度和价值取向又会重新发动动员客体参与重大活动，这是一个循环往复、不断发展的过程。

（一）现代社会动员的背景

按时代界限，可以将社会动员区分为传统社会动员和现代社会动员。“传统社会动员是指在革命战争年代，帮助人们明确革命方向、激发革命

积极性的动员，动员方式主要有组织动员、领导动员、层层动员等。"① 在当下新的历史时期进行的社会动员称之为现代社会动员。中国的发展已经进入新的阶段，面对新阶段、新任务，国家社会发展需要现代社会动员以调动广大民众的发展积极性，为实现全面建成小康社会与中华民族伟大复兴积蓄力量和奠定思想基础。

1. 现代社会动员与人类文明发展密切相关

自从告别野蛮时代，人类就一直不断地在追寻着文明。社会文明是社会发展的最高理想，也是社会发展的基本目标。马克思主义认为："文明是实践的事情，是一种社会品质"②，实践性和社会性是文明最重要的本质和特征。文明是人类社会实践的产物，人本质力量的不断发展与增强是推动文明不断发展的内在动力。由此可见，文明的形成和发展过程需要有效的现代社会动员，以促使人民形成正确的思想、心理、动机、态度和价值取向，以促使人民积极地参加重大实践活动，从而推动人本质力量的不断发展，并推动社会主体文明、社会理念文明、社会制度文明、社会行为文明、社会关系文明、社会生活文明的实现，推动文明不断发展演进。回顾历史，我们清晰地看到，自中华人民共和国诞生以来，中华文明的发展前行是通过凝聚全民族的智慧形成广泛共识，从而激发中国力量，并有效动员全体中华儿女为社会主义事业奋斗而实现的，因此社会文明的形成和发展需要有效的现代社会动员。

2. 现代社会动员与人的主体意识深度互动

马克思主义强调："历史不过是追求着自己目的的人的活动而已"③，社会历史发展的主体始终是人，历史究其根本是人和人的活动的结果，人是推动社会历史发展的主体力量。因此，要推动社会历史发展，就要尊重人的主体性，充分发挥人的主体作用。尊重人的主体性。在这一过程中，首先是要使人自觉地认识到自身在社会发展中的主体地位，增强自主性和

---

① 王学俭，高璐佳．现代社会动员理论与马克思主义大众化策略．兰州大学学报（社会科学版），2010（2）：144.

② 恩格斯．英国状况　十八世纪//马克思，恩格斯．马克思恩格斯全集：第1卷．北京：人民出版社，1960：666.

③ 马克思．恩格斯．神圣家族//马克思，恩格斯．马克思恩格斯全集：第2卷．北京：人民出版社，1957：118-119.

能动性。其次还要在现实活动中使人实践自己的主体地位，开发主体实践能力，投身社会建设，实现主体认识和主体实践的内在统一。现代社会动员不仅改变了动员客体的思想、心理、态度和价值观念，而且发动了动员客体积极主动地参与重大社会活动。因此，要唤醒和强化人的主体意识，使人认识到自身在社会发展中的主体性，从而增强国家意识、法治意识和社会责任意识，并动员人民投身社会实践，协调行动，补齐短板，协同推进社会全面发展，就需要有效的现代社会动员。

3. 现代社会动员与现代社会的复杂性持续交织

中国国内的改革发展与转型极其复杂，诸多矛盾和问题不断显现。转型带来了价值变迁和结构调整，导致了社会利益冲突频现，与此同时，在国内改革与转型过程中，还充斥着复杂的观念，导致部分社会成员产生了对自身社会身份的认同困境，具体表现在以下几点：首先，当前国内社会思潮多元，涵盖领域广泛，社会成员对社会思潮关注程度逐渐提升。其次，国家与社会的关系逐步由高度同构化、一体化向更加丰富多彩的多元化转变。社会组织迅速发展，社会流动性增强，社会成员自主意识、独立意识和平等意识提高，思想活动的独立性、选择性、多变性、差异性明显增强。再次，互联网成为思想文化交锋的主要阵地。传播技术迅速发展，使得报纸、电视、网络等各种形态的传播媒体开始更为迅速地传播各种形形色色的信息，导致培育和践行社会主义核心价值观任务更加艰巨。最后，西方从未放弃对中国进行文化渗透的策略，试图瓦解中国共识、消解中国凝聚力、消磨中国斗志。以上各种因素导致了目前我国社会成员价值观念多元化、思想活动丰富化、诉求多种多样化，进而导致了中国意识形态斗争形势严峻的现状。中国社会正处于这样一个复杂的环境中，也正处于全面建成小康社会决胜阶段这一特殊时期，因此，在这一阶段，我们迫切需要有效的现代社会动员，以化解矛盾，破解难题，解决思想分化和认同危机，凝聚全社会推进改革发展，并形成维护社会和谐稳定的共识和力量。

（二）现代社会动员对思想政治教育的需求空间

社会发展从理想变为现实，创新、协调、绿色、开放、共享从理念变为行为，国家治理体系和治理能力现代化从目标变为成果，都需要一个漫长的过程。在这一过程中，必须动员人民群众团结奋斗，从而最大限度凝聚最广大人民群众的共识和力量。在动员过程中，动员目标须考虑人民群众最根本和最广大的利益，动员内容须加强理想信仰的渗透，动员过程须注重国家意志的推动。作为一切工作的生命线，思想政治教育虽然也是现代社会动员的重要途径，但又不同于一般途径，在其他途径中也发挥着重要的作用。同其他途径相比，现代社会动员对思想政治教育拥有巨大的需求空间。

1. 现代社会动员的利益考量衔接思想政治教育的人文关怀

现实中的人追求谋取利益和满足需要，正如马克思所说："人们为之奋斗的一切，都同他们的利益有关"[①]。追求利益和满足需要是人的实践活动的基本动力，利益是人采取行动最首要考虑的因素，内在地孕育着人行动的可能性。因此，现代社会动员必须充分考虑人民最关心、最直接、最现实、最迫切的利益需求。现代社会动员的有效性就取决于动员过程的指向目标是否真正符合动员对象的利益诉求，取决于动员过程的指向目标与动员对象的利益相关度。因此，现代社会动员要实现人民群众对现代社会动员过程的指向目标的认同，并将动员对象的思想和行动引导到所提出的动员目标上来，就必须将动员目标与人民群众的利益需求相结合，解决人民群众现实利益问题，切实改善人民群众的现实生活状况。

忽视人民群众利益需求的现代社会动员，必然得不到人民群众的支持和拥护，必然难以为继。正是人民群众合理合法的利益诉求和对未来美好生活的向往，才使得现代社会动员能够将人民群众凝聚到推动国家发展的重大实践活动上来，为实现社会发展目标凝聚最广大人民群众的共识和创造激情。同时，在现代社会动员过程中，不仅要体现人民群众合理合法的利益诉求，而且必须通过制度安排和政策落实使人民群众从国家发展成果中切切实实地得到与收获，使人民群众拥有看得见摸得着的"获得感"，从而增强人民群众对国家发展目标的认同。现代社会动员描述着伟大和美

---

① 马克思. 第六届莱茵省议会的辩论（第一篇论文）//马克思，恩格斯. 马克思恩格斯全集：第1卷. 北京：人民出版社，2002：187.

好的未来生活的光辉蓝图，但是人民群众当下还面临着无房可住、无药医病的局面，还在为孩子的上学发愁，当下眼前的现实利益问题都没有解决，因而动员实践终将缺乏动力。因此，在当下全面建成小康社会的决胜阶段，要凝聚起广大人民群众的共识和力量，动员目标就必须考虑人民群众的现实利益需求，并使人民群众的生活状况在动员过程中切切实实地得到改善，从而激励人民群众采取行动，努力付出，推动社会发展。

充分考虑人民群众的现实利益需求和切实改善人民的生活状况，是提高现代社会动员实效性的重要途径，这一途径衔接了思想政治教育的人文关怀。人文关怀是马克思主义哲学的基本价值取向，它强调思想政治教育不仅要关注社会价值，同时也应关注其本体价值，即重视对人性的提升与对人发展的关注。在“动员目标应充分考虑人民群众切实利益”这一现代社会动员的有效途径中，思想政治教育发挥着重要作用。首先，思想是行为的先导，有什么样的利益观念就会有什么样的利益行为。正确的利益观念不是凭空产生、自发形成的，而是在主体业已形成的世界观、人生观、价值观和实践经验的基础上通过长期的教育引导形成的。思想政治教育通过系统化的教育，引导社会成员形成正确的世界观、人生观和价值观，引导社会成员正确理解利益与国家、利益与社会、利益与个人的关系，正确处理集体利益与个人利益、长远利益与短期利益的辩证关系，形成正确的利益观念。其次，思想政治教育坚持“功崇惟志，业广惟勤”的行为指向，并以之调节着社会成员的行动方向，激励着社会成员通过生产劳动创造物质财富；同时，思想政治教育在推动社会肯定和支持人们对合理合法利益的追求的同时，也注重对人们的精神激励。最后，思想政治教育通过说服引导和宣传教育的方法，从思想上协调利益关系，当社会成员在一定程度上无法实现其合理利益追求时给予精神性补偿，使社会成员的内心得到安抚、心理达到平衡。在发生利益摩擦和矛盾时，协调人际关系，协调人与人、人与社会的关系，调整人的心理状态，化解社会矛盾，保证社会和谐发展。由此可见，思想政治教育在“动员目标应充分考虑人民的利益需求”这一现代社会动员的有效途径中，发挥着重要作用，其帮助社会成员形成正确的利益观念、激励其真正采取行动以实现利益、协调利益关系和人际关系，从而促使现代社会动员更好地发挥功能和作用。

2. 现代社会动员的超越精神激发思想政治教育的渗透能量

信仰是一定社会价值观念体系的核心，在人类精神整体中居于深层，它为人们提供持久的精神力量和最高的价值判断，表征主体对终极价值和终极关怀的追求，指明人生所追求的最高境界和社会的最高理想形态，人们通过信仰憧憬着未来和无限。首先，信仰为人生指明奋斗目标，拥有确定的信仰，就拥有确定的人生目标，为信仰奋斗，实际上就是为人生的最高价值和最高目标奋斗。其次，信仰是人的精神支柱，在经历凯歌前行的辉煌岁月，或经受风雨摧残的艰辛时光，明确的信仰为人类提供着精神的寄托和支撑，鼓舞着人类顽强奋斗。最后，作为人知情意的统一，共同的信仰能使一个社会中的成员对共同的目标产生认同感，从而产生共同奋斗的凝聚力，将整个社会和民族团结在一起。

信仰的本质在于自我超越，是主体超越现实、超越自我，对终极价值和终极关怀的追求，对至真、至善、至美的追求。马克思主义信仰和共产主义理想信念是中国共产党具有的强大的政治优势，是人民在任何情况下都能够坚定不移奋发向前的强大精神支柱。邓小平同志曾精辟地指出："光靠物质条件，我们的革命和建设都不可能胜利。过去我们党无论怎样弱小，无论遇到什么困难，一直有强大的战斗力，因为我们有马克思主义和共产主义的信念。"① 马克思主义信仰和共产主义理想信念是中国共产党得以发展壮大的根源所在，无论是过去、现在还是将来，都将激励着无数民众和共产党人坚定不移地为实现既定目标奋斗。因此在现阶段，要最大限度地凝聚全社会推进改革发展的共识和力量，动员人民群众努力实现全面建成小康社会的奋斗目标，就必须在动员内容中加强马克思主义信仰和共产主义理想信念的渗透，发挥理想信仰的"社会水泥"作用，从而产生共同奋斗的凝聚力，并为民众指明奋斗目标、提供精神力量，进而增强民众的责任感、义务感以及历史使命感，激发民众建设祖国的主人翁意识和创造激情，使其达成认识和行动上的统一。

---

① 邓小平．在中国共产党全国代表会议上的讲话//邓小平．邓小平文选：第3卷．北京：人民出版社，1993：144.

在动员内容中加强理想信仰的渗透，是提高现代社会动员实效性的重要途径。在这一重要途径中，思想政治教育发挥着重要作用，它帮助人们树立正确的马克思主义信仰和共产主义理想信念，从而为社会成员指明奋斗方向、提供精神力量，凝聚人心，激发斗志。具体而言，首先，中国特色社会主义现代化建设是人民群众自己的事业，只有人民才能托起社会主义的生命体，人民群众的理想信仰和人心所向决定着中国特色社会主义事业的成败。但是，崇高的信仰、坚定的信念不会自发形成，要使人民选择和坚定树立马克思主义信仰和共产主义理想信念，就必须加强共产主义的理想信念教育。在这一过程中，进行理想信念教育，是思想政治教育的核心任务；坚定马克思主义信仰和共产主义理想信念，是思想建设的核心内容；进行理想信念导向，是思想政治教育所具有的重要功能。通过思想政治教育，可以促使人们自觉坚持马克思主义信仰和共产主义的理想信念，帮助人们形成正确的理想信仰。其次，“每个人都明确地意识到自己是由一定法律所肯定的、具有法定权利义务的个人主体，而这样的个人，对国家、社会来说，不应该是消极被动的客体，而应该是积极主动的主体”①。思想政治教育通过教育活动，促使社会成员意识到自己的主人翁地位和自身所具有的主体性，从而调动社会成员的主观能动性和发掘社会成员的内在潜能，激发社会成员的责任感，促使社会成员认识和探寻自己的义务和使命，构建国家、社会与人民群众之间的共识，并有效地提高现代社会动员的效果。由此可见，通过理想信念教育，思想政治教育促使社会成员树立正确的马克思主义信仰和共产主义理想信念；通过对现代社会动员进行目标导向，思想政治教育促使国家和社会目标转化为个人奋斗目标，进而促使社会成员达成主体的自我建构，并增强人们的主体意识和责任感，在现代社会动员中调动社会成员的主观能动性、发掘其内在潜能，最终大力提高现代社会动员的实际效果。

3. 现代社会动员的制度规范彰显思想政治教育的内化效果

“国家意志主要是指由国家立法机关等有立法权的国家机关制定和认

① 夏勇. 走向权利的时代：中国公民权利发展研究. 北京：中国政法大学出版社，2000：45.

可，体现统治阶级意志，并以国家强制力保障实施的社会成员的行为规则。”① 它通常是指国家各种形式的法律规范及制度。法律制度是一种极为重要的社会动员资源和社会治理尺度，其重要性表现在以下几个方面。首先，稳定良好的社会秩序是社会协调运行发展的基本前提，而稳定良好的社会秩序的产生和维系有赖于社会控制。在社会控制过程中，制度控制，尤其是法律控制是其最重要的手段之一，对全体社会成员具有普遍意义和约束力，它促使全体社会成员努力遵从法律规范，从而有效维系社会秩序，使得社会发展进入稳定常性的发展阶段。国泰民安是人民群众最基本、最普遍的愿望，为了实现这一目标和愿望，人民群众将自觉采取国家所规范和要求的行为，遵从制度，通过制度来保证发展的持续性、稳定性。其次，法律制度是一种普遍的生活规则，是最为重要的指引和约束人们行为的社会规范。法律制度全面约束个体行为的制度体系，为个体行为的选择提供了必要的方向和规范性的设计，从而协调不同社会成员的行动，维护共同体的和谐和秩序。最后，在现代文明社会，法律制度的制定通常维护了大多数社会成员的共同利益，肯定了人们合理合法的利益追求，保障起点、过程的公平公正，并通过一系列制度安排和政策落实来保障民众共享社会发展成果，其运行过程具有共识性和凝聚性。在我国正在进行的社会改革中，利益的分化、组合与分配正时刻发生，由此引起了一系列的利益关系和价值观念的冲突与更新。在此过程中，法律制度能够有效平衡各种不同社会力量和利益关系，发挥协调和整合作用，将分散的民众凝结为采取一致行动的共同体。

作为一种制度化的治理逻辑，国家意志以法律法规的形式肯定了人们各种合理合法的利益诉求，廓清了利益关系，通过各种制度安排和政策落实保障了人民共享发展成果，同时建构了核心价值，形成了人们的责权意识，它将人民群众动员起来并集中到国家现代化建设中，进而实现党和社会发展目标。因此，现代社会动员应注重利用国家意志这一有效途径，推动实现其动员效果。而思想政治教育在利用国家意志这一现代社会动员的

---

① 方世荣. 论执政党主张成为国家意志的科学化建设. 法学，2010 (7)：21-28.

有效途径中发挥重要作用。首先，作为中国共产党领导人民推进国家建设的重要方式，现代社会动员是与政治社会化的具体实践紧密相连的。思想政治教育作为传播社会主流意识形态的重要途径，其本身并不是目的，从根本上来说，其目的是通过教育进行社会主流意识形态的灌输和行为的规范训导，从而使社会主流意识形态渗入社会成员的心理层次，成为个体政治社会化的指导思想，进而维护和巩固国家及其政治制度的稳定，更好地实现社会成员的政治社会化。其次，价值判断和价值选择是行为的基础，有学者指出："认同是一种出于内在价值肯定基础之上的主动共鸣。"① 中国共产党要想有效地发挥社会主义"集中力量办大事"的优势，有效地动员最广泛的人民群众，其重点在于为分化的社会主体寻求一致的价值。因此，国家意志的核心内容应体现在价值体系中，而社会主义核心价值体系乃至社会主义核心价值观在本质上是观念形态的国家意志，其中，社会主义核心价值体系为社会建构了共同的基本价值和有效的价值框架，葆有社会价值底线，为社会成员提供了广泛的愿意信守的价值标准和价值体系，指引了公民认同的方向与目标。思想政治教育早已将社会主义核心价值体系内容融入了自身各种形式的宣传教育和舆论引导活动中，将社会主义核心价值观的教育和实践作为教育的一项重要任务，以符合社会需要和时代要求的价值标准去教育和规范社会成员，从而指引社会成员树立正确的价值取向，形成共同的价值追求。由此可见，在国家意志的推动这一现代社会动员的有效途径中，思想政治教育发挥着重要作用，并推动提高现代社会动员的实效性。同时，制度规范对社会成员的动员程度也彰显着思想政治教育的内化效果。

（三）现代社会动员对思想政治教育的调适要求

社会动员的一切有意识的行为都蕴含着特定的价值取向和价值目的，在社会主义实践与发展的不同阶段，社会动员都带有特定的价值旨向要

① 高兆明. 制度公正论：变革时期道德失范研究. 上海：上海文艺出版社，2001：300.

求。现阶段的社会动员，自然也带有特定的要求。在此背景下，思想政治教育也必然要按照现代社会动员的特定要求进行改革和调适，以期更好地发挥思想政治教育在现代社会动员中的功能作用。

1. 调整思想政治教育目标

作为凝聚共识和力量、推动社会发展的重要治理途径，现代社会动员的目标就是实现人民群众对现代社会动员过程所指向的目标的认同，并将这一目标内化于自身的观念和行动中，将思想和行动凝聚到现代社会动员过程所指向的目标上。然而现代社会动员不仅是党用以实现社会发展目标的工具，在动员过程中还要将动员客体转化为动员主体——在价值观一致的基础上，通过内化达成共识，促使动员对象将动员内容转介为自身价值和行为指南，并将自身转变为积极的行动者和宣传者，实现“对社会动员”变为“由社会动员”，将党对国家和社会所负有的责任变为社会共有的责任，推动人民自我教育、自我发展能力的提升。现代社会动员的最终目标是实现人的自由全面发展。

人类的社会实践活动是在有意识的、自觉的、有目的的思想指导下进行的，都有着自己的价值追求和预期目标。作为人类社会实践活动的重要方面，思想政治教育也必须确立自身的目标。长期以来，思想政治教育重社会目标忽视个体需要，忽视思想政治教育的本体价值——对人性的提升与对人的发展的关注，存在狭隘的实用工具化倾向，这容易导致思想政治教育目标过空、过大，脱离实际，以致丧失其存在的本体意义和价值。当思想政治教育目标充分考虑社会发展的需要以及广大人民群众的需要及利益时，就有利于思想政治教育为广大人民群众所认同和内化，从而提高思想政治教育的有效性。

因此，我们必须明确的是，思想政治教育目标应该是社会目标与个体目标的统一，在注重思想政治教育社会目标的同时注重对人性的提升与对人发展的关注，为实现人的自由全面发展服务。人的自由全面发展问题是思想政治教育的根本目的和最高价值目标，思想政治教育要实现这一最高价值目标，最根本的是要尊重人的主体性。在思想政治教育中，尊重人的主体性，首先是要使人在自我认识中肯定自己的主体地位，自觉地认识自身的主体权利和主体责任，增强自主性和能动性。其次还要使人在自我认识中肯定自己的主体地位，并在塑造主体人格的基础之上通过实践开发主体能力，从而促使主体不断完成自我更新和建构。因此，应积极号召教育者和受教育者参与思想政治教育活动，使教育者和受教育者在参与思想政治教育的实践中完善其对思想政治教育的认知，使其意识到自己是思想政治教育的主体，从而增强其对思想政治教育的认同感，增强思想政治教育实践能力，达到知情意行在高层次上的协调，实现主体认识和主体实践的内在统一。

2. 优化思想政治教育内容

作为连接教育者与教育对象的信息纽带，思想政治教育内容直接影响着思想政治教育方法、载体和话语体系的选择，影响着教育者与教育对象之间的互动状况。在当前具体的思想政治教育活动中，思想政治教育内容存在一定程度的固化、相对滞后和缺乏灵活等问题，从而使思想政治教育活动难以收到预期的效果，出现弱效甚至无效的情况。在现代社会动员视域下，正确把握现代社会动员途径的多种特征，优化思想政治教育内容，是提高思想政治教育内容和效果有效性的重要途径，也是提高现代社会动员实际效果的有效途径。

因此，为更好地发挥思想政治教育在现代社会动员中的功能和作用，应从以下方面优化思想政治教育内容。首先，思想政治教育的内容应充分体现人文关怀，充分考虑和尊重人的需要，加强世界观、人生观和价值观教育，加强利益观念教育、劳动实践教育、人际关系教育，从而维持社会秩序，保证社会和谐发展。其次，思想政治教育内容中应加强共产主义理想信念教育，以理想信念教育为核心，促使人们树立正确的马克思主义信仰和共产主义理想信念；加强思想教育、爱国主义教育，使社会成员在教育中体会个人与国家息息相关的关系，达成主体的自我建构过程，并意识到自己的社会角色和地位。最后，思想政治教育必须根据国家意志来进行内容体系构建，加强社会主流意识形态教育，形成思想文化的政治认同；加强社会主义核心价值体系和价值观教育，将社会主义核心价值观的教育和实践作为思想政治教育的一项重要内容，指引社会成员树立正确的价值取向，坚持和遵循正确的价值标准。

与此同时，为了更好地发挥思想政治教育在现代社会动员中的作用，思想政治教育内容的优化还必须从以下几个方面来进行：首先，增强思想政治教育内容的透彻性，而思想政治教育内容透彻性的获得，在于教育者对思想政治教育内容的真信真懂。马克思指出："如果你想感化别人，那你就必须是一个实际上能鼓舞和推动别人前进的人。"① 教育者只有真正掌握马克思主义基本理论，达到对马克思主义的理解深、理解透、理解足、理解多，才能实现思想政治教育内容的透彻性。其次，增强思想政治教育内容的契合性。思想政治教育的内容不是随意安排的，而是根据一定的思想政治教育目的以及受教育者的思想实际来确定的，必须符合社会发展的要求并满足受教育者的发展需要。最后，增强思想政治教育内容的时代性。人们的思想和意识总是随着时代和社会的发展而不断发生着改变，因此思想政治教育的内容也需要不断发展和更新，并在思想政治教育内容中加入符合时代发展需要的先进思想和先进内容，增强思想政治教育内容的前瞻性。在全面建成小康社会的新阶段，为更好实现现代社会动员，思想政治教育内容应加强创新、协调、绿色、开放、共享五大发展理念教育，形成富有时代特色的思想政治教育内容，奏出时代最强音。

3. 创新思想政治教育载体

为更好地发挥思想政治教育在现代社会动员中的功能作用，思想政治教育者需要选择恰当的思想政治教育载体开展思想政治教育活动。毛泽东同志曾指出："我们的任务是过河，但是没有桥或没有船就不能过。不解决桥或船的问题，过河就是一句空话。"② 因此，深入探索选择和有效运用思想政治教育载体，是提高思想政治教育水平、增强思想政治教育实效性的重要手段。

当今已进入互联网时代，互联网的迅猛发展深刻影响着媒体格局和舆

① 马克思．1844年经济学哲学手稿//马克思，恩格斯．马克思恩格斯文集：第1卷，北京：人民出版社，2009：247.

② 毛泽东．关心群众生活，注重工作方法//毛泽东．毛泽东选集：第1卷，北京：人民出版社，1991：139.

论生态。因此，当前思想政治教育者应注重网络新媒体的开发与利用，加强思想政治教育网络基础设施建设，加强思想政治教育网络平台建设，打造示范性思想政治教育资源网站、思想政治教育主题网站和思想政治教育交互平台；完善思想政治教育隐性平台，将富有思想政治教育意义的信息通过生动活泼的形式融入其他主流和支流网站中；制作更新迅速、具有新鲜感和时代感、形式多样的思想政治教育网页，通过正在发生的事件对社会成员进行思想政治教育和理论宣传，增强针对性；建设一支由既具有较高思想政治教育理论水平，又精通网络的专业人员组成的网络思想政治教育宣传员队伍，推进思想政治教育名家、名师人员博客、微信、微博等网络新媒体建设。但我们必须注意，正如阿尔温·托夫勒所提醒的："世界已经离开了暴力与金钱控制的时代，而未来世界政治的魔方将控制在拥有信息强权人的手里，他们会使用手中掌握的网络控制权、信息发布权，利用英语这种强大的文化语言优势，达到暴力、金钱无法征服的目的。"① 当前，西方国家正利用网络优势加紧对中国的意识形态渗透，因此我们在利用网络新媒体进行思想政治教育时，也必须注意加强对网络的监控管理，完善规章，突出思想政治教育的政治性，坚持思想政治教育网络传播的意识形态性。

"媒介发展过程并非是新旧更替的，而是以叠加的方式不断融合并扩大。"② 因此，思想政治教育者应继续发挥报纸、杂志、电视、广播等传统媒体的固有优势，优化传统和新兴媒体的组合方式，抓住人民最关心的实际问题，发表文章和开辟栏目，实现传统和新兴媒体的优势互补，提高思想政治教育的效率和有效性。与此同时，由于群众对当前重要问题的判断与大众传媒反复强调的问题之间存在对应关系，因此大众传媒可以通过营造积极健康的主流意识形态舆论环境，创造思想政治教育正面宣传的舆论环境，从而弘扬主旋律，传播正能量，为动员全体人民投身于社会主义事业提供强大的精神动力和舆论支持。

---

① 阿尔温·托夫勒．权力的转移．北京：中共中央党校出版社，1991：465.

② 王学俭，刘强．新媒体与高校思想政治教育．北京：人民出版社，2012：133.

四、法治教育：思想政治教育的时代主题

从1954年制定新中国第一部宪法，到改革开放后重启“法律之门”；从十五大确立依法治国基本方略，到2011年中国特色社会主义法律体系形成；从十八大提出全面建成小康社会的战略目标，到十八届三中全会做出全面深化改革的部署，再到十八届四中全会通过全面推进依法治国的决策，提出“推动全社会树立法治意识，深入开展法治宣传教育，把法治教育纳入国民教育体系和精神文明创建内容”①，党在长期治国理政的实践中，探索出了一条独具特色的法治建设道路。然而，要实现从十一届三中全会公报提出的“有法可依，有法必依，执法必严，违法必究”到十八大报告提出的“科学立法，严格执法，公正司法，全民守法”的目标转变，仍需直面当前发展的国情与法治建设的现实，“依法治国、依法执政、依法行政；法治国家、法治政府、法治社会”绝不仅仅是一种宣言与口号，“法律的权威源自人民的内心拥护和真诚信仰”②。

思想政治教育中的公民法治教育研究，是近年来学者们在学科建设中

---

① 中国共产党第十八届中央委员会第四次全体会议公报（2014－10－24）［2017－03－20］. http://news.xinhuanet.com/zgjx/2014－10/24/c_133739200.htm.

② 同①.

关注的及实践对策和基础理论于一体的问题①。如何将法治教育从理论追寻的状态转变为协同创新的实践过程（实现学科发展与社会发展的统一），需要用协同学的方法从宏观、中观、微观等各个层面和视角进行探索。协同视角下的法治教育社会化，强调的是公民法治教育要在全社会范围内整合社会资源，优化社会组织，拓展法治参与的广度，提高法治手段的利用效率，实现全民法治教育的法治资本重组、法治主体网格、法治路径互通②。对公民的法治教育之所以能够社会化，是由社会个体自身的潜在意识和环境氛围所决定的。能够把法治教育融入公民的社会交往和社会生活的过程中，除了这些原因，还因为法治不仅是一种治理实践，更是一种文化形式和仪式象征，在世界范围内法治已成趋势的情况下，把法治仪式文化通过社会化协同的过程加以传播是可以有效实现的。

（一）法治教育社会化的完善性协同

法治教育社会化的完善性协同的价值导向是：统筹社会法治力量、平衡社会法治利益、调节社会法治关系、规范社会法治行为。依法治国是坚持和发展中国特色社会主义的本质要求和重要保障，是实现国家治理体系和治理能力现代化的必然要求，因此，法治教育社会化的完善性协同就是在法治教育社会化的进程中，对法治教育已有的理论成果和实践经验加以修正和完善，对原有的法治教育从新的视角加以反思和调整，从而赋予法治教育新的时代内涵和实践路径，推动我国法治建设的改革进程。

1. 法治教育社会化的完善性协同原则

中国的法治教育社会化要以协同思维为实践突破口，通过协同创新的模式进一步诠释中国的法治实践道路，调动社会公众广泛参与法治建设的积极性和主动性，形成国家法治现代化的自觉意识，同时通过综合运用多种资源以及理念支撑、实践智慧、历史经验、域外参照的有机融合，从而强化法治教育实践的公信力。

---

① 邱柏生．论思想政治教育学科自觉和科学化研究．思想政治教育，2014（2）：44-48.

② 骆郁廷．思想政治教育学科发展的新趋势．思想理论教育导刊，2009（3）：42-45.

十八届四中全会通过的《中共中央关于全面推进依法治国若干重大问题的决议》提到了推进依法治国需要坚持的基本原则——“坚持中国共产党的领导”是对国家法治化与社会法治化进程相统一的思考；“坚持人民主体地位”是对法治教育内化与法治教育外化相结合的指引；“坚持法律面前人人平等”是对法治教育相似性和法治教育差异性相对接的探寻；“坚持依法治国与以德治国相结合”是对法治教育渐进性和法治教育连续性相衔接的均衡；“坚持从中国实际出发”是对法治教育能动性和法治教育受动性相对称的弥合。除了依照这些原则外，我国的法治教育社会化还需遵循以问题为中心、以国情为依据、以事实为支撑、以时代为参照，以包容为策略以及以大众化为取向的内在逻辑。

2. 法治教育社会化的完善性协同机制

作为模拟协同创新自组织发展的演化形式，法治教育社会化的完善性协同机制具有一定的复杂性，需要清晰地把握整个完善协同实践的各个环节，充分挖掘其中的运行机理，才能在对社会风险水平和法治教育成本进行控制的基础上最大化地提升协同效益，体现协同的优越性。法治教育社会化的完善性协同机制包含内在机制和外在机制“两大联动系统”，其中，法治教育社会化完善协同的内在机制侧重社会公众个体的学习、认知、心理、道德约束等过程，法治教育社会化完善协同的外在机制侧重教育、宣传、动力、保障、评价等要素。要建构和完善我国法治教育社会化的完善性协同机制，需要通过建构完善法治教育社会化的五个衔接环节：意识思维、精神导向、制度规范、仪式教化和实践外化。

第一，法治教育社会化的意识思维。法治教育社会化的目标是法治意识的社会化。从公民法治意识培育角度看，法治包含了一整套关于法律权利与权力问题的原则和观念体系，体现了人对法律的价值需要。法治意识是法治的灵魂，法治教育社会化的有序进行需要将契约精神、规则意识、依法维权和依法解决纠纷的习惯贯彻至社会生活的方方面面。并且将诚信守法的自我要求、有权力就有责任、有权利就有义务的观念熔铸在社会成员的内心深处。法治意识社会化是法治教育社会化的本质体现。

第二，法治教育社会化的精神导向。法律是实现法治的有效保障，但法律不是冰冷的，因此需要在严格处置的同时积极体现教化的人文关怀，这是由于法律的惩罚是带有滞后性的，但法律的制定是前瞻性的，因而需要法治体现一种符合社会存在和社会意识发展规律的价值引导。惩恶扬善，激浊扬清，宽严相济，以人为本。因此法治教育社会化应当体现为一种积极的法律文化来指引法治实践：它是一种以公民权利和公民权力相对接的法律文化；它是一种以维护社会公正和保障社会稳定相映衬的法律文化；它是一种以制约国家权力和建立民主政治相对称的法律文化；它是一种以尊重人权和有效惩戒相贯通的法律文化。

第三，法治教育社会化的制度规范。法治教育社会化的制度规范强调的是通过一定的规则引导和机制安排促进法治资源和法治主体发挥各自的能力优势，从而完善互补性法治资源以适应社会法治发展要求。规范性制度的存在以及对该规范的严格遵守是法治教育社会化的前提条件，法治教育的社会化过程实际上也是法的效力规范化的过程。一般而言，法律规范具有强制力乃是法律作为社会和平和正义捍卫者的实质所在，因此法律规范的有效性问题仍是一个植根于法律过程之中的问题①。

第四，法治教育社会化的仪式教化。在法治教育社会化的过程中，相关的教化活动包括法治理念的传播与深化、法律知识的宣传和深化、法治实践的开展和深化以及利用各种法治资源所进行的系统开发，其目标是寻求法治教育社会化的效益最大化。在这一过程中，法治教化的基础形式——仪式教化不容小觑。仪式不仅是社会个体对某种社会存在形式的内心认可方式，更是对内在精神信仰的外在行为表现形式，因此通过各种仪式教化是推进法治教育社会化的有效途径。2014 年 11 月 1 日，第十二届全国人民代表大会常务委员会第十一次会议表决通过《全国人民代表大会常务委员会关于设立国家宪法日的决定》，将 12 月 4 日设立为国家宪法日，在这一天国家将通过多种形式开展宪法教育活动，即为法治教育社会化仪式教化的最佳实例。

第五，法治教育社会化的实践外化。在法治教育社会化完善协同的实

---

① 博登海默. 法理学：法律哲学与法律方法. 邓正来，译. 北京：中国政法大学出版社，1991.

践过程中，法治活动的过程通过动态平衡和非线性作用机理将越来越多的法治资源挖掘出来，并将其转化为积极的法治资本，进而形成很强的规模效应和范围效应，在全社会创造出巨大的法治效益、经济效益、社会效益。值得一提的是，法治教育社会化的实践外化体现在以下方面：首先，需要完善社会组织、公民参与的法律制度，畅通社会组织和公众个体的利益表达和维护渠道；其次，需要建立健全法治信息资源共享制度，只有法治信息相对称，才能保障沟通和协调的法治价值选择的实现；最后，完善听证、协商、调解、仲裁等“准司法”程序，促进“协商民主”。

(二) 法治教育社会化的整合性协同

法治教育社会化的整合性协同是指法治教育的社会资本重组化（法治、人治、善治相结合)、法治参与主体的网格化（提供制度化的办事程序和便捷化的沟通渠道以及人性化的互动平台)、法治宣传教育方式的科学化（中国特色社会主义法治实践中的社会心理分析）以及法治教育载体的多样化（历史沿革与现代演变、制度自信与借鉴移植、定式思维与集成创新）之间的统一。

1. 法治教育社会化的整合性协同功能

(1) 法治教育社会化整合性协同的评判功能。

法治教育社会化整合性协同的评判功能本质上强调的是权利与权力的相互制衡。法治教育社会化整合性协同的评判功能基于宏观层面的合理性评判和微观层面的现实性选择发挥其作用：首先是宏观层面的合理性评判——对社会法治行为和制度安排的深刻理解延伸到对法的权威性与至上性的内心认可，使社会成员的行为符合法治理性以获得相应的利益满足；其次是微观层面的现实性选择——让社会公众在信仰法律的同时理性审视现实制度的优劣，从而使法制趋于完善。

(2) 法治教育社会化整合性协同的教育功能。

法治教育社会化整合性协同的教育功能通过三个方面的实践得以体现：首先是对法制的认知。法制与法治的区别在于宏观视角的法治建设和微观层次的制度安排。法治教育社会化整合性协同的教育功能通过法律知识的传播（法律历史、法律活动、法律思想、法学理论、法律制度、法律实践等）让每一个社会主体都合理合法地对自身和他人的行为进行认知，从而实现社会法治秩序的稳定。其次是对观念的接受。法治教育社会化整合性协同的教育功能重点体现在引导社会成员形成一定的法治观念，包括法律观、权力观和权利观、平等观和自由观、人权观和民权观等。通过这种教育功能，使社会成员养成对法律权威的尊重和信仰。最后是对过程的反观。法治教育社会化整合性协同的教育功能注重法治参与主体内化和外化相统一，在这一过程中，外化的内心认同表达和内化的外在习惯养成相互印证，不断丰富着法治实践。

（3）法治教育社会化整合性协同的实现功能。

法治教育社会化整合性协同的实现功能体现在通过综合运用教育的主体引领、阵地引领（课堂、网络）、媒体引导、宣传教化、思潮引领、社会实践、行为养成、人格示范、利益驱动、机制创新等途径，建构全方位的法治教育社会化整合性协同平台，其具体做法如下：第一，规范秩序，培育意识。通过对法律人的培养，建构有序的社会生活和社会法治环境。第二，执行标准，引导行为。通过整合性协同的法治教育，将法治参与主体的行为纳入制度化、法治化的轨道，实现有效的社会控制。第三，树立权威，形成信仰。通过整合性协同的法治教育实践使法治参与主体将对权威的尊重内化为法律信仰，并将法治习惯作为重要参考指导社会交往实践。

（4）法治教育社会化整合性协同的辐射功能。

法治教育社会化整合性协同的辐射功能通过法治政策沟通、法治信息畅通、法治互惠融通、法治理念相通等路径，得以有效发挥。其中，法治政策沟通强调的是法治建设的协商民主化，让法治参与主体的权力和人格得到充分认可；法治信息畅通体现的是法治实践过程的公开透明化，让法治参与主体知情权得到有效尊重；法治互惠融通关切的是法治实践效果的优势化，让法治参与主体的利益得以保障和实现；法治理念相通印证的是法治发展的路径开放化，让先进法治理念深入不同的法治参与主体内心并惠及每一位法治参与主体。

（5）法治教育社会化整合性协同的变革功能。

全面推进依法治国，是一个系统工程，是国家治理领域一场广泛而深刻的革命，党的十八届四中会提出了一系列司法改革举措，对实现社会公平正义的种种举措做出了全面部署。法治教育社会化整合性协同的变革功能就充分体现在通过法治参与主体数量和法治发展实践质量的有效整合，让每一位法治参与主体都成为法治社会建设的推动因子，推动法治教育社会化从法治观念影响法治行为到法治行为付诸法治实践，再到法治实践积累法治经验，最后由法治经验引导法治进程。

2. 法治教育社会化的整合性协同模式

（1）法治教育的社会资本重组化。

法治教育社会化的整合性协同模式中的法治教育社会资本重组化强调的是将法治、德治、善治有效结合。追求善治是法治理想的题中应有之义，是要求国家政体在实现权力规则化的目标追求前提下经受和抵制各种负能量的冲击和诱惑。中国法治教育社会化是实现国家善治的重要途径，建设中国法治不仅仅是当代意识形态的表征，实践的主体也不仅仅局限在公检法等公共行政机关，它事关每一个中国人的权利福祉。法治教育社会化的资本重组过程也是社会对其成员进行教化、实行社会控制的过程，这一过程以风俗、舆论、习惯、伦理、社会价值观、信仰、法律等为手段，在一定程度上对社会成员的行为进行引导或抑制。

（2）法治参与主体的网格化。

法治教育的社会化整合性协同要求法治参与主体的网格化，这种网格化的交织具有阶段性特征，包括规范制度化的法治教育程序、提供便捷化的法治沟通渠道、建立人性化的法治互动平台等。通过法治参与主体的网格化，社会成员能够有效地参与法治实践，获取所需的法治价值观、信念、法律允许的行为方式、法治关系等。在网格化的参与主体交互作用下，实现主观因素—人和客观因素—社会环境的有效互动。

（3）法治宣传教育方式的科学化。

协同思维下的法治教育社会化要充分考虑到法治宣传教育方式的科学化。对当前的法治教育宣传现实而言，就是要加强对中国特色社会主义法治实践中的社会心理分析，包括对所有法治参与主体的法治接受和法治实践心理分析。法治参与主体主要是社会个体——人，而每个社会个体在不同的社会生活和社会交往时空中所表现出的心理特征和个体特质具有明显的差异，因此针对不同的时空变换要采取相应的法治宣传教育手段，从而使法治教育社会化的教育方式科学化、教育目标明确化、教育理念人文化、教育过程特色化、教育效果优势化。

（4）法治教育载体的多样化。

随着大众传播媒介和交流手段的现代化，在法治教育社会化过程中可以通过诸如杂志、报纸、图书、广播、电视、电影等信息源实现对社会公众的法治教化。法治教育社会化一方面可充分利用现代载体的多样化、渗透化、综合化等优势，另一方面也应考虑从历史沿革与现代演变（体现了经验总结和与时俱进相统一）、制度自信与借鉴移植（体现了和而不同与包容发展相融合）、定式思维与集成创新（体现了实事求是与勇于开拓相对接）等维度提升法治教育的质量。总之，实现法治教育社会化的整合性协同，需要充分发掘法治意识、治理平台、社会网络及保障体系等资源要素。

（三）法治教育社会化的原生性协同

我们之所以需要法治秩序，是因为我们充分考虑到了人性中的自利本性，但仅靠自利的人性是无法建立起法治的，法治的建立需要一种完善的制度体系的支撑。因此，法治教育社会化的原生性协同所体现的本土化创新，就是立足于中国法治发展的实际，从理论与实践的结合上探索中国法治建设的科学规律、探索法治教育社会化的协同创新规律、探索社会公众的法治思维形成规律和法治心理接受规律，进而深入推进思想政治教育的相关公民法治意识培育的基础理论研究。

1. 法治教育社会化的原生性协同资本

（1）法治教育社会化原生性协同资本的转化。

中国法治建设的重要参考系是中国传统的法治文化根基，重要的参考指标是中国特色的法治发展道路。法治教育社会化原生性协同资本的转化，强调的是要客观看待本土的发展实际和全面审视外部的发展趋势，本土化原生性的法治教育实践，强调的是要以理性的态度回顾中国传统的历史文化、发展轨迹和现实道路；强调的是要以尊重的态度比较分析不同国家法治宣传教育的形成历程和特色优势；强调的是要以发展的眼光不断提升本土化的法治文化软实力；强调的是要以科学的思维判断历史渊源和现实基础，坚持古为今用、洋为中用，去粗取精、去伪存真。

（2）法治教育社会化原生性协同资本的积累。

积累法治教育社会化的原生性协同资本，强调的是有效运用我国发展的重要战略机遇期和原生性的社会法治资源，为了达到这一目标，需要做到以下几点：统筹社会力量、平衡社会利益、调节社会关系、规范社会行为。具体而言，应从以下几个方面着手：

一是转变宣传理念，理性审视法治教育的重要意义。法治从其产生之初便承载着探寻社会发展价值和人的存在价值的任务，它是一门调整社会关系的艺术，在社会空间的立体交错中发掘人“存在、享受、发展”的意义。因此，应让社会公民多一些“争取自己的权利就是争取国家的权利；争取自己的自由就是争取国家的自由”的“较真”意识，通过用权利来驯化权力，进而以实际行动助力法治实践。

二是传播法治能量，注重培植法治精神的文化产品。法治实践集创造的价值、经验的价值和态度的价值于一身，通过创造的价值、经验的价值和态度的价值产生一种精神层面的正能量，从而有效推动实践层面的法治物质生产。精神生产视野中的法治教育社会化强调的是通过生产的法治文化产品去影响、激励、带动法治参与主体，例如我国从2002年起开展的年度法治人物评选、年度法治事件评析、年度感动人物宣传等活动，都是有效的法治精神文化产品。此外，法治文化产品的精神生产要坚持做到“对数字不刻意，对质量更在意”，这一原则应是未来法治教育的新常态。

三是传承民族文化，拓展传统法治元素的积极影响。中国特色社会主义法治建设既凝聚了国家领导群体的治国智慧，同时也是国家及社会全体成员的法治实践规范总结。身处转型之中的国民应该对传统中国法治文化有一种理性思维的接纳，并正视中国的法治发展。全面推进依法治国，必须坚持依法治国和以德治国相结合，国家和社会治理需要法律和道德共同发挥作用，从而实现法治和德治相辅相成，法律和道德相得益彰。

四是规范社会教育，积极弘扬法治国家的核心价值。法治教育社会化的原生性协同资本积累是一个立体的发展过程：从纵向角度分析是法治资本的历史经验和法治文化的有效传承的积累过程；从横向视角看待则是法治发展的现实轨迹和法治改革的利益驱动的积累过程。法治教育社会化需要规范社会教育，积极弘扬法治国家的核心价值，而这些价值内涵在社会主义核心价值观中——自由观念是社会法治教育实践发展的活力之源，平等观念是社会法治教育实践推进的稳定之锚，公正观念是社会法治教育实践驱动的希望之光，法治观念是社会法治教育实践开展的保障之阶。

2. 法治教育社会化的原生性协同评价

科学立法、严格执法、公正司法、全民守法，是法治中国的梦想，也是国家法治现代化的方向。著名思想家托克维尔指出："我们可以说，当愈来愈多的人们习惯于像法律家那样思考和分析问题的时候，依法治国就是水到渠成的结果了。"① 法治教育社会化的原生性协同评价指标体系是一套能够充分反映法治教育绩效，其中包含着一些具有一定的内在联系且互为补充的指标因子。在此过程中，需要准确把握社会发展稳定的平衡点，准确把握近期目标和长期规划的平衡点，准确把握法治社会发展和人民权利保障的结合点。在这个指标因子群中，实现既生机勃勃又井然有序的社会发展状态——经济发展、政治清明、文化昌盛、社会公正、生态良好，是值得重点关注的方向。

法治教育社会化的原生性协同评价的相关影响因子主要体现在以下方面：一是法治教育社会化是否实现了法治文化传播的广泛性，二是法治教育社会化是否参考了社会个体在接纳法治理念、培育法治意识、内化法治精神、选择法治价值过程中的外化能量，三是法治教育社会化是否遵循了动态平衡的非线性协同规律，四是法治教育社会化是否建构了从多元视角

① 托克维尔. 论美国的民主：上卷. 董果良，译. 北京：商务印书馆，1997.

审视法治教育实践结果的格局思维。

法治教育社会化是国家法治化建设的重要实现方式，它有助于推进法治理念的传播，有助于促进社会公平正义，有助于降低社会交往中的风险成本（将依法治国、依法执政、依法行政和法治国家、法治政府、法治社会的建设实践纳入动态平衡的利益协调机制和理性协商机制内并进行整合融通），有助于积累积极的社会法治资本，有助于构筑文明、和谐、常态的公共文化空间。从社会存在和社会意识的相互关系角度来看，不难理解社会公众的理性思维和法治意识不仅仅是宣传教化的结果，更是社会具体实践的产物。未来我国在推进法治化建设进程中，应当把法治教育社会化作为重点，以协同创新的价值选择实现以平等化、法制化、司法化、社会化等法治目标，并推动法治发展的思维基点沉淀、思维高度提升以及思维维度拓展。

五、生态培育：思想政治教育的思维自觉

在人类文明的发展进程当中，经历了原始文明阶段的自然敬畏、农业文明的初步开发、工业文明的自然征服，在人与自然的相互关系过程当中逐渐陷入了“人类中心主义”的价值窠臼，在此背景之下，反思传统人类社会的发展模式，调整人与自然之间的相互关系，突破“人类中心主义”的思维定式，即成为人类社会发展的必然和必要举措。伴随着这些新的举措的普遍展开，人类社会发展的新阶段——生态文明阶段——正式到来。作为新的人类生存品性和生活方式，生态文明的核心是人与自然的和解，进而实现人的生活、社会的发展与自然的演化三者之间的和谐完整、有机统一。

生态文明时代的到来并不意味着生态文明的全面形成，生态理念在每一位社会成员中内化和外显仍然需要一个漫长的培育过程。作为培育人、引导人和塑造人的重要途径，思想政治教育从自身的主体需求、环境需要和发展演变三个维度来看，其所具有的价值秉持和生态文明的基本理念有着内在的一致性。因此，注重思想政治教育生态培育是顺应时代发展、传播生态文明理念以及推进思想政治教育理论和实践发展的必然举措。

(一) 价值自觉：思想政治教育生态培育的内在诉求

思想政治教育是对社会成员实施的系统的、有针对性的思想观念影响，其旨在“提高人们认识世界与改造世界的能力，在改造客观世界的同时改造主观世界”①。因此，思想政治教育的价值表现为思想政治教育对于社会的进步和人的发展所具有的意义和效用。作为思想政治教育社会价值的重要组成部分，生态价值是思想政治教育的主体需求、环境需要和发展演进价值自觉，也是思想政治教育内在规定性的自然衍化。

1. 思想政治教育实践发展的价值呼唤

首先，从思想政治教育的主体需求来看，思想政治教育生态培育是思想政治教育的主体——教育者与受教育者自身——内在需求的一部分：从思想政治教育的受教育者角度来看，通过思想政治教育对受教育者的生态意识培育、生态理念引导，能够使受教育者明确生态意识、提升精神境界、健全人格品质，从而实现生态文明环境下的新的主体性建构，实现人性的自然回归，也将人的生存品质和生存状态提升到了一个新的境界；从思想政治教育的教育者角度来看，作为一种对象性的活动，思想政治教育者的使命和职责就是关注受教育者的成长规律、精神需要，并且根据受教育者实际情况和经济社会环境的发展变迁，及时准确地适应教育环境，改革和创新教育的方式方法，拓展和丰富教育内容。作为思想政治教育的教育者，就应当在在理论培养和实践锻炼中注重生态文明的价值理念培育，发挥思想政治教育的生态意识培育优势。

其次，从思想政治教育的宏观和具体环境需要来看，倡导生态文明的价值理念是当前社会主义生态文明建设、科学发展和拓展学校教学内容的必然要求；在思想政治教育的宏观环境方面，倡导思想政治教育生态培育是社会主义生态文明建设的时代要求。从十七大报告首提建设社会主义生态文明，到十八大“五位一体”的社会主义建设格局，再到十八届三中全

① 张耀灿，等. 现代思想政治教育学. 北京：人民出版社，2006：136.

会加快社会主义生态文明的制度建设的要求，这一过程充分显示了生态文明在社会主义建设中的地位和作用。思想政治教育基本使命，就是培养符合特定时代需要的思想价值观念和道德品质，因此在生态文明的建构过程中，思想政治教育要发挥其培育生态意识、规范生态行为的作用，使人和自然能够和谐共处。在思想政治教育的微观方面，倡导生态文明的价值理念是学校教学的应有之义。作为学校教育的重要途径和方式，思想政治教育在理论研究和实践推进中贯穿生态价值理念，既是当前社会发展的时代要求，也是学校教育教学内在规律的现实反映。

最后，从思想政治教育的发展演进角度来看，弘扬生态文明的价值理念是思想政治教育的领域拓展、功能体现和形态演进的必然要求。生态文明是人类发展的新的阶段，其内部蕴含着不同于以往的价值和规范，这对思想政治教育来说是其理论研究和实践拓展的新领域：在功能体现方面，当前思想政治教育的发展由过去单一的政治灌输功能发展为具有政治、道德文化以及经济和生态功能等的多样化功能形态，且在功能体现方面还表现为由以往单纯的文化传承功能发展为文化创新功能，即在现实考察的基础上，摈弃陈旧落后的文化观念，引入新的生态文化要素，实现了文化的“新陈代谢”，这就是思想政治教育的文化选择。

2. 思想政治教育生态培育的内在要求

作为思想政治教育的一个新的生长点，生态培育在为思想政治教育的发展提供新契机的同时，也为广大理论和实践工作者提出了新要求，即依靠生态性思维对思想政治教育进行生态化创新，与此同时注重培育和建构“理性生态人”，这两条途径也为实现思想政治教育生态培育提供了基本的致思方向。

所谓“生态化”，就是将生态文明的基本原则渗透到人们的生产和生活之中，从人与自然和谐共处视角来认识和解决问题，并能够根据“社会和自然的具体可能性，最优地处理人和自然的关系”①。实施思想政治教育的生态化创新是思想政治教育生态培育的内在要求，这种创新并不意味着

① 欧阳志远. 生态化：第三次产业革命的实质与方向. 北京：中国人民大学出版社，1994：2.

仅仅对思想政治教育的内容进行简单延伸，而是基于生态文明的价值理念，对思想政治教育的结构、内容、环境、方式方法和过程进行调适与改变，从而更好地发挥思想政治教育的功能和价值。

所谓“理性生态人”，指“具有保护生态环境意识的道德人，其行为总是以人与自然的和谐为准则，追求的目标是人的生态性存在”①。“理性生态人”作为思想政治教育对培育和塑造人的新界定，使思想政治教育的人学范式走出了单纯政治灌输的迷雾，拓展到更为广阔的自然、社会和个体的生态性以及互为生态性存在的发展领域，其定义与内涵表征了思想政治教育对于人的价值旨趣的时代转向，推动了思想政治教育的现代转型和生态文明建设背景下人的生存范式的转换。

（二）生态缺失：思想政治教育生态培育的现实困境

在当前对生态意识培育的理论探讨和实践探索的初期，思想政治教育生态培育仍然面临着许多制约瓶颈，学校教育中普遍性的生态缺失对于落实思想政治教育生态价值的基本理念提出了挑战。

1. 生态教育内容未占有应有分量

生态伦理道德能否在全社会得到普及和认同，取决于其社会传播程度和生态伦理教育的实施状况。在我国，思想理论课是进行生态道德教育的主要渠道，作为学校教育的必修课，通过思想理论课来普及社会主义生态文明的基本理念具有无可比拟的优势，但由于一直以来生态道德教育并没有引起学校和社会的足够重视，导致无论是生态道德教育的教育内容、教育形式还是其所取得的实质效果都鲜为人知，这就使得思想理论课中的生态伦理教育往往流于形式。

从教学比重来看，生态教育内容往往扮演着“附属品”的角色，现行的思想政治教育教材中的生态道德教育一般仅限于环境保护零散化介绍，缺乏系统完整的生态价值支撑，在教学过程中具有了很大的随意性；从教

① 李承宗. “生态人”的价值观评述. 武汉大学学报（人文科学版），2007（3）：174.

学体例来看，思想政治教育中的生态道德教育不仅缺乏统一的教材和系统的教学大纲，课程教学体例涣散，而且也不能完全体现和适应当前经济社会快速发展的时代趋势和社会主义生态文明建设的时代步伐，无法保证学生在课堂上所了解到的生态环境状况就是经济社会发展的最新前沿，且对生态道德的教育教学过于注重知识性和理论性，在趣味性、指导性和实用性方面不足；从教育内容来看，在思想政治教育中涉及生态道德部分时，教学目标并没有明确要求培育人的生态伦理观，没有上升到社会、经济和生态可持续发展的宏观层面上来看待，而是仅仅停留在生态环境知识技能和环境保护理念的传授层面。

2. 生态教育机制未进行有效建构

虽然我国较早地出台了一些环境宣传教育的文件，但是这些文件对生态道德教育在工作管理制度、评估制度等具体操作方面的内容并没有进行规定，仅有一些纲领性、原则性和弹性条款，因此现实执行力并不强，大多规定流于形式，导致高校生态道德教育并没有发挥应有的作用，这就造成了高校教育表面上虽有生态道德教育，但实则缺乏完整有效的生态教育体制机制。

高校生态教育体制的缺失主要表现在以下几个方面：从教育模式上来看，大多数高校只重视生态环境的专业教育，对于通识性的生态伦理教育没有引起足够的重视；从学科划分上来看，由于生态环境科学属于自然科学范畴，致使许多高校在课程上偏重于开设与理工科类相关的环境科学课程，人文社会科学领域的生态环境课程凤毛麟角，偶尔涉及这一领域内容的人文社科类的课程也是仅限于环境法领域，忽视了对人在生态方面的基本品德素质的培养，这种学科之间对于生态教育的人为割裂阻断了生态培育中的价值相互渗透，使高校生态教育缺少了人文价值和人文关怀；从教学资源上来看，在思想政治教育中开展生态道德教育缺少与之配套的师资队伍、书刊资料、教学设备和教学基地等，在当前高校中师资匮乏、书刊缺少、设备陈旧、基地缺乏现象并不是特例，而是高校中普遍性的现象。

3. 生态教育环境未形成全面营造

思想政治教育生态道德教育所面临的直接生态环境就是校园生态文化，其主要包括了显性物质层面的生态精神和隐性观念制度层面的生态理念。具体而言，首先，从显性物质层面来看，校园环境中的很多教学生活设施并没有从生态的角度来考虑和设置，例如一些建筑材料选用价格低廉的非生态环保产品；校园水资源无法做到循环利用和合理调节；在校园建筑中采光设计不合理造成资源浪费；等等。种种这些校园硬件设施的不环保使生态道德教育与现实校园环境相脱节，影响了师生生态观念的塑造。其次，从隐性观念制度层面的生态理念来看，高校中的教学、管理和服务部门并没有在生态道德教育问题上形成统一的认识，生态道德教育缺乏教育合力，影响了教学开展和教育效果。最后，学校缺乏一套完善的奖励惩罚相结合、制度化和人性化相结合的生态教育管理机制，导致很多环境保护主题活动只是流于形式。

4. 生态教育方式未能够及时跟进

与传统思想政治教育的道德说教和理论灌输不同，生态道德教育具有很强的实践性和互动性，在思想政治教育中开展生态伦理培育的过程中，思想政治教育传统教学模式的缺陷日益凸显，其具体体现在以下几点：从教育形式来看，生态道德的形成不仅需要课堂讲授，而且也需要一定的实践教学和实验演示，而很多高校在开展生态道德教育中往往是“重言传，轻身教”，教学形式仅仅采用单调的课堂讲授，而对于调查法、参观法和实践法等趣味性强、学生易于接受的教育形式却在实际的教学活动中较少采用，这就导致了生态道德教育与具体生活相脱节；从教学内容来看，目前的生态道德教育的内容仅限于社会既定生态道德规范的抽象知识，与生活的情境性和生动性相脱离；从教育方法来看，很多高校进行生态道德教育，往往局限于单一的教育方法，例如有的高校偏重于专家知识讲座，有的偏重于科普宣传，也有的偏重于“一本书、一支粉笔、一块黑板”的传统课堂教学，还有的仅仅是借助于植树等常规活动来进行生态道德体验，没有将多种教育方式有效结合，也较少地借助于现代多媒体教学手段。

（三）教育改革：思想政治教育生态培育的实现路径

要对思想政治教育生态培育的内在要求进行回应和解决，就要对思想政治教育的具体教学实践环节进行相应的改革与调整，使思想政治教育生态培育在思想方面能够得到更加明确的思想理论指导，在内容方面能够更加充实完整，在教育机制方面能够更加科学完善，在教育环境方面能够更加和谐友爱，在教育方式方面能够更加亲和有效。

1. 坚持思想政治教育生态培育的思想指引

思想理论是对事物发展变化的深层次把握，通过思想理论能够透过事物表象体现和反映事物的内在规律，并对事物的现实实践做出价值规约和方向指引。实现思想政治教育生态价值的基本要求，摆脱生态培育的现实困境，离不开思想理论的实践指导和方向指引。作为一种可持续发展的理念，科学发展观强调人的发展、社会进步与生态环境之间的协调，其基本价值旨归就是致力于实现社会发展过程中的生态平衡和生态可持续，实现人与自然的和谐相处。思想政治教育的生态培育其最终的目标也是实现人与自然的和谐共济，促进人的全面发展。由此可见，思想政治教育的生态培育与科学发展观的基本理念有着内在的价值契合性。因此，作为社会主义生态文明建设的指导思想，科学发展观要贯穿在整个思想政治教育生态培育的过程之中，成为思想政治教育生态培育的思想指引，具体而言，要从以下几个方面入手：

首先，在生态培育中贯彻落实科学发展观，要在思想政治教育中坚持以人为本。将促进人的全面发展作为思想政治教育的价值诉求，倡导人与自然的和谐共济，提倡天人互惠的共生意识，并通过人的生态意识培育来提高人的生存品性，促进人的全面发展。其次，在生态培育中贯彻落实科学发展观，要在思想政治教育过程中渗透全面、协调、可持续的发展理念；要在思想政治教育的生态培育过程中阐明人—社会—自然生态三者之间的有机联系和协同共进的理念；要讲清楚自然生态系统的内在关联性、整体性和有序性；要说明白自然资源的有限性和资源的循环可持续利用以及经济社会可持续发展的重大意义。最后，在生态培育中贯彻落实科学发展观，要在思想政治教育过程中提倡统筹兼顾的根本方法。要在思想政治教育生态培育过程中倡导人与人、人与社会、人与自然、区域与区域、乡村与城市以及经济与社会相互之间的协调发展理念；要强调社会主义政治建设、经济建设、文化建设、社会建设以及生态建设的“五位一体”，指出相互之间的内在统一性；要说明社会生产和生活过程中经济效益、社会效益和生态效益的有机联系，倡导生态文明视域下的新效益观。

2. 促进思想政治教育生态培育的内容厘定

具体的生态教育内容是思想政治教育生态培育的现实承载，科学合理的生态教育内容不仅能够准确地展现和表达思想政治教育生态价值，体现生态文明的基本理念，也能够为生态道德教育提供清晰的发展方向，为社会进步和人的发展明确思路。针对思想政治教育生态培育所面临的现实状况，当前生态道德教育内容要从两个方面入手，一是要开展生态保护意识教育，二是要开展生态健康理念的教育。具体而言，以上两个方面又分别需要从以下几点入手：

首先，在生态保护意识教育方面，一是开展生态危机意识教育，要改变传统思想政治教育“只讲正面，回避缺点”的教学惯例，将生态危机的严重性和对人类社会带来的严重危害清清楚楚地讲授给受教育者，使受教育者能够意识到生态危机就是人的生存危机，从而形成一种生态紧迫感和使命感；二是开展生态责任意识教育，使受教育者明晰生态环境保护是每一个人的责任和义务，使其清楚生态文明建设不仅需要有宏大的历史使命感和时代责任感，也需要从细微之处着眼，从生活的点点滴滴入手来保护生态环境；三是开展生态平等意识教育，要致力于扩展传统的人际平等观，将人与自然关系的平等纳入平等观念之中，让受教育者认识到人类和其他自然生命都应当平等地享有权利，应当获得关爱与保护；四是开展生态保护的超前意识教育，要让受教育者能够从社会发展的长远眼光来看待环境保护，看待人与自然的相互关系，从而将生态环境保护由救护型转变为救护与预防相结合的模式。

其次，在生态健康理念教育方面，要在思想政治教育过程中倡导在社会生活过程中发扬环境友好的作风，从节约用电、节约用水、不乱扔垃圾、爱护花草树木、爱护小动物等一点一滴的道德习惯做起，使受教育者在自身生态践行的过程中树立良好的生态道德习性；同时，要使受教育者树立生态消费的生活理念，在思想政治教育过程中通过改变人的生活习性，将人的消费纳入生态系统之中，接受生态系统的平衡性对于人的生活和消费的规约，使人的生活能够与自然生态系统相协调，从而改善资源浪费、环境污染和生态失衡等生态环境问题。

3. 完善思想政治教育生态培育的机制建构

首先，完善思想政治教育的生态教学机制。当前，要完善思想政治教育生态教学机制，应从课程体系改革和教学内容改进两个方面来展开。具体而言，进行课程体系改革，就是要对生态培育的教学模式和师资等问题进行通盘考虑，在教学模式上采取渗透和单一教学的模式：所谓渗透模式，就是将生态文明的基本理念深入已有的思想政治教育教学内容当中，在思想道德课程中提升生态道德的教学比重；所谓单一教学模式，就是在公共通识课中单列出生态课程，以弥补思想道德课程不系统、内容分散化的缺陷。此外，在课程体系改革过程中，也要重视在教学师资方面进一步加强教师生态培训，在补充师资时注重引进专业研究生态伦理方面的教师，从而解决师资短缺和生态方面专业素养不够的问题。在思想政治教育的教学内容改进方面，要注重在现有的思想政治理论课中强调生态文明的基本理念：在“思想道德修养与法律基础”中，要强调大学生的生态道德意识和生态文明行为的养成，讲解公民在生态权利和生态义务方面的法律法规；在“马克思主义基本原理概论”中，要从马克思主义生态观的基本视角出发联系我国的具体生态问题，讲清楚人与自然之间的辩证关系，并且结合科学发展观的基本内容说明生态文明建设的紧迫性和必要性；在“毛泽东思想和中国特色社会主义体系概论”中，要说明只有实现了人与人、人与社会、人与自然的和谐，才能够真正实现中国特色社会主义的发展，并说明社会主义生态文明建设是对马克思主义生态观的凝练和总结，是与时俱进的马克思主义实践形态，符合中国特色社会主义的价值诉求。

其次，建立思想政治教育的生态实践机制。要创新思想政治教育的校内生态实践机制建设。具体而言，一是要充分利用各种环境保护节日，广泛开展演讲征文、生态宣讲、生态知识竞赛等生态宣传和普及活动；二是要积极引导高校学生组建生态环保社团，在提高大学生的生态道德情感的同时，也能够让大学生在亲身组织和参加生态活动的过程中提高生态保护技能；三是要加强思想政治教育校外生态实践机制建设，发挥学校、社区和家庭的作用，充分调动各个方面的积极性，为开展生态实践活动提供便利；四是要建立生态道德教育基地，定期开展实地参观调查、公益劳动、自然探秘、野外实习等实践活动，在增强生态道德教育的实践性的同时也增强其趣味性。

最后，构建思想政治教育的生态评价机制。一是要基于受教育者的生态养成确定生态评价的主要内容，即生态评价内容应主要包括受教育者的生态意识是否增强、生态习惯是否养成、生态人格是否健全等方面；二是要对思想政治教育生态培育的要素（教育者、受教育者和教育介体）开展生态评价，这一过程要充分考虑到生态评价的目标、原则、方式、标准和结果等各个方面的因素，在认真详尽的调查分析基础之上构建较为客观、全面和可行的生态评价系统；三是从思想政治教育生态评价指标的综合化、动态化角度出发，将生态评价的内容标准化和操作化，并且根据受教育者的思想意识变化和社会主义生态文明建设的程度动态地调适和改变评价指标，从而实现生态评价体系的灵活多样化。

4. 强化思想政治教育生态培育的环境塑造

思想政治教育生态的关键在于学校、家庭和社会三者的有机结合，共同营造出一个教育活动开展的整体和谐环境氛围。具体而言，这三者又需要从以下几个方面着手：

首先，校园生态文化氛围塑造主要分为物质生态文化氛围营造和精神生态文化氛围营造两个方面，其中，校园物质生态文化氛围营造主要指营造良好的自然生态和景观环境，主要包括学校的校园规划、建筑布局、道路布置等校园基础设施对于生态氛围的营造，也包括在校园环境中采用高科技资源循环技术以及绿色环保产品等过程中所体现出来的物质文化；校园精神生态文化氛围主要是指在校园的生活、学习和工作过程中所体现出来的生态精神和生态气息，其中不仅包括了校园基础设施所体现出来的生态氛围，而且也包括了在校园人际交往过程中所体现出来的生态关怀和生态情感，这种精神理念充分体现了可持续发展和生态伦理的基本精神和要求，这也是课堂生态培育之外生态情感形成的又一个主要途径。

其次，在家庭生态文明气氛营造方面，一是需要家长积极转变教育观念，不断增强自身在生态方面的道德素养和知识储备，提高生态环境保护的责任感，从而能够对子女起到良好的生态道德示范作用；二是要注重和学校教师保持联系，能够随时掌握学校的生态教育情况和子女在学校学习生活过程中的道德表现，使家庭生态道德教育能够与学校生态道德教育相互之间保持一致，优势互补；三是要注重创建和谐家庭关系与勤俭节约的家风家规，使子女能够在良好的家庭氛围中形成健康的生活理念，这一基本素养将会使受教育者在之后的学习、生活和工作过程中受益终身。

最后，在社会生态文明气息营造方面，一是在建立完善的法律法规的前提下，保障生态道德行为的合法权益，惩治危害生态环境的行为，使人们能够在改造自然的过程中慎重选择自己的行为，考虑由此产生的法律后果；二是要加强生态文明的宣传力度，广泛开展各种绿色文明的创建活动，提倡勤俭节约的生活理念，反对奢侈浪费行为；三是需要各类传播媒介进一步加强生态道德的宣传和普及力度，从自身的特点和优势出发，开设专题性的、地域性的或是综合性的生态环境宣传栏目，多层次、多角度宣传生态理念。此外，社会生态氛围的营造还需要进一步加强和改进生态综合治理的力度，降低生态破坏和环境污染给人们生活和工作所带来的负面影响，使社会的整体生态文明建设氛围能够和学校的生态道德教育相衔接，为培育生态道德提供现实资源和实践便利。

5. 推动思想政治教育生态培育的方式创新

首先，要明晰生态道德教育的基本方法论和生态道德教育的基本特质。不同于其他的社会科学，生态道德教育协调的是人与自然环境之间的相互关系，而非单纯地协调人与人或人与社会之间的关系，生态道德教育所涉及的三个基本要素——人、社会和自然生态——形成了一个开放而复杂的系统结构。因此，开展生态道德教育应当对教育对象、教育内容、教育过程和教育环境等进行通盘考虑，明确思想政治教育生态培育各个教学环节之间的内在联系和基本规律，确保教学开展的全面性、有效性和科学性；此外，还要明晰生态道德教育的“共时性”和“历时性”生态思维方式。“共时性”生态思维方式指的是在生态培育过程中要注重教育对象认知差异、不同区域的环境区别，即要根据教育对象的专业背景、年龄层次和知识储备情况灵活合理设置教学内容与教学目标，开展不同层次的生态意识教育；根据不同地区的生态环境情况，确定不同的生态教育主题，规划和制定不同的生态教育实践和教学方案。“历时性”生态思维方式指的是“生态道德教育的代际伦理培育”①，即思想政治教育生态培育的基本视野应基于今后生态文明建设的需要，在关注当代人利益的同时更加注重后代人的生态利益，注重提升全民族跨时代的生态责任感和生态使命感。

其次，要促进生态道德教育的“五个结合”。一是要促进生态理论教育和生态实践活动相结合，致力于加强和提升思想政治教育的实践环节，以适应生态道德教育的体验性和实践性要求，使生态实践活动能够与生态课堂教育相互补充、相互促进；二是要推动现代教学手段和传统教育方式相结合，在生态道德培育过程中充分利用现代化的多媒体教学方式，但这并不意味着要放弃传统的课堂教育方式，而是要促进传统教学方式与现代教学方式的有机结合，从而发挥各自的教学优势；三是要注重生态教育主干课程和辅修课程相结合，不仅要在思想政治教育的课程体系和课堂教学中贯穿生态文明的基本理念、增加生态教育的基本内容，在其他的课程中也要加入生态环境保护和生态伦理的相关内容；四是要推进校内生态教育和校外生态教育相结合，打破校园环境中自然空间和生态资源不足的局限，积极开展校外生态实践和实地调查；五是要促进生态引导教育和生态自主教育相结合，不仅要充分发挥学校、家庭和社会在学生生态理念和生态行为方面的引导作用，而且也要充分调动学生生态养成和生态实践的积极性与主动性，在外部教育力量规范引导的同时通过自我内化和自我体悟的方式践行生态文明的基本要求。

① 朱国芬，李俊奎. 结构化理论视角下的生态教育方法探析. 兰州学刊，2009（5）：149.

六、权威生成：思想政治教育的合法认同

在思想政治教育发展过程中，一直存在着认同度不高、权威性不强的问题。思想政治教育权威直接关系着思想政治教育的实效性和合法性，在开放社会的条件下，如何增强思想政治教育权威成为我们不得不思考的问题。

（一）权威及思想政治教育权威的内涵及作用

作为一种社会现象，权威随着人类社会的产生而产生。只要社会存在，权威就不会消失。然而，什么是权威？通过文献采撷和分析，总体而言，对“权威”的定义有以下几种主要观点：（1）阿尔蒙德认为权威是一种正当的权力。他认为，权力是影响他人行为的能力，权威则是发挥此影响的权力。只要你拥有影响他人的能力，并去实践它，你就拥有了权威[①]。（2）新公共管理学大师马克斯·韦伯在《经济与社会》一书中，认为权威是必要的手段，任何组织的形成、管治、支配均建构于某种特定的权威之上，适当的权威能够消除混乱、带来秩序。没有权威，组织将无法实现其

① HEYWOOD A. Politics. 2nd ed. New York：Palgrave Macmillan，2002.

组织目标[①]。(3) 黑格认为："权威就是统治的权力。严格来讲，权威是行动的权利，而不是行动的权力。然而，只要人们认同权威人物拥有做出决定的权利，那么权威就会创造出自己的权力。政府的合法体系即基于权威的体系，……服从其统治的人们认同其做出集体性决定的权利。"[②] 一言以蔽之，即权力是可以支配他人的力量，而权威则是被支配的人甘于接受这种支配的权利。(4) 恩格斯认为，资本主义是需要权威的，只有社会权威力量的存在才能推动资本主义大工业的发展。他认为：权威就是把别人的意志强加给我们；另一方面，权威又是以服从为前提的，这两者都是我们所必需的[③]。没有权威就不可能有任何一致的行为，尤其是在社会化大生产条件下，权威显得更为重要。因此，社会主义公有制的经济基础决定了社会之中必须要有与之匹配的权威性力量存在。

基于上述的分析，我们可以梳理出权威所具有的一些特性：(1) 从权威的形成来说，权威是一种意志服从关系，包含有权威的实施者和接受者，其通过接受者的无条件服从来实现。(2) 从权威的实施主体来说，权威内部包含了权力和威望。(3) 从整个人类历史发展的角度来说，权威不是一成不变的，其会随着人类社会的变化而变化。当权威存在的条件改变或消失时，相应的权威就会消失。

作为一种社会历史现象，权威在社会发展过程中具有引导、规范、集中社会意志实现社会意志的作用。那些否认权威存在，否认权威在社会发展中的作用的观点是错误的[④]。事实上，作为一种人类行为关系的反映，权威反映了特定历史时期人与自身、人与人、人与社会之间的一种权力关系。作为权力关系的反映，人们对于权威的服从实质上是对于权威背后的权力和威望的一种意志和实践服从，人们对于权威的服从也主要表现为对自身利益的一种追求和满足。人人都自由，往往意味着人人都不自由，绝

---

① 马克斯·韦伯. 经济与社会：第1卷. 阎克文，译. 上海：上海世纪出版集团，2010.

② 罗德·黑格，等. 比较政府与政治导论. 张小劲，等译. 北京：中国人民大学出版社，2007：17.

③ 恩格斯. 论权威//马克思，恩格斯. 马克思恩格斯选集：第3卷. 北京：人民出版社，1995：224-227.

④ 马绍孟，等. 权威论纲. 北京：高等教育出版社，2013：1.

对的自由带来绝对的不自由。所以基于特定互惠原则，人们结成了一种契约关系，在获得最大自由的同时也必须去服从必要的权威。因此从表面看虽然人人出让了个人的一些自由，但又在更大的范围内保护了人们所赖以生存的社会，满足了大多数人的利益。从这一角度来说，选择权威并服从权威，符合大多数人的利益。

思想政治教育权威就是在思想政治教育活动的过程中，为了促成教育对象形成符合教育者预期目标而具有的一种被教育对象所服从的影响力。从根本上说，思想政治教育权威的存在是为了确保受众认可而产生的一种外在的驱动力，它并非可有可无，而是必须存在。人类历史的发展规律启示我们，任何国家治理的存在都需要依靠政治宣传和政治动员来证明自身的合法性，获取人们对国家政治行为的认可。从某种意义上说，思想政治教育就是确保政治治理取得权威的重要政治手段。思想政治教育在服从服务于政治权威的同时，也建立了自己的权威性。具体而言，可以从以下两个方面来分析思想政治教育权威。

1. 思想政治教育作为意识形态的教育活动具有权威性

思想政治教育是指一定的阶级、政党、社会群体用一定的思想观念、政治观点、道德规范，对其成员施加有目的、有计划、有组织的影响，使他们形成符合一定社会、一定阶级所需要的思想品德的社会实践活动①。思想政治教育是由国家倡导，传播主流价值，弘扬社会真善美、摈弃假恶丑的主要平台。“坚持什么样的价值观，确立何种道德标准，坚持以何种方式统一凝聚人民”这是思想政治教育所承担的使命。党的历史进程说明，作为一股强大的力量，思想政治教育凝聚了亿万中华儿女，使其在社会主义革命、建设和发展的道路上奋勇前进。早在新民主主义革命时期，中国共产党就确定了“思想政治工作是一切工作的生命线”的指导方针。2000 年 6 月 28 日，江泽民同志在中央思想政治工作会议强调，党的思想政治工作是经济工作和其他一切工作的生命线，是团结全党和全国各族人民实现党和国家各项任务的中心环节，是我们党和社会主义国家的重要政

① 张耀灿，等. 现代思想政治教育学. 北京：人民出版社，2006：50.

治优势。2013 年 8 月 19 日，习近平总书记在全国宣传思想工作会议上强调，意识形态工作是党的一项极端重要的工作。2014 年 10 月 30 日，在纪念古田会议召开 80 周年之际，习近平总书记在福建古田召开全军政治工作会议，会上也着重强调把政治工作威信在全军牢固立起来。而政治工作威信也可以说是思想政治教育工作权威。因此，上述的这些言论都一再表明了思想政治工作是权威性政治活动的表现。

意识形态所具有的政治性、稳定性和历史性特点，决定了意识形态工作具有强制性、导向性和正面性。作为意识形态工作，思想政治教育渗透于党和政府工作的方方面面。当然获得国家权力的支持并不必然带来权威和合法性，但“权威很少在缺乏权力的情形下行使，而权力都通常包含有一定程度的权威的行使”①。故而在国家权力的行使过程中，强有力和权威的思想政治教育工作是必不可少的。因此，思想政治教育权威依赖于国家权力的支持，也内涵于政治权威之中，具有自身的权威性。

2. *思想政治教育作为特殊的育人活动具有内在的权威性*

思想政治教育（又名德育）是传播统治思想的重要途径，是培养接班人的重要措施，是促进社会经济发展的基本保证。因此，在我国各级学校教育之中，德育被摆在学校教育的首要位置，这就决定了德育教学的目的——培养社会主义的合格建设者和接班人②。德育活动包含三个层次的基本矛盾：一是德育的目标与受教育者原有道德发展实际之间的矛盾，这是德育过程的特殊矛盾和主要矛盾；二是学校德育影响与社会现实中一般道德影响之间的矛盾，这是存在于德育系统与社会现实生活之间的外部矛盾；三是受教育者道德认知与道德实践之间的矛盾，这是受教育者的内部矛盾③。而这三大矛盾的解决，都需要思想政治教育权威的存在：在德育活动过程中，思想政治教育的目标与受教育者即有的道德水平之间存在一定差距。因此，只有通过思想政治教育权威的意志服从关系使思想政治教育主体将德育内容传授给受教育者，才能通过受教育者对德育内容的

---

① 安德鲁·海伍德. 政治理论教程. 李智，译. 北京：中国人民大学出版社，2009：148.

② 王玄武，等. 比较德育学. 武汉：武汉大学出版社，2000：84.

③ 陈华桂. 论现代学校道德教育权威. 首都师范大学学报（社会科学版），2011（6）：46－49.

内心认同来提升他的道德素质。同时，思想政治教育权威的建立有利于增强道德教育本身的可信度，增强其外在社会的组织性支持，从而促进德育活动与社会道德影响相吻合，以及受教育者道德实践和社会活动相一致。

雅斯贝尔斯认为："对权威的信仰首先是教育的唯一来源和教育的实质"①，没有权威也就没有真正的教育，或者说教育是软弱无力的、虚无的。因此只有依赖必要的权威性，才能推动思想政治教育教育目的的真正实现。

（二）变化社会中的思想政治教育权威挑战分析

经过30多年的发展，当前思想政治教育所面临的时代环境有了很大的变化：经济层面，市场经济飞速发展；生活层面，互联网发展引发社会快速变革；思想层面，价值观日趋多元化；国际层面，全球化浪潮席卷世界各国。然而社会环境的变化并没有显著提升思想政治教育权威，甚至反而使得传统的思想政治教育面临"失语"的困境，其原有的实效性不强、权威性弱化的问题依然存在。针对这一现状的产生原因，我们可以从以下几个方面进行分析：

1. 从思想政治教育内在构成要素看

（1）思想政治教育自身存在一定的困难和问题。目前，思想政治教育还存在一些难以逾越的问题，包括教育内容吸引力不够，不少受众不爱听不爱学，觉得枯燥难学；教育手段单薄，还是以"灌输"为主，不能根据受众的个性和特质因材施教；考核和考评难以精细化，缺乏必要的刚性制约，人们对于道德约束的评价意识不强。

（2）思想政治教育不能完全满足人们现实和心理的需要。随着经济社会的快速变化，越来越多的人感受到现代化所带来的变化：生活节奏越来越快，精神压力越来越大，社会中充满着浮躁和焦虑，人们为自身的安居

---

① 雅斯贝尔斯. 什么是教育. 邹进，译. 北京：生活·读书·新知三联书店，1991：80.

栖息担忧，整个社会陷入一种“现代化综合征”。社会急剧的变化虽然在一定程度上给人们带来了物质层面的满足，但并没有让人感到心安，反而使人陷入焦虑之中，在现代化洪流之中人们普遍会有一种束手无策之感。而思想政治教育在满足人们的心理和精神需求方面还存在着一定不足，与人们的期待存在着一定的差距。

2. 从思想政治教育面临的外部环境看

（1）受到实用主义和功利价值观的影响。在自由竞争创造财富的今天，人们更崇尚追求物质利益，更期望学习教育成为最便捷的致富手段，而对教育真正的目的、意义以及价值却较少关注，往往仅从专业的实用性出发选择学习的内容和方向，而思想政治教育是一门基础学科，实用性不强，收效又慢，不易为人们所接受，从而造成了思想政治教育被边缘化的局面。

（2）“祛魅化”的时代场域正逐步消解权威存在的土壤。如今我们生活在一个市场经济飞速发展、社会民主化稳步推进、教育普及大众化的年代，“祛魅化”已经成为趋势。人们不再迷从权威，往往更关心个人的幸福，对于确立的共同信仰参与程度不高，这就消解了思想政治教育权威赖以存在的公共性。而公共精神的缺失将会影响人们对于共同信仰的认可，也影响人们对于思想政治教育权威的认同。

（3）思想政治教育和外在环境互动不足。我国思想政治教育长期存在着重视直接的理论教育、忽视与外在环境的沟通互动的弊端，导致教育与业务脱节的现象时常出现，从而消解了其实效性，容易带来“恐龙综合征”①。理论宣教需要和工作实际紧密结合起来，及时与教育客体反馈互

① “恐龙综合征”是指物种生存的外部环境变化了，而物种却没有对环境的变化做出反应，仍然我行我素，结果就如同历史上恐龙的命运一样。在现代社会，科学技术迅速发展和社会进化速度越来越快，相反，人们的价值观和行为方式的进化速度却相对较慢。人们习惯于用传统的思维定势来看待现代的社会环境，对正在急剧变化的外部环境传来的信息充耳不闻或熟视无睹。由于对正在变化的外部环境影响的反应迟钝，思想政治教育的影响力日渐式微。此外，由于无视环境的变化，必然导致思想政治教育脱离它所存在的环境而被孤立起来，并缺乏与外部环境进行信息反馈的有效机制。因此，思想政治教育对环境的适应性不强，环境对思想政治教育的支持性差，从不同的角度弱化了思想政治教育的功能。参见李辉．现代思想政治教育环境研究．广州：广东人民出版社，2005：8.

动。然而在实际工作之中，因为种种原因思想政治工作很多时候是同业务工作分离的，进而导致了理论宣教和业务工作“各唱各的戏，分处两张皮”的状态产生。长此以往，就会导致思政工作言行不一，难以让人们信服。

（4）思想政治教育与生活相脱节。在社会现代化转型中，人们的“生活世界”与“政治系统”相分离，家庭结构越来越微小。生活的世界——学校、熟人——和政治系统——国家、政府、政党、市场、社会——出现了分离。人们往往更关心和自己生活相关的话题，从过去的“喊口号”式政治追随转向了对隐秘的政治生活的关注。这一转变看似更市民化，但实际上人们对于政治的关注并没有消失，只是从台前生活转到了幕后。比如虽然人们更关心住房、就业、医疗、教育等生活问题，但在这些问题背后却体现着“政治”的色彩。这些民生话题的出现真正地贴近人的生活世界，因此思想政治教育只有及时介入才能取得良好的效果。哈贝马斯曾断言：“当今威胁人类社会的主要不是马克思所认为的经济剥削，也不是早期批判理论在法西斯主义时期所断言的政治专制和意识形态。而是愈来愈扩大的系统优势（如官僚制）对人的交往结构的破坏，使得生活世界越来越金钱化和官僚化，越来越变成与商品和行政管理的关系。”① 而这里所说的“商品和行政管理”的关系，就是指私人生活和公共生活之间的关系——人们关心和自己生活相关的信息，进而屏蔽掉其他很多信息。思想政治教育工作如果始终是“高大上”的姿态，则很难被认同，因此理论必须和生活紧密相连。

（三）对思想政治教育权威生成机制的几点思考

在现今变化着的社会中，思想政治教育面临着内外因素的挑战，但其作为维护国家政治安全的重要工具的地位并没有改变。因此，必须更加重视在不断变化着的社会中建构起思想政治教育应有的权威。李普塞

① 江怡．走向新世纪的西方哲学．北京：中国社会科学出版社，1998：497.

特认为："合法性危机是变革的危机，因此，它的根源必须从现代社会变革的性质中去寻求。"① 这启示我们思想政治教育权威之所以弱化，一定程度上是因为其合法性不足，因此要生成思想政治教育权威就必须从增强其合法性入手。而要增强其合法性，就必须回溯到社会变革的现实之中。

哈贝马斯对资本主义社会出现的合法性危机进行了反思，认为："合法性意味着某种政治秩序被认可的价值——这个定义强调了合法性乃是某种可争论的有效性要求，统治秩序的稳定性也依赖于自身（至少）在事实上被承认。"② 哈贝马斯所强调的"合法性"乃是某种有效性的要求，这就说明有效性能够支撑合法性。而增强思想政治教育合法性，可以从以下三个方面着手：思想政治教育价值吸引力、思想政治教育规范性和思想政治教育实效性。

1. 思想政治教育的价值吸引力

马克斯·韦伯认为，"人们对权威的服从更重要的是基于人们对合法性的信仰。"③ 波朗查斯认为："合法性里面特别是包括有占统治地位的意识形态特有的政治影响。"④ 哈贝马斯的"重建性概念"认为，获得合法性就必然是"符合价值规范基础上的支持和忠诚。当某种政治秩序在当时的社会规范中存在被认可的价值时，这种政治秩序、政治权力就具有了合法性"⑤。哈贝马斯所指的价值规范实际上就是意识形态的吸引力。此外，葛兰西强调意识形态的作用，认为"文化领导权是统治阶级依靠说服和教育来实现对从属集团的精神和道德领导"⑥。马克思曾说："批判的武器当然不能代替武器的批判，物质力量只能用物质力量来摧毁；但理论一经掌握群众，也会变成物质力量。理论只要说服人［ad hominem］，就能掌握群众；而理论只要彻底，就能说服人［ad hominem］。所谓彻底，就

① 李普塞特. 政治人：政治的社会基础. 张绍宗，译. 上海：上海人民出版社，1997：55.

② 哈贝马斯. 交往与社会进化. 张博树，译. 重庆：重庆出版社，1989：184.

③ 马宝成. 试论政治权力的合法性基础. 天津社会科学，2001 (1)：49－52.

④ 尼科斯·波朗查斯. 政治权力与社会阶级. 叶林，王宏周，等译. 北京：中国社会科学出版社，1982：246.

⑤ 赵虎吉. 政治学基本问题. 北京：中共中央党校出版社，2012：347.

⑥ 何增科. 市民社会概念的历史演变. 中国社会科学，1994 (5)：67－81.

是抓住事物的根本。"[①] 作为强大的政治武器，意识形态只要被政治工作者诠释和运用，就会获得强大的认同。一种价值观能否被群众接受，以及多大程度上被接受，主要取决于这种价值观的彻底性。人是现实的人，人本身或人的本质只能在现实中得以规定，人的根本在本质上是人的现实需要。因此，"'人的根本就是人本身'是思想政治教育的黄金规则"[②]，在传递主流价值中，思想政治教育只有凸显"人"的地位和作用，才能被人们信服和接受。具体来说，应该优化思想政治教育目标，将人的全面发展作为教育目标。在教育手段上要实现"立足于人自身"的思想政治教育，不搞"一刀切"，充分考虑和尊重不同个体、不同群体在不同时期的特殊个性和需要，在坚持"灌输"教育的同时更应注意方法创新。与此同时，只有注重显性教育和隐性教育相结合，价值观教育才更容易被认同，而价值观的吸引力将会增强思想政治工作的底气、增强人们的政治认同，并提升人们对思想政治教育的认同感。

2. 思想政治教育的规范性

法律之所以具有权威，其中一个很重要的原因就是法律具有规范性。思想政治教育和法律都是国家治理的重要手段，法律所不能及的地方就需要靠思想道德教育。"道德与法律是维持人类社会生存与自然生存所不可或缺的两种手段。道德在发挥其认识、教育和调节功能的同时，也在为立法创造一定的条件。因为任何法律都需要某种伦理理念的引导，以获得足够的社会支持，去保证它的有效实施。法律的制定需要道德做伦理论证，其实施也需要道德意识作为思想基础。"[③] 从这里不难看出，思想政治教育和法律是相互补充、不可分离的。传统的思想政治教育在很大程度上是一种主观的说教，具有很强的随意性，这就导致了思想政治教育效果很大程度上取决于教育主体的责任心。在现代社会，思想政治工作要获得认同和权威性，就必须走规范化的道路。当前社会处于快速发展和转

---

① 马克思.《黑格尔法哲学批判》导言//马克思，恩格斯. 马克思恩格斯选集：第1卷. 北京：人民出版社，1995：9.

② 王葎. 思想政治教育的黄金规则：论"人的根本就是人本身". 当代教育论坛，2006（1）：56－58.

③ 文小勇. 生态伦理：文化·功能·边缘化关注. 自然辩证法研究，2002（4）：69－71.

型中，因此要增强思想政治教育规范性，就必须明确思想政治教育的地位，明确思想政治教育工作者的权责，制定相应的行业规范和操作指南，转变人们对于思想政治工作“职业性不强、随意性大、谁都可以干”的观念。

3. *思想政治教育的实效性*

一个政治系统最佳的稳定状态是既有高度的合法性，又有高度的有效性。思想政治教育权威要具有内在合法性，就必须体现出自身的实效性，而其自身的实效性很大程度上取决于思想政治教育所提供的教育内容和价值观念是否能够符合社会公众的心理、利益和愿望，即实效性取决于对公众的利益和需求的满足，人们奋斗所争取的一切和自身的利益息息相关。思想政治教育必须寓于社会生活，其原因在于思想政治教育本身是社会生活的重要组成部分，社会生活是思想政治教育运行的深厚土壤①。因此，有效的思想政治教育应根植于生活世界，紧紧联系社会实践，聚焦人民群众关心的热点问题，从群众最想、最盼、最急、最难的事情入手，将解决思想问题和解决实际困难结合起来，从而克服思想政治教育业务工作和实际工作分离的弊端。

思想政治教育的价值吸引力、规范性和实效性之间是相互影响的，因此协同成为思想政治教育合法性的基础：思想政治教育的实效性是维系思想政治教育合法性的实质所在，价值观的吸引力和思想政治教育的规范性则是维持思想政治教育权威合法性的两翼——一方面，价值可激发人们对于思想政治教育的认同，另一方面，规范化、体系化、现代化的方法是保障思想政治教育应有地位必不可少的条件。思想政治教育合法性的获得将促成思想政治教育获得人们的认同，从而生成为权威服从。

思想政治教育一旦被认为是合法的，则意味着思想政治教育被认为是正当的教育活动，具有正当的影响力；思想政治教育一旦获得人们的认同，教育客体即会将思想政治教育传递和倡导的价值观内化为个人的价值信仰；个人的价值信仰倘若推广到全社会并形成社会的核心价值观，就会

① 赵继伟，管琳．思想政治教育寓于社会生活的内在机理研究．思想政治教育研究，2014(8)：87-91.

在社会领域发挥出独特的影响力从而维系政治统治。法国著名教育家涂尔干在《教育与社会学》一书中指出：教育应主要是一种权威性的活动[①]。思想政治教育所承担的育人咨政、传递文化、弘扬道德、凝聚人心的使命，决定了其需要有内在的权威性。通过增强价值吸引力，思想政治教育可大力推动自身规范化发展，从而着力提高实效性，努力回归到人的生活世界，更好地关心人、服务人、支持人的成长和发展，并最终会被人们接受和认同，并因之获取自身的权威地位。

① 张人杰．国外教育社会学基本文选．上海：华东师范大学出版社，1989：21．

七、日常生活：思想政治教育的微观建构

人的发展过程是一个社会化的过程，而思想政治教育是人社会化不可缺少的重要组成部分，其目的是使人适应社会生活、参与社会生活、履行社会职责，并成为具有健康人格的人，最终满足社会发展的需要。日常生活揭示了思想政治教育社会化的过程，而思想政治教育的社会化也是思想政治教育特性和现代社会的客观要求。只有将思想政治教育真正融入日常生活领域，做到贴近生活、贴近群众、贴近实际，才能更好地促进个体的社会化，使思想政治教育适应日常生活需要，从而推进思想政治教育实现现代化转型。因此，思想政治教育必须扬弃传统教育模式，从日常生活出发，采用贴近日常生活的教育方法和内容，把思想政治教育与日常生活科学有机地联系起来，促使以意识形态为主导的科学理论内化为人们的精神追求，外化为人们的自觉行动。在日常生活中融入思想政治教育，需要将思想政治教育融入以日常观念、日常环境、日常规范和日常交往为主体的日常生活中，从多维角度探寻思想政治教育生活化发展的路径，实现思想政治教育与日常生活的对接。

（一）思想政治教育融入日常生活的现实依据

作为人类生存活动、社会关系以及抽象理论得以立足的基础，日常生

活是人赖以生存的最基本的空间，是人们进行各种各样社会活动的土壤，更是意识形态被认同的基本场域。因此，日常生活是思想政治教育的居所，思想政治教育须以日常生活为始源。

1. 思想政治教育以日常生活为始源

日常生活是各种社会活动和社会关系的发源地，人的思维观念是在日常生活中形成的，它与人的日常生活紧密相连，不是意识决定生活，而是生活决定意识。思想政治教育源于生活，是生活过程在意识形态上的反射和反响①。以培育意识观念为核心的思想政治教育产生于日常生活的需要，因日常生活的变迁而变迁，一旦离开了日常生活的需要，思想政治教育便是盲目的教育，便会失去它原本存在的合理性。从个人角度来看，思想政治教育本质上是育人的社会活动，而人与日常生活息息相关，密不可分，人只有在日常生活中思考、想象、感受，辨别日常生活中的假恶丑，体验生活的真善美，并将这种感悟生成到自己的价值观中，才能增强思想政治教育的效果和影响力。从社会角度看，马克思主义认为人类社会本质上是实践的，思维观念产生于人的实践活动。这就要求思想政治教育不能脱离以实践活动为特征的日常生活，必须以日常生活领域为“母体”，打破单一化的思想政治教育，让社会各个群体都参与到思想政治教育中，有效地利用各种社会力量和资源，形成“全员育人”的格局。正如陶行知所说：教育要通过生活才能发出力量而成为真正的教育②。

2. 思想政治教育以日常生活为归宿

日常生活为人们提供了安全感、舒适感和“在家”的感觉，是人类生存发展的意义支点和精神家园③。思想政治教育必须落脚于日常生活实际并致力于日常生活的发展，才能发挥其作用，才能更好引领人过上富于思想而有意义的生活。正如斯宾塞所言：教育的真正目的是指导人们如何生活，教育的一项功能就是为人们生活得更好提供基础、前提和准备④。因

---

① 马克思，恩格斯. 马克思恩格斯选集：第1卷. 北京：人民出版社，2012.

② 陶行知. 陶行知教育文选. 北京：教育科学出版社，1981.

③ 阿格妮丝·赫勒. 日常生活. 衣俊卿，译. 重庆：重庆出版社，2010.

④ 斯宾塞. 斯宾塞教育论著选. 胡毅，王承旭，译. 北京：人民教育出版社，2005.

此，思想政治教育必须以日常生活为归宿。从个人角度讲，思想政治教育的目标是促进人的自由全面发展，即人社会关系的丰富和发展和个人与社会的协调发展。就思想政治教育特性而言，思想政治教育的过程是在与个人密切相关的社会领域中展开的，旨在实现个人思想行为与社会生活的统一。故思想政治教育理应介入到日常生活领域，与个体的日常生活密切相连。从社会角度来看，马克思主义的人本思想为思想政治教育提供了以人为本的教育理念，而以日常生活领域为寓所的思想政治教育也正是对这一理念的延伸，它要求思想政治教育必须把人作为教育的核心，关注人的生活状态，关心人的生活质量，引导人的社会实践，促进人与社会、人与生活的和谐发展。

将思想政治教育融入日常生活领域并不是简单地迎合日常生活、机械地反映日常生活、滞后地品评日常生活，而是要积极正确地引导日常生活。思想政治教育以日常生活为始源，最终不可避免地还要回到日常生活中去。但回归日常生活的思想政治教育必须高于日常生活，使人过更加美好、更有意义、更有价值的生活。我们要用前进的生活引导落后的生活，用个人善的生活引导其非善的生活。而只有"从生活中来再到生活中去"，二者实现良性的互动才能使思想政治教育取得实效。

（二）思想政治教育融入日常生活的困境分析

传统思想政治教育具有知识化、工具化、理想化等鲜明特征，而日常生活对于普通民众而言则凸显一定的实践性、主体性、现实性。虽然思想政治教育理应与日常生活高度融合，但在实际教育中往往忽视了日常生活这一思想政治教育最基本的寓所，造成了思想政治教育生活化的缺失，导致了思想政治教育融入日常生活的过程面临诸多困境。

1. 思想政治教育的知识化与品德的实践性相冲突

思想品德的形成不是在纸上谈兵的讨论中形成的，更不是在死记硬背的背诵中形成的，而是必须经由自身的实践、体验、感悟才能形成。正如恩格斯指出："我们的理论是发展着的理论，而不是必须背得烂熟并机械地加以重复的教条。越少从外面把这种理论硬灌输给美国人，而越多由他们通过自己亲身的经验（在德国人的帮助下）去检验它，它就越会深入他们的心坎。”① 由是可以看出，马克思主义将品德视为一种实践精神，并认为良好的思想品德并不是知识的单纯累加而是来自人的实践。随着思想政治教育的发展，虽然“智育”化的思想政治教育状况现已得到有效改善，但是教育本身对实践方法的运用还不够成熟和完善。传统思想政治教育把思想观念、政治观点、道德规范作为知识灌输的现象还依然存在，教育的知识化使人缺乏对现实生活的体验，缺乏对日常生活的实践，从而导致了思想政治教育的吸引力不足、实效性不强。因此，调和思想政治知识化与品德实践性之间的矛盾，是让思想政治教育融入日常生活的重要环节。

2. 思想政治教育的工具化与人的主体性相背离

马克思主义从本质上讲是关于人的解放的学说，最终要实现的是人的自由全面发展。作为马克思主义意识形态教化的思想政治教育，要始终坚持这一价值取向，将提升人、发展人作为根本追求，将促进人的自由全面发展作为培养目标，使人成为真正“完整的人”。然而传统思想政治教育在教育内容上存在泛政治化的倾向，在价值目标上过于强调个人对社会的满足而忽视社会对个人的尊重，在教育方法上过于强调以单向教育为主导的模式。这偏离了马克思主义生活哲学的旨趣，忽视了人在日常生活中的主体性，因而思想政治教育的实效性难以得到提高，思想政治教育的价值难以得到彰显。因此，如何消弭思想政治教育的工具化倾向及其与日常生活主体性的背离，达到双方良性转化，是思想政治教育融入日常生活领域需要突破的瓶颈。

3. 思想政治教育的理想化与生活的现实性相矛盾

任何时代与阶级的思想政治教育都理应向人们传递高于生活常态的价值理想，引导人们从常态中超越出来，并用美好生活理想引导一般生活现状。然而，传统的思想政治教育在教育目标、内容上存在过于理想的现实：它有时将教育置于理想的境地，常常用完美人格来统一要求大众，这

---

① 恩格斯．恩格斯致弗洛伦斯·凯利-威士涅威茨基//马克思，恩格斯．马克思恩格斯文集：第10卷．北京：人民出版社，2009：562.

种无层次性的教育目标缺乏现实可能性的考虑。此外，在教育内容上，它有时偏好向人们传授“高、大、上”的道理，而不顾及这种大道理与生活实践和经验是否融通。日常生活是现实的，日常生活的现实性决定了人常常用简单的“是否有用”作为衡量事物的标准，这就导致了过于理想的教育目标和内容落实到日常生活中会有难度。思想政治教育固然要立足于理想信念的引导，但与此同时理想信念的实现也必须依靠现实生活中的人。因此，如何消解思想政治教育理想化与日常生活现实性的矛盾，让人们真正认同思想政治教育的目标和内容，是思想政治教育融入日常生活过程中亟待解决的问题。

（三）思想政治教育融入日常生活的微观建构

1. 思想政治教育融入日常观念，在认知中为人所懂

日常观念是日常生活的思维层面，在日常生活中居于核心地位。日常观念本质上是一种非创造性的无意识、自在的重复性思维，按其具体活动图式，日常观念常常表现为常识思维和经验思维。因此，将思想政治教育融入日常生活，要以常识思维和经验思维为突破口，更新思想政治教育观念，确立以人为本、以日常生活为始源的教育理念，从而将思想政治教育内容深入地渗透到人的日常认知结构中，真正实现思想政治教育与日常生活相融合。

常识思维是日常思维的现实思维途径，是科学、艺术、哲学等非日常思维或自觉的人类精神在日常生活领域中的模式化和常识化。将思想政治教育融入常识思维，要深入挖掘我国传统文化的优质资源，努力实现传统文化的创造性、创新性发展，从而使之与现代生活兼容。新形势下的思想政治教育既要在现实基础上积极探索创新，又要批判和改造其中的不良传统，从而切实增强思想政治教育的有效性，开创思想政治教育的新局面。将思想政治教育融入常识思维，要以文化为载体，充分运用优秀的文艺作品鼓励人。将思想政治教育的价值理念和价值追求融入科学、艺术、哲学等文艺作品中，使人在欣赏文艺作品的同时，通过文艺作品的传播加速教育内容向人常识思维的渗透，使思想政治教育的内容潜移默化地灌输到人

的认知结构中，使思想政治教育内容在人的观念中形成常识化、模式化的状态，从根本上实现思想政治教育融入日常生活。

经验思维是人的日常的和非日常的活动方式或图式的固定化和内化，是人的行为方式向思维图式的转变过程。正如列宁所说的："人的实践经过亿万次重复，在人的意识中以逻辑的式固定下来"①。将思想政治教育融入人的经验思维，需要在教育过程中以人的日常生活经验为基本依托，面向生活、深入生活、感知生活，从生活实践出发，积极地践行道德认识，使人在实践中加深道德认知，对正确的道德取向产生认同感，将道德认知内化于经验思维中，巩固和扩大道德经验。思想政治教育要把解决思想问题和解决实际问题有机结合起来，充分加强人对社会生活的主动参与与对现实生活的体验，注重人在实践中习德、育德、养德。此外，还要不断增强思想政治教育日常实践活动的趣味性，寻找既富有时代特色，又与人相融合的实践活动，寓教于生活实践中，将道德规范认知内化于人的经验思维中，使人的思维在实践与认知中保持灵活与通畅、开放与创新、生机与活力，逐步达到在经验思维中有较高的思想品德境界。

2．思想政治教育融入日常环境，在情感中内化于心

情感是日常生活的重要侧面之一，它是日常生活得以正常组织运行的重要因素。同时，情感为平淡无奇的日常生活提供色彩、价值和意义。思想政治教育离不开情感体验，离不开良好日常环境的熏陶和影响，正如列宁所言"没有'人的感情'，就从来没有也不可能有人对于真理的追求"②，情感在日常生活中起着穿针引线的作用，对价值观的形成、导向、认同有着深刻的影响。将思想政治教育融入日常生活，就必须在环境情景中营造和谐氛围，创设合乎人性发展的日常环境，这不仅要求要对日常生活主体的现实生活环境进行优化、净化，而且也要对拟态环境进行整顿、调解，使其对人的情感产生潜移默化的影响。

---

① 列宁．黑格尔《逻辑学》一书摘要//列宁．列宁全集：第55卷．北京：人民出版社，1990：186.

② 列宁．书评：尼·亚·鲁巴金《书林概述》第2卷//列宁．列宁全集：第25卷．北京：人民出版社，1988：117.

作为人生存的基础，现实环境对人的发展具有重要意义。我国自古就有“近朱者赤，近墨者黑”“孟母三迁”的典故。事实证明，现实环境的确对人的行为规范、心理健康具有特殊的教育功能。将思想政治教育融入日常环境，需要充分创造优美高雅的生活环境，加强对生活设施的优化、自然环境的美化，为人们营造一个舒适、人性化的学习和生活氛围。在这一过程中，不仅要创造出一个井然有序、充满生机、和谐发展的“硬环境”，使人们在感受生活的美好的同时能接受到隐性教育的信息，而且还要充分完善“软环境”的作用，发挥精神文化产品的情感育人功能，推进社会文明、城市文明、村镇文明、单位文明、家庭文明“五位一体”的创建活动，在突出思想政治教育的内涵这一点上求实效。最终通过精神文化产品、服务、活动进行教育，实现人对思想政治教育在情感上的认同，使人在不知不觉中受到教化。

作为大众传播的活动场所，信息环境几乎对所有人的生活和思想都会产生广泛而深刻的影响：由于大众媒体与社会联系紧密又能迅速地反映社会生活，借助它有效地对人们开展思想政治教育工作能起到事半功倍的效果。因此，政府要充分利用传媒技术，借助网络工具、大众媒体引导人们的政治诉求、思想诉求、文化诉求，对人们进行思想政治教育，从而提高人们的思想政治水平。此外，政府还应该对不健康、不文明的网络信息进行筛选，使人们在拟态环境中有一个健康、纯洁的空间。因此，只有促进大众传媒正面的舆论引导，发挥新闻媒体传播思想政治教育的作用，将思想政治教育贯穿到日常宣传、引导和监督中去，才能巩固壮大积极健康向上的主流思想舆论，促进人对思想政治教育在情感上的认同与接受。

3. 思想政治教育融入日常规范，在意志中自觉追求

日常规范的现实意义在于规约和影响人们的行为。对日常规范的遵约不仅体现人的综合素质，而且会影响一个地区或国家的形象。我国正处于社会转型期，面对日益开放的社会环境，社会道德价值认同出现危机，价值准则难以形成共识，且难以转化为人的自觉追求。这一现状决定了在当前这种特殊的时期，必须转变思想政治教育的方法，不断增强教育的自主性，减少教育的依赖性，增强教育的自觉性，削弱教育的盲目性，增强教育的民主性，避免教育的强制性，从而加强人对自我道德行为的支配信念

和意志的能力。日常生活经验表明，如果人自觉接受日常道德行为规范的约束，便会提高自身行动的自觉性和坚持性，进而培养和展现出自身良好的意志品德。将思想政治教育融入日常规范，需要从家庭美德、职业道德、社会公德等方面强化人的行为规范，把增强全社会的价值判断和道德责任感作为着力点，使人在不断坚定意志中追求高尚品德。

家庭美德、职业道德、社会公德是日常行为道德规范的重要组成部分，将思想政治教育融入日常规范就需要进一步完善家风、行规、公德等具体行为准则。具体而言，首先，应将思想政治教育融入家风教育中。家庭是社会的细胞，家风是社会风气的细胞，家风会向民风转化，民风会向国风延伸。因此，只有充分发挥家风约束和规定家庭成员的功能，并通过切切实实的家庭教育将家风中道德责任与道德意识的培养与思想政治教育融合，由家长带头践行，帮助家庭成员在衣食住行、道德礼仪、家务劳动、礼尚往来等各个方面都扬荣抑耻，贯彻始终，进而养成良好的生活习惯和品德修养。其次，应将思想政治教育融入职业道德之中。这就要求职业工作者以正确的态度对待各种职业劳动，干一行爱一行，努力培养热爱自己所从事职业的幸福感与荣誉感，做到想群众所想，实事求是、精益求精、尽职尽责、客观公正，杜绝以权谋私，最终实现奉献社会的目的。最后，应将思想政治教育融入社会公德之中。要做到这一点，则需要建设慈善服务团体，成立社区业余爱好社团，为建立社会共同精神、引领社会文明风尚打下基础。与此同时，还应通过开展道德教育实践活动，深化典型人物教育，以榜样示范力量和道德鼓舞力量引领社会发展，形成彰善瘅恶、匡正失范的道德舆论氛围。此外，还要开展全民阅读活动、礼节礼仪教育等活动，通过社会教育的实施提高居民素质，从而推动社会公德不断转化为社会群体意识和人们的自觉行为，形成人人遵守社会公德的生动景象。

（四）思想政治教育融入日常交往的实践活动

日常交往是人类交往生活的原生形态，是人基本的存在方式，是一种与所有人生活最贴近、情感最亲近、行为最切近的行为方式。思想政治教育有效性的实现，在于将所学知识创造性地运用于生活，将认知、情感和意志上的追求转化为行动，以此增强人的认识和实践能力。增强思想政治教育的实效性，就必须要同人的日常交往生活紧密联系起来，将思想政治教育融入民风民俗、日常事件之中，以实践为检验标准，在生活实践的基础之上推进社会、民族、国家精神品格的升华。

民风民俗凝聚着长期历史条件下各族人民共同的社会认知和社会经验，对宣扬伦理道德、教化人的心态、传播主流价值具有重要作用，常常以“润物细无声”的方式将思想政治教育内容灌输于人的思想中。将思想政治教育与民风民俗相融合，就要发挥民风民俗的教育和模范的作用，在民风民俗中体现思想政治教育的目标内容。为此，应充分发挥节日优势，挖掘各种重大节庆日蕴藏的丰富教育资源，利用“五四”“一二·九”等政治性节日，进行爱国主义教育；利用“三八”“五一”等国际性节日进行和平主义教育；利用春节、清明、端午、中秋等传统节日进行民族传统文化教育。思想政治教育要因势利导地融入生活风俗之中，使人在喜闻乐见、寓教于乐、躬行实践中更好地感悟思想政治教育要求的真谛和要义。除此之外，还要有计划、有目的地建立一批新的礼仪制度，并在其中融入党的路线、方针、政策以及国家法律、法令，弘扬主旋律，传播正能量，丰富人的精神文化生活，最终实现教育提高人生活素养、服务生活的目的。

日常事件一般极易引人注目，不论是瞬息万变的国际形势还是备受瞩目的社会热点、焦点问题，都容易给人留下深刻印象，它们对于帮助人认清国情、关心国家大事、激发爱国情感、传播主流价值观念、增强对思想政治教育的认同感等具有重要意义。将思想政治教育融入日常事件，必须要充分利用国家重大历史事件的纪念日、充分利用丰富的社会资源——利用博物馆、名人纪念馆、文化馆、展览馆等——开展各种形式的纪念活动；充分利用国家成功举办大事、妥善应对难事的时机，举办庄严庄重、内涵丰富的群体性庆祝和纪念活动。思想政治教育要以日常生活出现的事件为契机，通过社会实践对人进行适时教育，通过生活实践对人进行正确的思想、观念、舆论导向，从而引导人们形成科学的世界观、人生观、价值观，在实践中推进思想政治教育的目标、内容、价值观念，并将其外化为人的自觉行动。

第四篇　思想政治教育研究的价值引领视角

思想政治教育是一种具有特定价值立场和鲜明价值追求的实践活动，思想政治教育研究自然要秉持和确证价值理据。社会主义核心价值观对建设什么样的国家、建设什么样的社会、培育什么样的公民做出了明确回答和科学指引，培育和践行社会主义核心价值观应当融通于思想政治教育理论与实践研究的各方面。本篇从社会主义五百年的发展历程审视价值问题和价值观演进，对学术界的社会主义核心价值观研究进行了评析，阐释了培育和践行社会主义核心价值观的动力和路径，分析了如何厘清社会主义核心价值观与宗教信仰以及社会主义核心价值观如何融入高校思想政治教育等问题。

一、价值问题：社会主义理论与实践的内在问题

任何社会思潮和制度从来都是一定价值观念的产物，有其特定的价值取向，有其追求的价值目标，社会主义也不例外。价值问题是社会主义与生俱来的基本问题，价值关系是社会主义实践中的基本关系。社会主义价值是社会主义的生命之源，决定着社会主义的目标任务、发展模式和制度体制。因此，对社会主义及其价值的历史把握和科学认识是我们培育和践行社会主义核心价值观这一重大时代课题的基本前提，对坚持和发展中国特色社会主义有重大理论意义和实践价值。

（一）社会主义价值的生成

在历史上，社会主义首先是被当作一种价值理想提出来的。“社会主义价值”回答的是社会主义“有什么好处”“对谁有好处”，亦即社会主义优越性的问题。马克思之所以批判资本主义，认为社会主义优越于资本主义，不仅在于资本主义社会的生产关系容纳不了在其自身内部发展起来的巨大生产力，而且还在于资本主义的生产方式造成了人的异化，造成了广大劳动者被奴役被压迫的悲惨境况，造成了社会道德伦理的沦丧。而社会主义却能使人重新成为自然的主人、社会的主人和他们自身的主人。

社会主义的价值是如何生成的？从价值发生学角度来看，价值是在人类诞生、导致主客体的分化及对立统一，并建构认识—实践关系以后才产生的。在主客体混沌不分的情况下，是无所谓价值的。应当明确的是，社会主义价值不是某种独立物或实体，也不是某种先验的存在，它实际反映的是客体属性对主体的功用。"'价值'这个普遍的概念是从人们对待满足他们需要的外界物的关系中产生的"①，尽管这是一句出自马恩经典原著且被李德顺先生称为"学术公案"的争议话语，但是它至少说明了价值是一个关系范畴，是作为一种特定的"关系态"或"关系质"而产生和存在的。价值既不单纯是客体自身的存在与属性，也不单纯是主体的利益、需要、情感、态度、欲望等，甚至也不是人自身或其本质、本性本身。倘若把单纯的客体或主体方面的内容当作价值的话，那么就会堕入实体思维之中②。由此可见，社会主义价值生成肇始于人类对美好生活和理想社会的需要，生成的基础是人类的历史实践，生成的实质是主客体之间需要与满足关系的不断生成的过程。其具体体现在以下几个方面：

首先，社会主义价值生成的始因是人类追求理想社会的需要。无论是东方设计的"大同"世界和"太平"世界，还是西方希冀的"理想国""乌托邦""太阳城"；无论是科学社会主义的"自由人的联合体"，还是中国特色社会主义构建的"和谐社会"，都包含了人类的价值诉求，折射了人类的理想之镜——建立一个公正、合理、自由、平等社会的理想。

其次，社会主义价值生成的基础是社会主义是"消灭现存状况的现实的运动"③。马克思和恩格斯指出，"对社会主义的人来说，整个所谓世界历史不外是人通过人的劳动而诞生的过程，是自然界对人来说的生成过程"④。社会主义的价值并非来自于某个先验的设定，也不是某个终极的静

① 马克思．评阿·瓦格纳的"政治经济学教科书"//马克思，恩格斯．马克思恩格斯全集：第19卷．北京：人民出版社，1963：406.

② 孙伟平．价值哲学方法论．北京：中国社会科学出版社，2008：259.

③ 马克思，恩格斯．德意志意识形态（节选）//马克思，恩格斯．马克思恩格斯选集：第1卷．北京：人民出版社，1995：87.

④ 马克思，恩格斯．1844年经济学哲学手稿//马克思，恩格斯．马克思恩格斯文集：第1卷．北京：人民出版社．2009：196.

止状态，它就在现实的运动之中生成，这个生成过程只能在现实的前提和条件下发生，而不能脱离现实。社会主义价值的生成如同实践本身一样存在着从抽象到具体、从原始的丰富性到历史的具体性的逻辑展开。现实中发生着的社会主义共产主义的价值实践，就是在资本主义时代革命性地改造现状的运动，即人民大众旨在寻求自身解放的社会实践。

最后，社会主义价值生成的实质是共产主义是“一个更高级的、以每一个个人的全面而自由的发展为基本原则的社会形式”①。马克思和恩格斯所构想的共产主义是在社会生产力高度发达、物质财富极大丰富、人的觉悟极大提高的基础上建立的，而社会主义则是一个社会生产力逐步走向发达，逐步消灭剥削、消除两极分化、最终达到共同富裕，为实现共产主义创造条件的历史发展阶段。因此，社会主义价值的生成本质，就是社会主义向共产主义迈进的历史进程中奠定物质基础、张扬价值理想、凝聚社会共识、走向“世界历史”的过程。

（二）社会主义价值的系统

从本质上讲，社会主义的社会形态或制度体系是社会主义价值系统的实体化和具体化。社会主义价值系统是由多个社会主义价值所构成的特殊系统，在这个系统中，各个特定价值相互依存且相互作用，从而形成并表现为一个要素的集合体、机理的统一体和功能的综合体。由此可见，社会主义价值系统是由诸多价值维度及其具体价值交织而成的总和或网络，故研讨社会主义价值系统必须从一个合理的“参照系”——价值维度体系——入手。实事求是地讲，这样的维度非常多，但人类的社会形态总是一定历史阶段上的经济、政治、文化、社会和生态等“格局”的总和。总的来说，能被一定历史时期的最广大人群认可和践行的价值系统，总是与这个阶段上的生产力的总水平、制度的总状态、文化的总状况和社会的总趋势相一致。由此，可以具体地探析社会主义价值系统中所蕴藏的经济价

① 马克思，恩格斯．资本论//马克思，恩格斯．马克思恩格斯文集：第5卷．北京：人民出版社，2009：683.

值、所内含的政治价值、所包纳的文化价值、所包含的社会价值、所囊括的生态价值。在社会主义价值系统中，每个价值抑或其价值子系统都在自己的位置和维度上发挥各自的特定作用。在此基础上，还必须从整体的视域和综合的路径去求索社会主义价值的系统性图景和系统性规定。社会主义价值系统的生成、存在和发展，就是要实现该系统在整体上总效应的丰满、飞跃和彰显。

此外，社会主义价值系统还是一个可以而且应当进行人工调节和人为优化的系统，这就要求恰当地择取、依据和应用一定的“标尺”对其进行构建。具体而言，首先，必须坚持客观性而克服主观性。在论析社会主义价值系统时，应当首先把社会主义价值系统作为一个客观的系统加以对待，一切从实际出发，具体问题具体分析。其次，必须坚持全面性而克服片面性。换而言之，必须摈弃简单化或绝对化等片面性思维，从而突出整体审视和区别对待等全面性思维，进而立足社会主义社会的宏大整体、统观社会主义价值系统的全局联动、着眼社会主义发展的长远未来。最后，必须坚持动态性而克服静止性。其基本要求就是要着重从系统与要素、系统与外界的相互联系和相互作用去进行辩证的、综合的动态剖析，以实现社会主义价值系统的结构塑造、动态运行和功能发挥达到最佳状态。

（三）社会主义价值的功能

社会主义是一种思想、一种运动、一种制度，也是一种价值。作为价值的社会主义朝向始终是以实现人的自由全面发展为基本诉求的，它推动着作为思想的社会主义实现理论创新，推动着作为运动的社会主义实现蓬勃发展，推动着作为制度的社会主义实现民富国强。价值视域下的社会主义，一方面支撑着对历史彼岸的“理性王国”或“自由王国”的信念，支撑着对人的自由本质和社会的自由尺度的意识与自我意识，并为我们的现实社会生活提供一种理想性的价值参照和超越性的价值图景，从而有效地搭建起理想与现实、超越与世俗之间的有机关联；另一方面在具体的经济和政治生活中，作为价值的社会主义为多元化的个体与共同体以及他们之间的自由交往和平等互动提供着权利和义务的边界，从而形成了具有社会主义属性的制度体系和社会交往。

从上述视角出发，社会主义呈现出一种价值的结构谱系，其终极价值指向人的自由全面解放，且以公正平等、自由民主、共同富裕、和谐发展等基本理念为价值支撑。这些基本的支撑价值在具体的历史发展过程中与社会主义发展的地域特色相结合，从而呈现出发展的阶段性特征。如在十八大关于社会主义核心价值观的培育和践行的相关内容中，明确提出了要在国家层面倡导富强、民主、文明、和谐的价值信念，在社会层面倡导自由、平等、公正、法治的价值理念，在个体层面倡导爱国、敬业、诚信、友善的价值观念。

总括而言，社会主义的价值不仅是系统的、完整的，也是历史的、具体的，是社会主义本质的反映、社会主义思想文化的核心、社会主义法律制度的灵魂。这一逻辑演进表征着社会主义价值的功能性指向，即在社会主义的理论发展和现实推进过程中，社会主义价值发挥着批判与建构功能、规范与凝聚功能、维护与创新功能、引领与整合功能，从而为社会主义理论发展和现实推进提供了理念支撑和精神动因。

当前，建构中国特色社会主义价值，明晰社会主义价值的价值方位和功能指向是前提，这就需要对社会主义价值展开理论的、历史的、时代的考察，思考社会主义价值的理论升华、经验总结和时代境遇，着力从社会主义价值功能彰显的底线维护、机制建构、方式创新、领域拓展等方面研究中国特色社会主义价值的建构路径，促进中国特色社会主义价值对社会主义价值的归复与发展，从而在经济全球化、世界多极化、信息网络化、文化多元化的复杂时代境遇下促进社会主义价值的功能发挥。

（四）社会主义价值的环境

社会主义价值环境是指社会主义价值所面对的外部客观存在，其具体是指影响社会主义价值形成、发展和社会主义价值传播、实现的一切外部因素，即与社会主义价值有关的并对其发生影响的外部因素。一般来说，社会主义价值环境可分为宏观环境和微观环境，其中，宏观环境主要是指社会主义价值所面临的国际经济、政治、文化、社会环境，微观环境是指社会主义价值产生、发展在特定历史阶段所面临的具体环境。宏观环境对社会主义价值的形成、发展起着决定性的影响，微观环境对社会主义价值的形成、发展也有着极其重要的影响和制约作用。社会主义价值环境是社会主义价值生长的土壤，其直接影响着社会主义价值发展的广度和深度。社会主义价值随着社会环境的变化呈现出不同的内涵，在不同的社会环境中人们对社会主义价值的认知和重视度也不同，随之社会主义价值的影响力也不同。诚然，无论社会环境如何变化发展，社会主义都代表着一种与无产阶级和广大劳动人民的自由解放和全面发展息息相关的价值追求，具有自己独特的价值目标。

社会主义价值诞生于既定的历史环境，也经历了一个复杂的过程，其发展充满着各种风险。社会主义价值经历了农业文明时代的启蒙、工业文明的萌芽和崛起，在当今的全球化进程中，人们越来越关注社会主义价值研究，特别是中国特色社会主义现代化建设所取得的伟大成就使得关于这方面的研究更为深入，社会主义价值也因之在实践中逐渐扩大着自身的影响、绽放光芒。在新世纪新阶段，社会主义价值面临的国际局势发生了新的深刻变化，社会主义中国的国内环境也在不断调整，这些层出不穷的新情况新问题在为社会主义价值提出挑战的同时，也为社会主义价值的实现提供了新的平台。

（五）社会主义价值的传播

社会主义价值的形成，既是渐进的、历史的过程，也是由矛盾斗争到形成共识的过程，其发展历程既承袭了传统文化的脉络，又汲取了现代文明的养分。这一动态的、发展的特点决定了社会主义价值与传播之间的密切关系。一方面，传播是社会主义价值构建的重要手段。任何一个社会都有自己倡导的价值理念，这不仅仅因为一个国家、社会的价值理念是建立和维护这个国家政权的重要手段，是各国各政党的精神旗帜，还因为价值理念具有社会教化和整合的功能，是民族国家的精神纽带，决定了民族的凝聚力和向心力，决定了国家的长治久安。作为精神文化产品的重要载体和社会主流意识形态的主要阵地，不论在东方还是西方、不论在过去还是现在，传播媒介都是社会核心价值构建的主要手段。因此对于社会主义而言，传播更应当成为社会主义价值建构的重要手段。另一方面，社会主义价值决定了传播的导向。绝对的传播自由是不存在的，传播应当承担一定的社会责任并进行自我约束，而决定传播导向的主要是这个社会所倡导的核心的价值理念。当前，我们以“三个倡导”为指向，因此培育和践行社会主义核心价值观，就是我们应该坚持的传播导向。

在新世纪新阶段，社会主义价值的传播环境发生了革命性的变化，一个以传播的全球化、信息的多元化、文化的大众化以及社会的媒介化为表征的新的传播态势已经形成。在新的传播态势下，我们社会主义价值传播过程中的各个环节还存在着诸多的问题：从传播主体来看，社会主义价值传播者的理论水平、传播观念、专业素质有待提高；从传播对象来看，社会公众的认知理念、生活方式、价值取向等呈现出多元化的趋向；从传播内容来看，社会主义价值的内容抽象，民众接受度不高，主导价值面临边缘化危险；从传播介体来看，传播媒介自身的发展带来的一系列问题对社会主义价值传播产生了一定的影响，具体表现为媒介传播的重心偏移、缺乏引导以及媒介的人性化追求所导致的价值观多元化等。因此，在新的媒介环境下，要着力建构社会主义价值的传播系统，一要坚持以人为本、价值主导、协调建构的基本原则；二要明确社会主义价值传播系统构建的着力点，即加强宣传，增进广大人民群众对社会主义价值的认同，更新理念，充分发挥媒介的议程设置功能，创新方法，扩大社会主义价值的传播领域；三要着力构建社会主义价值传播系统的融入机制，即将社会主义的共同价值追求融入个体的价值追求之中，将社会主义价值的内涵融入大众化的话语表达中，将社会主义价值的具体要求融入日常生活的场景中。

在此基础上，积极促进社会主义价值的全面深入传播。为此，首先要抓好学校教育、干部教育和公民教育的主渠道教育，健全社会主义价值传播的核心路径。其次要健全相关的法律法规、传播制度，倡导文明的行为规范，保障社会主义价值传播的全面践行。再次要开发精神产品，营造社会主义价值传播的文化氛围，即坚持正确的文化导向，弘扬主旋律；坚持文化的兼容性，推广优秀作品；坚持社会效益优先，抵制低俗之风。最后要争夺话语权，扩大社会主义价值传播的国际空间。即加强传媒国际化的进程，扩大社会主义价值的对外传播；提高民族文化自信心，加强蕴含社会主义价值观的文化传播；着重说明阐释，深化社会主义价值观内涵的对外传播；尊重传播规律，创新传播方法，提高社会主义价值传播的有效性。

（六）社会主义价值的实现

社会主义价值的实现既关乎社会主义的发展和繁荣，又关乎人民群众的现实福祉与理想信念。从某种意义上说，社会主义价值的实现也是社会主义自身价值的最好证明。社会主义价值的实现是复杂的，其中需要着重把握其阶段性特征与条件性基础。社会主义价值的实现不是一蹴而就的，从总体上而言它是一个不断推进的历史进程，具有鲜明的阶段性特征。究其原因，首先，在社会主义价值实现的进程中，人主体性的发挥既表现在对包括资本主义在内的已有的所有人类文明成果的吸收与传承，又表现在根据新的情况对待历史、创造未来，社会主义价值实现的内涵由此更为厚实；其次，人的需求随着社会的发展而发生着改变，中国特色社会主义在我国的实践也充分表明社会主义的价值实现在满足人民群众物质性需求、温饱性需求等方面呈边际递减趋势，而社会主义的价值实现在满足人民群众精神文化需求、社会公平正义需求等方面则呈上升趋势；最后，在社会信息化、经济全球化、文化多样化、思想多元化等的世界发展大势下，拜金主义、个人主义、自由主义与价值主体自我化、价值取向功利化、价值目标短期化之间相互寄生、相互影响，共同反映出某些个体、某些群体对社会主义价值实现还存在着一定程度的“焦虑症”和“跑偏症”。

社会主义价值的实现需要具备诸如主体确立、物质基础、制度安排、机制建构、介质平台、认知引领、管理提升等条件基础。就其中的主体确立而言，首先，人民是社会主义价值实现的主体。一切事物的价值都是对人而言的价值，没有人的存在，价值就既没了可依附性，又没了可判断性。社会主义价值也是如此。社会主义价值因人民而存在，为人民而实现。同时，社会主义价值的实现始终离不开人民的生产实践、社会实践，只有通过现实的人民以及人民现实的实践活动，才能去不断创造社会主义价值、不断实现社会主义价值、不断体验社会主义价值。其次，社会主义价值的实现离不开人民对社会主义正确的价值判断。价值判断是价值选择、价值实现的基础和前提。在社会主义价值判断上，需要将个体、社会、国家与社会主义的价值目标、价值取向、价值准则、价值评价、价值环境、价值传播等诸多的价值要素紧密结合在一起。从这个角度来看，社会主义核心价值观是这些价值要素相结合的凝练概括与集中体现。基于社会主义核心价值观的社会主义价值判断也深刻反映了中国人民对社会主义独特的价值诉求，反映了中国人民对于社会主义价值实现的不懈追求。最后，人民的价值追求与社会主义的价值实现具有一致性。一方面，人民的价值追求与社会的价值实现之间所具有的一致性构成了中华民族生息绵延的主航道，演奏着中华民族救亡图存的主旋律，推动着中华民族伟大复兴的主进程。另一方面，社会主义的价值实现也在客观上要求必须协调好社会主义价值满足与人民群众价值需求之间的关系问题，要让人民在实现社会主义价值目标、国家价值目标的过程中的同时能够更好地实现个体的价值追求，从而为社会主义更好、更高价值的实现创设出更有利的群众基础与社会环境。

（七）社会主义价值在中国：由自发到自觉

在任何成熟的国家和民族，适应时代变迁与社会变革要求的核心价值观的形成与嬗变都会经历一个从自发孕育阶段到自觉培育阶段的飞跃。在我国的早期社会主义建设和改革开放历史进程中，对于社会主义价值问题的不断探索和反思摆正了社会主义发展的价值朝向，奠定了中国特色社会主义的发展基调。随着时代发展和历史进步，构建具有中国特色的社会主义核心价值变得日益重要，完成这一时代使命的第一个步骤就是提出建设社会主义核心价值体系这一重大命题和战略任务。在十八大报告中，正式提出了培育和践行社会主义核心价值观的时代使命，此后中共中央办公厅印发了《关于培育和践行社会主义核心价值观的意见》，正式将“富强、民主、文明、和谐，自由、平等、公正、法治，爱国、敬业、诚信、友善”24 字定性为国家、社会和公民个人三个层面的社会主义核心价值观。社会主义核心价值观的提出是中国共产党领导中国人民在长期的社会主义实践探索和发展中形成的关于社会主义价值的认识结晶，全方位反映了社会主义价值的一些基本特点，是对社会主义价值性质与内涵的深刻阐发，是对社会主义价值学说的充实与发展。社会主义核心价值观是社会主义思想体系阐明的、社会主义社会制度要求的、参与社会主义实践运动的人们应当持有的核心价值观。需要指出的是，社会主义核心价值观实际上指的是社会主义核心价值观念（体系），而不是一般意义上的价值观，即作为“主体关于主客体之间所有价值关系的基本看法或总的观点”的价值观。“在主体的评价活动中，实践基础上所形成的价值意识在主体意识中不断反复，就会以‘逻辑的式’的形式积淀为价值观念。”① 社会主义核心价值观，就是社会主义性质的关于核心价值尺度、价值评价和核心价值取向、价值追求这两方面的“逻辑的式”。十八大报告和《关于培育和践行社会主义核心价值观的意见》对社会主义核心价值观的科学概括，就是社会主义要求的价值尺度、价值标准和价值取向、价值追求。

社会主义核心价值观与社会主义价值的内在关联，体现在社会主义价值是社会主义核心价值观所依托的反映对象，是对社会主义价值集中的观念表达。党的十八大强调用社会主义核心价值体系引领社会思潮、凝聚社会共识，提出积极培育和践行社会主义核心价值观，就是力图从社会主义价值角度考察社会主义发展道路的理论与实践历程，用社会主义核心价值观引领和指导具体的社会主义实践过程，推动社会主义建设的价值回归。因此，当前要在坚持社会主义本质、反映社会主义价值、遵循社会主义制

① 陈新汉. 社会主义核心价值体系论研究. 北京：北京师范大学出版社，2012：26-27.

度的基础上，培育社会主义核心价值观，澄清社会主义价值本源，消除对社会主义和社会主义核心价值观的误解，并结合全球化时代、信息化时代的崭新时代特征，不断深化价值研究新途径，创新价值研究新视野，赋予价值研究新内涵，拓展价值研究新领域，进而科学描述和阐释未来社会主义发展过程中的价值言说。与此同时，还要在积极参与全球化的过程中，广泛传播社会主义核心价值观，促进社会主义核心价值观的国际化、市场化和大众化研究。

二、历史演进：社会主义五百年核心价值观回溯

自1516年英国人托马斯·莫尔发表《乌托邦》至今，社会主义已经走过了五百余年风雨历程。五百余年社会主义运动发展史的历程充分表明，对社会主义道路的认识和探索、对社会主义价值的认同和追求、对社会主义理想的设计和践行，必须要以社会主义核心价值观作为终极考量的评判标准。历史走到资本主义和社会主义共同在场、互动较量的特殊时期，如何彰显社会主义道路的优越性，凸显社会主义制度的科学性，阐发社会主义模式的价值性，成为当下社会主义国家在全球化进程中必须进行深刻思考和给予明确答复的时代性课题。对“什么是社会主义核心价值观，怎样培育践行社会主义核心价值观”做出科学有力的界定，是当下社会主义国家对“什么是社会主义，怎样建设社会主义”这一基本问题在价值层面的铺展和递进。因此，从价值观角度考察社会主义的理论发展与实践演进，以社会主义核心价值观提领具体的社会主义实践过程，驱动社会主义建设的价值性回归，成为社会主义运动在当下必须承担的历史性课业。

（一）人的全面自由发展：社会主义发展模式的价值意蕴

社会主义既是一种理想，又是一种运动；既是一种理论，又是一种制度；既是一种实践，又是一种价值观。社会主义道路的发展历程时刻充斥

和弥漫着“为什么需要社会主义，什么是社会主义，怎样建设社会主义”的迷思。其中，“为什么需要社会主义”是对社会主义合理性、合规律性、合法性的价值拷问；“什么是社会主义”是对社会主义本质规定性、制度优越性和理论科学性的精确提挈；“怎样建设社会主义”是对社会主义目标价值性、发展规律性和建构合理性的不懈探索，这些问题归根到底就是社会主义发展和建设的价值性问题。社会主义核心价值观蕴藏于社会主义的理论、运动和制度之中，并在全球化时代、文化多元化时期愈发凸显其重要性和主导性。因此，全面把握社会主义核心价值观的科学内涵，准确限定社会主义核心价值观的基本方位，对于科学建构社会主义核心价值观具有重要的理论和现实意义。

1. 人的自由全面发展：社会主义的最高价值

在哲学意义上，价值的概念是从主客体的关系角度进行界定和分析的。马克思在《评阿·瓦格纳的“政治经济学教科书”》一文中指出：“‘价值’这个普遍的概念是从人们对待满足他们需要的外界物的关系中产生的”①，作为整体的人对“成为满足他的需要的资料的外界物……进行估价，赋予它们以价值或使它们具有‘价值’属性”②，因此价值是人们所利用的物能在多大程度上满足人的需求的属性。马克思从主体与客体关系的角度来分析考察价值，指出了价值作为关系范畴，是一种客体属性对于主体需要的特定关系，是客体对于主体需要的一种满足。我国价值理论著名学者李德顺也认为：“价值是指主客体之间的客观关系状态”“主观上的价值观念如果能客观反映价值关系，那么它就是一套合理的、有效的、好的价值观念”③，作为人的存在以及对人的存在所具有的意义④，价值能够满足人、阶级和社会的某种需要，成为他们的兴趣、意向和目的⑤。核心价

① 马克思．评阿·瓦格纳的“政治经济学教科书”//马克思，恩格斯．马克思恩格斯全集：第19卷．北京：人民出版社，1963：406.

② 同①409.

③ 李德顺．关于价值与核心价值．党政干部学刊，2008（3）：3-5.

④ 吴向东．重构现代性：当代社会主义价值观研究．北京：北京师范大学出版社，2009：10.

⑤ 袁贵仁．价值观的理论与实践：价值观若干问题的思考．北京：北京师范大学出版社，2006：4.

值观基于人的价值需求，通过比较鉴别和归纳概括，把最能满足人的价值需求、最能体现人的价值追求、最能反映社会现实关系、最能彰显社会存在意义的价值观念作为一个社会主流意识形态的本质体现。社会主义核心价值观是对作为人们选择的一种社会制度的社会主义的核心价值的判断、认定和追求。任何价值观念的形成发展都有其特定的历史条件、理论渊源和实践基础，都要有一定的社会存在作为价值观念产生的制度土壤、文化土壤和实践土壤。社会主义核心价值观的形成过程同样是在与社会主义运动、理论和制度的互动过程中形成的，是对社会主义本质规定和社会主义终极目标的价值言说。

在社会主义价值观体系中，核心价值观由于科学地反映和维系着社会主义本质，关照和指引着社会主义建设，因而居于社会主义价值观体系的核心位置，是科学性与价值性的有机统一。“人的全面自由发展”是社会主义价值观体系的核心价值追求，最能充分、全面、科学地体现和反映社会主义制度的优越性和科学性。马克思和恩格斯对于社会主义的核心价值曾做出过十分明确的表述，恩格斯指出：“我们的目的是要建立社会主义制度，这种制度将给所有的人提供健康而有益的工作，给所有的人提供充裕的物质生活和闲暇时间，给所有的人提供真正的充分的自由。”① 他把人的自由和全面发展这一思想称作“未来新时代的思想”，以区别于但丁说过的“一些人统治，一些人受苦难”的旧纪元。在《共产党宣言》中，马克思和恩格斯强调：“代替那存在着阶级和阶级对立的资产阶级旧社会的，将是这样一个联合体，在那里，每个人的自由发展是一切人的自由发展的条件。”② 换而言之，未来共产主义是“以每一个个人的全面而自由的发展为基本原则的社会形式”③，是在保证社会劳动生产力极高度发展的同时又保证每个生产者个人最全面的发展的这样一种经济形态，只有在那里，社会

① 恩格斯．弗·恩格斯对英国北方社会主义联盟纲领的修正//马克思，恩格斯．马克思恩格斯全集：第21卷．北京：人民出版社，1965：570.

② 马克思，恩格斯．共产党宣言//马克思，恩格斯．马克思恩格斯选集：第1卷．北京：人民出版社，1995：294.

③ 马克思．资本论//马克思，恩格斯．马克思恩格斯文集：第5卷．北京：人民出版社，2009：683.

全体成员才能得到全面发展。“人的全面自由发展”是马克思主义理论的最高命题，是马克思主义理论中最富有生命力和吸引力的内容，并最能体现马克思和恩格斯关于未来社会的基本思想。“人的全面自由发展”是一种充分的发展、全面的发展、和谐的发展和自由的发展，同时也是人自身的全面自由发展、人的交往关系的全面自由发展、人与社会的全面自由发展以及人与未来的全面自由发展。

在社会主义五百余年的发展历程中，从空想到科学、从理论到实践、从一国实践到多国发展，其贯穿始终的主线就是“人的全面自由发展”这一核心价值问题；在科学社会主义一百五十多年的演进历程中，从马克思和恩格斯对未来社会的天才般构想到东方落后国家跨越“卡夫丁峡谷”的社会主义构想，从列宁社会主义一国胜利论到列宁晚年关于社会主义的新思考，从苏联社会主义建设的兴衰成败到中国特色社会主义的一枝独秀，在其发展演进过程中始终内含着对“什么是人的全面自由发展”的理论思索和实践展开；在中国特色社会主义六十多年的实践历程中，从新民主主义革命到社会主义改造，从社会主义基本制度确立到对社会主义本质的科学论断，从社会主义市场经济体制改革目标的提出到社会主义和谐社会建设的总体构想，从科学发展观的发展模式建构到全面深化改革的总体部署，在这一历程中始终体现着我们党对“怎样实现人的全面自由发展”这一重大问题的不断探索和科学思考。在社会主义五百年沧桑演变的历史进程中，有高潮、有低谷，有一路高歌的伟大变革，也有坎坷曲折的黯然神伤，但其中永恒不变的是社会主义运动背后蕴含着的人类美好的价值追求。

2. 引领美好生活：社会主义核心价值观的历史方位

作为一种社会理想，社会主义核心价值观是对人类诞生以来希冀美好生活理想的继承和发扬；作为一种社会意识，社会主义核心价值观是对人类认识世界和改造世界过程中期待未来社会的总结和创设；作为一种观念上层建筑，社会主义核心价值观是对人类剖析各种社会制度、社会模式的比较中坚定社会主义发展道路的引导和指引。这种价值性的目标和追求并不仅是社会主义核心价值观的独有属性，还是自人类诞生以来即伴随着实践活动而产生的一种价值观念。对于美好生活的向往、对于德性生活的追求、对于未来发展的判定，是人类社会超越自我、战胜自然、追求未来的历史性、实践性和价值性的永恒话题。

作为一种人类社会的理想追求，在社会主义五百余年的历史进程中，社会主义核心价值观和其他人类社会理想一样都有着深远的历史渊源和持续不断的思想脉络。从柏拉图“理想国”中对于“共产主义”社会蓝图的描绘开始，人类就没有停止过对于“社会主义”或者“共产主义”的追求和设想，从15—16世纪的莫尔、康帕内拉、闵采尔，到17—18世纪的梅叶、温斯坦莱、维拉斯、摩莱里、马布利、巴贝夫，再到19世纪初叶的圣西门、傅立叶和欧文，思想家们从没有停止过对于人类美好社会理想的探索和追寻。从马克思创设科学社会主义理论体系并赋予“共产主义”或“社会主义”这一美好社会理想以科学形态和科学思想开始，到列宁率领俄国无产阶级进行艰苦卓绝的革命斗争进而推进社会主义这一充满价值关怀的社会理想第一次破天荒地成为社会现实，再到中国共产党人创造性地把马克思主义基本原理与中国革命、建设和改革的具体实际相结合，在落后的东方大国奇迹般地探索具有中国特色的社会主义发展道路从而形成中国特色社会主义理论体系、创建中国特色社会主义制度、坚持中国特色社会主义道路，并提供当代世界社会主义实践运动中的中国方案，社会主义在引领人类不断走向美好生活和理想社会的同时也在不断彰显其价值合理性、发展目的性和建设规律性，并以确凿的历史轨迹向人们阐明了这样一个道理：人类社会不会也绝不可能停留在某一社会状态、社会制度或发展模式上，而是在社会建设和社会发展的过程中朝着一种更为合理、更为公正、更为美好的价值性方向发展。

社会主义核心价值观是对于人类美好生活理想的继承发展，是社会主义五百余年追求目标的集中宣言，更是我国社会主义现代化建设的精神动力和指引思想。社会主义核心价值观并不是时代发展到今天才需要提炼和宣传的意识形态的自我建构，而是人类在追求社会理想的过程中不断积累和凝练的社会发展的价值思考。因此对于社会主义核心价值观的考察，应该放在人类社会发展历史的进程中予以考量，去探寻社会主义核心价值观内在的历史性和发展性，寻找社会主义核心价值观的理论源泉和实践原点；应该放在社会主义思想演变发展的过程中予以说明，去探究社会主义核心价值观蕴含的理论性和思想性，发现社会主义核心价值观的价值合理性和思想科学性；应该放在社会主义运动实践的具体场域中予以论证，去探析社会主义核心价值观凸显的民族性和时代性，建构和实现社会主义核心价值观的民族化、大众化和生活化。因此对于社会主义核心价值观的考察研究，要将其置于具体的历史环境和历史阶段，而不是一味地追寻超越历史阶段和时代特点的虚幻的价值理想。

（二）承前启后的价值流变：社会主义核心价值观的历史演进

社会主义的发展演变同样也催生了社会主义核心价值观的历史流变。人们对于社会主义的价值理解，总是体现出某一具体历史阶段的时代特征和实践个性。社会主义核心价值观正是在这样的过程中经历着从抽象到具体、从空想到科学、从理论到实践、从革命到建设、从改革到发展的形态转换，并在不同的历史阶段，表现出革命的逻辑、建设的逻辑、改革的逻辑和发展的逻辑之间的差异性，并体现在理论上的主观性、探索性和开创性、超越性上。

1. 空想社会主义的价值观构想

以情感的抒发、道德的批判、美好的设想为显著标志的空想社会主义，从试图尝试提升社会整体道德、改善无产阶级社会地位、取消剥削压迫制度、建构美好社会生活的角度出发，在描绘未来理想社会蓝图的同时，凸显出了平等、博爱、劳动、和谐、普遍幸福、人的全面发展等价值追求。空想社会主义者出于情感的义愤和对弱者的怜悯，无情地揭露和批判了资本主义社会的罪恶，并积极地阐述和宣扬了社会主义的价值观念。一方面，他们指出在资本主义私有制下社会的种种罪恶：如在英国产业革命时期的“羊吃人”运动；傅立叶痛斥资本主义社会是“医生希望自己的同胞患寒热病；律师则希望每个家庭都发生诉讼；建筑师需要一场大火把一个城市的1/4化为灰烬；安装工人希望下一场大冰雹把所有的玻璃打碎”① 的罪恶社会。另一方面，他们又对未来的理想社会做了幻想般的描述：从莫尔的《乌托邦》、康帕内拉的《太阳城》，到傅立叶的《法郎吉》以及欧文的“新和谐公社”和卡贝的“伊加利亚公社”，他们构想了社会主义价值法则和社会主义未来图式，设计了理想的未来社会并付诸勇敢的实践和尝试。这种蕴含空想成分的社会主义言说和对社会主义发展道路的设想，虽然建立在唯心史观和感性思维的基础上，但其对社会主义发展目的、价值目标的不懈探索，让我们看到了作为一种社会形态的社会主义所内含的与资本主义截然不同的价值诉求和价值理想。空想社会主义者对理想社会的构筑是建立在“抽象理性”基础上的，具有唯心史观的共同局限性。虽然这些没有科学理论支撑的社会主义思想在现实中是必然会失败的，但是他们对社会主义在价值上的判断却是一份珍贵的历史遗产：未来的社会主义社会应当是一个消除阶级压迫、消灭阶级剥削的美好社会。

2. 科学社会主义的价值观超越

以科学的理论批判、强烈的现实关照、客观的规律把握和理性的未来构想为显著特征的科学社会主义，以唯物史观和剩余价值学说为理论基石，以人类社会发展的客观规律和对资本主义制度的理论批判为视角，从严谨论证社会主义代替资本主义的历史必然性出发，在对未来社会提出谨慎的基本构想的过程中，凸显出了公平正义、尊重人权、友爱互助、富裕和谐、自由发展等核心价值追求。马克思和恩格斯在继承空想社会主义关于未来社会发展道路的思想萌芽，并优化和发展了空想社会主义的价值迷思的基础上，从唯物史观和剩余价值学说两大角度出发对资本主义制度予以最无情最科学的批判，指出人的不自由、被奴役、被异化是资本主义制度的罪恶表现，生产资料的私有制是剥削的根源，进而提出社会主义社会的发展目标是在废除剥削制度、废除私有制基础上的人的自由而全面的发展。从根本价值目标出发，马克思和恩格斯对未来社会的特征进行了初步设想。囿于时代的限制，虽然马克思和恩格斯并未就此做出详尽的论述，但

① 傅立叶．傅立叶选集：第1卷．北京：商务印书馆，1979：122.

我们可以从他们的著作中简要地提炼为：消灭资本主义私有制，建立生产资料公有制；有计划地组织社会生产，废除商品经济；合乎规律地改造和利用自然；实行按劳分配的原则，并逐步从按劳分配向按需分配过渡；通过无产阶级专政和社会主义高度发展最终实现消灭阶级、消灭剥削，实现国家逐步自行消亡，建立起“自由人联合体”。同时马克思和恩格斯反复强调自己的研究和设想“提供的不是现成的教条，而是进一步研究的出发点和供这种研究使用的方法”①，从而为后人根据新的事实和过程对社会主义制度设计做出变革和发展留出了理论空间。马克思和恩格斯反复强调要从最顽强的事实出发预测未来社会，坚决反对教条式预测未来和规定未来社会的具体细节，强调科学社会主义原理的运用要随时随地以具体的历史条件为转移。科学社会主义阐发的核心价值观念体现为合目的性与合规律性、社会发展与人的发展、科学理性和价值理性的辩证统一。

3. 苏联社会主义模式的价值观探索

科学社会主义的理论之花第一次在广阔的俄国土地上结出胜利的果实。20世纪初，列宁把马克思主义基本原理同俄国具体革命实际结合起来，创造性提出社会主义可能在一国或数国首先取得胜利的理论，在科学社会主义核心价值观的指引下，擎起社会主义大旗，领导十月革命取得成功，建立了世界上第一个社会主义国家。尽管社会主义理论与运动兴起于西欧，但作为一种社会制度在一个国家得以确立并对世界产生广泛影响的，却是在资本主义发展不足的基础上诞生的苏联。作为落后于世界文明和世界现代化发展进程的东方农业大国，苏联在坚持“人的自由全面发展”这一核心价值理念的前提下，开始了一路跌跌撞撞而又步伐坚定的探索征程，为社会主义核心价值观的发展添上了浓墨重彩的一笔。如何建设社会主义，怎样彰显社会主义核心价值观，并没有先例可循，亦没有经验可鉴，从战时共产主义政策到新经济政策，列宁进行了深入的思考和艰辛的探索。虽然列宁曾经主张：“无产阶级的目的是建成社会主义，消灭社

① 恩格斯．恩格斯致威·桑巴特//马克思，恩格斯．马克思恩格斯选集：第4卷．北京：人民出版社，1995：742-743.

会的阶级划分，使社会全体成员成为劳动者，消灭一切人剥削人现象的基础。”① 并在社会主义革命和建设实践中强烈关注和追求着社会主义的价值目标、价值原则，始终用社会主义价值理想去观照现实的制度和政策，试图把社会主义核心价值追求与俄国的实际情况相结合。但在列宁之后，他的社会主义观没有能够得到自觉和系统的总结。

以绝对的计划经济、集权的治理模式、唯一的科学性解读和淡化漠视价值追求为标志的苏联模式的社会主义，在坚定社会主义发展方向的基础上僵化、固化、片面化理解马克思和恩格斯关于未来社会主义的初步构想，形成了以计划经济体制为依托，以集体主义为核心的社会主义核心价值观。从总体上看，苏联模式有过重大的历史作用，但也存在严重弊端，有着极大的历史局限。因而在此基础上产生形成的苏联的社会主义核心价值，既有向社会发展实际的靠近，也有对科学社会主义价值性追求的偏离，社会主义的价值追求在实践过程中被片面化和抽象化。在列宁之后，苏联于20世纪30年代宣布建成了社会主义，从而形成了苏联模式。这一高度集中的体制模式被解释成社会主义的本义和社会主义的标准，并将社会主义完全实证化、制度化。苏联模式既对科学社会主义的制度设想做了非历史的理解，又罔顾苏联的现实背景与理论构想的差异，导致其忽视甚至背离了社会主义最根本的价值追求。苏联社会主义模式对于社会主义价值的背离主要体现在：第一，在生产力发展目的上偏离了社会主义的根本价值目标。第二，在发展方式的选择上偏离了实现社会主义根本价值目标的科学方法论基础。第三，在体制构建上偏离了社会主义的价值目标对于社会全面发展的客观要求。这种偏离了正确方向和价值取向的社会主义模式，在历史和现实原因相互交织的推波助澜中，导致了东欧剧变、苏联解体和苏联共产党解散的结局，致使世界社会主义遭受重大曲折。苏联模式的社会主义实践和探索历程已然成为历史，但其在捍卫科学社会主义道路、坚持共产党的领导、坚持生产资料公有制以及坚持人民主体性地位的实践努力和价值探索，作为宝贵的社会主义实践材料，对于社会主义道路

① 列宁．向匈牙利工人致敬//列宁．列宁选集：第3卷．北京：人民出版社，1995：835．

的建设和发展具有历史性的启迪意义。同时，苏联对于社会主义科学性的过度强调和对于社会主义价值性的主观忽视，也将作为珍贵的历史教训为当下社会主义的发展提供镜鉴。

4. 中国特色社会主义的价值观彰显

以突出生产先进性、凸显人民主体性、强调社会公正性、主张发展科学性、捍卫存在自由性和建构关系和谐性为显著标志的中国特色社会主义，经历了由“以阶级斗争为纲”到以发展经济为中心、由以“一大二公”纯粹公有制为目标到以发展生产力为中心、由以集体主义为核心到以人为本的思想观念的转换，在从计划经济体制走向市场经济体制、从“一边倒”走向改革开放的过程中，凸显了社会主义的核心价值诉求。

在中国广袤的土地上，科学社会主义的历史打开了社会主义核心价值观的历史新篇章。伴随着新中国的成立，如何建设社会主义、怎样彰显社会主义核心价值观的重任历史性地落在了中国共产党的肩膀上。以毛泽东为代表的中国共产党人，把马克思主义基本原理与新中国社会主义建设的具体国情和实践历程紧密结合，不断推进社会主义核心价值观的理论探寻和实践探索。面对这一崭新的历史课题，尽管我们党经历了从全面学习苏联到以苏为鉴、独立探索适合中国国情的社会主义建设道路的曲折历程，并在艰辛探索中犯过严重错误、遭受过严重挫折，但以毛泽东为核心的党的第一代中央领导集体依然带领全党全国各族人民完成了新民主主义革命，进行了社会主义改造，确立了社会主义基本制度，成功实现了中国历史上最深刻最伟大的社会变革，为社会主义核心价值观在当代中国的形成发展奠定了根本政治前提和制度基础。以邓小平为核心的党的第二代中央领导集体，带领全党全国各族人民做出把党和国家工作中心转移到经济建设上来、实行改革开放的历史性决策，深刻揭示了社会主义本质，确立了社会主义初级阶段基本路线，成功开创了中国特色社会主义，为社会主义核心价值观提供了坚实的社会主义土壤。以江泽民为核心的党的第三代中央领导集体，带领全党全国各族人民坚持党的基本理论、基本路线，依据新的实践确立了社会主义市场经济体制的改革目标和基本框架，确立了社会主义初级阶段的基本经济制度和分配制度，成功把中国特色社会主义推向21世纪。

新世纪新阶段，中国共产党抓住重要战略机遇期，强调坚持以人为本、全面协调可持续发展，提出构建社会主义和谐社会、加快生态文明建设，形成中国特色社会主义事业总体布局，着力保障和改善民生，促进社会公平正义，推动建设和谐世界，推进党的执政能力建设和先进性建设，成功在新的历史起点上坚持和发展了中国特色社会主义。在新的历史条件下，中国共产党在坚持和追求中国梦的征程中，始终站在时代前沿、立足实践境遇、放眼事业图景，高屋建瓴地提出了“全面建成小康社会，全面深化改革，全面依法治国，全面从严治党”的“四个全面”战略思想和布局，深入有机地推进中国特色社会主义理论与实践。

中国特色社会主义发展道路表明，只有充分认识到社会主义价值的重要作用和核心地位，在坚持和发展科学社会主义的过程中不断赋予科学社会主义以价值性的内容和诉求，遵循并实现着社会主义科学性与价值性的有机结合，才能获得永恒的发展机遇，迸发蓬勃的生命力。在社会主义价值的探索过程中，中国特色社会主义明确提出了以马克思主义指导思想、中国特色社会主义共同理想、以爱国主义为核心的民族精神和以改革创新为核心的时代精神、社会主义荣辱观四方面内容为组成部分的“四位一体”的社会主义核心价值体系，并倡导富强、民主、文明、和谐，倡导自由、平等、公正、法治，倡导爱国、敬业、诚信、友善，积极培育、践行和弘扬社会主义核心价值观，充分赋予社会主义发展道路更加饱满、更加厚实、更加鲜明的价值意蕴。

三、未来面向：社会主义五百年核心价值观展望

历史从来不是无意义的运动。正如黑格尔所说："我们之所以是我们，乃是由于我们有历史……构成我们现在的，那个有共同性和永久性的部分，与我们的历史性也是不可分离地结合着的。"① 与人类历史相比，社会主义还很年轻，但其中永恒不变的是社会主义运动背后所蕴含着的人类美好的价值追求。无论社会主义是成功、辉煌或是暂时的挫折乃至失败，在社会主义核心价值观规约、促动和引领下，社会主义运动最终成为了人类对美好社会的伟大探索和宝贵遗产。同时，社会主义是一个不断展开的历史性运动，也是一个持续发展的实践性活动。社会主义核心价值观的发展演变同样也是一个遵循人类社会发展规律的历史演进历程，更是一个与时俱进、面向未来的发展过程，突出彰显着社会主义发展道路的生命力。

（一）社会主义核心价值观应该是历史性与时代性的有机统一

社会主义核心价值观是一个开放发展的价值理念体系，是随着时代变化不断丰富新内涵的价值观念，而不是固守僵化言论的具体形式。因此，

① 黑格尔．哲学史讲演录：第1卷．北京：商务印书馆，1959：7-8。

不同时代、不同时期对于社会主义核心价值观的理解也就会有所不同，有所差异。这种差异既与时代的发展演变有着密切的关系，也与社会主义自身的发展演变有内在的天然联系。培育和践行社会主义核心价值观，就应该坚持历史性与时代性的有机统一，在秉承历史中直面时代，在传承沿袭中创新发展。社会主义从来就不是固化模式、僵化体系、简化思想的代称，马克思和恩格斯特别注意强调社会主义不是某种主观的愿望和想象的结果，而是一个客观的历史进程，不断发展着的现实是社会主义得以实现的基础，并提供着必要的条件和动力。他们认为社会主义没有一成不变的现成模式，而是无产阶级和人民群众在不断发展着的社会实践中不断创造的产物，因此社会主义建构和追求的每一步都要立足现实，从实际出发，在不断探索、创造、发展和完善中走向目标。马克思和恩格斯甚至曾宣布："共产主义对我们来说不是应当确立的状况，不是现实应当与之相适应的理想。我们所称为共产主义的是那种消灭现存状况的现实的运动。这个运动的条件是由现有的前提产生的。"① 恩格斯也指出："所谓'社会主义社会'不是一种一成不变的东西，而应当和任何其他社会制度一样，把它看成是经常变化和改革的社会。"② 中国特色社会主义的发展道路更是充分证明了与时俱进地推进社会主义建设的时代化才是坚持和发展社会主义的不二法门，僵化、固化社会主义模式必然会走向社会主义的反面，社会主义实践发展道路如此，社会主义核心价值观的培育践行更是如此。社会主义核心价值观的形成和发展，既需要不断深入挖掘其理论内涵、实践内涵、民族内涵，又要在契合中国基本国情的基础上凸显其引导性、规范性和发展性。社会主义核心价值观来源于鲜活的实践活动，其内涵就蕴含在我们生活的现实世界之中，蕴含在当代熟知的价值观体系之中，蕴含在时代发展所展现的文化趋向之中。因此，社会主义核心价值观不可能始终保持一致的样式和形态，不可能始终严格地遵循历史的话语和内容，而是要

① 马克思，恩格斯．德意志意识形态（节选）//马克思，恩格斯．马克思恩格斯选集：第1卷．北京：人民出版社，1995：87.

② 恩格斯．致奥托·伯尼克//马克思，恩格斯．马克思恩格斯全集：第37卷．北京：人民出版社，1971：443.

在回应时代需求、反映时代变化的过程中始终保持敏锐的捕捉能力、强烈的现实关怀和超前的理论关照，在坚持社会主义运动的总目标的同时不断完善社会主义核心价值观的时代特色。

（二）社会主义核心价值观应该是价值性与科学性的有机统一

梳理社会主义五百余年的发展历程，我们可以发现，苏联模式社会主义的失败虽然有千条万条的原因，但其中最重要的一条就是放弃、忽视甚至抵制社会主义核心价值观的引领和指导。放弃社会主义核心价值观，本质上就是放弃了社会主义的核心价值追求，就是遮蔽或放弃了社会主义内在的价值性。科学性和价值性是社会主义的两个半圆，二者的完美融合和有机统一才是社会主义建设的理想模式和应有图式。社会主义核心价值观的培育和践行，同样也需要遵循科学性与价值性有机统一的基本原则，既要坚持社会主义的科学性原则，又要秉承社会主义的价值性追求。“社会主义核心价值观的生成既是基于社会主义本质规定性的理论推演，更是基于社会发展过程中实践活动的决定性催化，前者规定了社会主义核心价值观来自何处，后者决定了社会主义核心价值观走向何方。”① 苏联在建设社会主义的过程中，过分强调了社会主义科学架构的真理性、规律性、一致性，忽视了社会主义价值实现的多元性、民族性、合理性。坚守社会主义建设的制度化建设而忽视了社会主义的价值性追求，强调社会主义科学性而忽视了社会主义的合理性，导致了苏联在僵化的模式中放弃了人民的主体地位和对人的全面发展以及人的终极解放的价值追求，导致了制度危机，并对整个世界共产主义运动产生了不可估量的负面影响。反观中国特色社会主义的建设和改革历程，可以看出正是意识到制度僵化带来的必然性的毁灭性的打击，我们开始注重社会主义改革，注重将党的执政、社会主义的发展和人民的物质文化需求密切结合起来，开始从“什么是社会主义，怎样建设社会主义”这一基本问题出发思考和探索中国特色社会主义建

① 王学俭，李东坡. 社会主义核心价值观研究述要. 思想政治教育研究，2013（4）：22.

设，从而走出了一条不断探索、不断创新、不断发展的中国特色社会主义道路，并在这一过程中不断彰显着社会主义核心价值观。

（三）社会主义核心价值观应该是普遍性与民族性的有机统一

“价值观属于文化的范畴，不可能脱离特定的历史文化传统”①。文化既是社会生产生活等实践活动的精神产物，也是一个民族长期发展的历史产物。作为文化内核的价值理念必然也同样具有鲜明的民族性，并与民族文化的发展呈现互动关系。任何一个价值理念都必然是具体的、历史的，具有鲜明民族特征的价值追求，任何一个价值观也都是隶属于一定民族的、一定阶层的，具有鲜明个性特征的利益诉求。美国学者本尼迪克特指出：“长久以来被预言将要到来的‘民族主义时代的终结’，根本还遥遥无期。事实上，民族属性是我们这个时代的政治生活中最具普遍合法性的价值。”② 作为一种社会主义运动实践的理想性宣言，作为一种社会主义曲折发展的目标性指向，作为一种民族国家选择建构的精神性产品，社会主义核心价值观更需要在坚持社会主义本质属性、捍卫社会主义核心价值、体现人类社会幸福美好追求的基础上，充分汲取民族优秀传统文化，彰显社会主义核心价值观的民族性。同时，虽然社会主义发展道路、发展模式具有多元性、多样性、历史性和民族性的本质特征，但是不管其发展道路怎样开拓、发展模式怎样建构，其内在的价值取向、价值目标、价值理想应该而且必然是社会主义的。这也就意味着社会主义在发展模式上应该是多元的，以更加体现民族特色、时代特色，但在发展理念上应该是普遍的，并遵循社会主义的核心价值追求。社会主义发展道路所遵循的社会主义价值观可以分为核心价值观和基本价值观，对于基本价值观的遵循应该随着时代的发展而不断改进和创新，并在这一过程中更为充分地体现和表达核心价值观的意义。因此，如果分不清楚核心价值观和基本价值观，僵化地坚守一种基本价值观或者由基本价值观决定的一种理念，必然会落后于鲜

① 王晓晖．积极培育和践行社会主义核心价值观．求是，2012（23）：32-35.

② 本尼迪克特·安德森．想象的共同体．吴叡人，译．上海：上海人民出版社，2003：2.

活的生动实践、落后于先进的生产力建设、落后于人们的时代要求，也就偏离了社会主义建设发展的核心目标和根本轨迹。因此，培育和践行社会主义核心价值观，必须要坚持普遍性与民族性的有机统一，在坚持社会主义普遍的价值追求的同时将涵育社会主义核心价值观与民族特性、民族文化的借鉴和吸收紧密结合起来，只有这样才能将社会主义核心价值观真正根植于社会主义国家民族文化土壤之中，才能使社会主义核心价值观获得继续发展和不断完善的实践性基础，才能真正实现社会主义核心价值观内涵丰富、形式简洁、话语淳朴、特征鲜明的话语转换，才能在推广和普及社会主义核心价值观的过程中获得认同，聚拢社会各方面力量。

（四）社会主义核心价值观应该是通俗性与凝练性的有机统一

要进一步深化社会主义核心价值观研究，有效推动社会主义核心价值观培育践行，就必须要坚持通俗性与凝练性的有机统一。目前，社会主义核心价值观的基本内容已经得到明确，“三个倡导”实现了国家发展目标、社会价值导向和个体行为准则的统一。作为涵盖各方意见、反映普遍追求的最大公约数，“三个倡导”精辟概括了社会主义所崇尚的一系列基本价值理念，科学界定了社会主义核心价值观的基本范畴、凝练原则和发展方向，全面涵盖了中国特色社会主义的奋斗目标、社会理想、行为准则，准确体现了对国家、社会、个人不同层面的价值要求。“三个倡导”既是积极培育和践行社会主义核心价值观的重要遵循，更是深化凝练社会主义核心价值观的基本起点。因此，必须要进一步对“三个倡导”进行深入的理论发掘，从而探索新的社会历史条件下社会主义核心价值观走进大众、深入人心的过程与规律，发现人民群众感知、理解、接受和践行社会主义核心价值观的内在机理，揭示各种培育途径、载体、方式方法，进而深化社会主义核心价值观澄明的程度，在推动社会主义核心价值观培育践行的过程中凝练形成更加完备成熟的社会主义核心价值观。历史唯物主义者认为，人是社会历史的主体，是全部人类活动和全部人类关系的本质和基础。“历史活动是群众的事业”①，社会发展演变归根到底是人以及人的活动所导致的，正如马克思所指出的：“创造这一切、拥有这一切并为这一切而斗争的，不是‘历史’，而正是人，现实的、活生生的人。”② 社会主义核心价值观要具有生命力、发挥凝聚力、体现鲜活力，就必须回应人民群众的切身利益，符合人民群众的价值追求，并引领人民群众的创造活动。因此，社会主义核心价值观的培育践行必须要在推动人民群众认知、认同、信仰、践行的基础上，在深化凝练核心价值观上下工夫，进一步推动核心价值观的通俗化、大众化与时代化。同时，“以‘三个倡导’为基本内容的社会主义核心价值观的建构，更需要遵循既定的社会主义价值发展历程，体现中国当下时代的价值发展要求，契合科学社会主义的核心价值理念。”③ 我国是一个有着悠久文化历史传统的国家，在这样一个传统文化根深蒂固的国度进行社会主义核心价值观建设，必须要在坚持科学社会主义基本原则的基础上，切中中华民族最深层的精神追求，凝聚各族人民的根本利益，表达广大人民的共同愿望，才能获得各族人民广泛认同。这就要求我们培育践行的社会主义核心价值观既要通俗易懂，又要精准凝练，因为，“社会主义核心价值观的凝练概括必然会随着理论的创新和实践的演进而不断变化、发展，赋予其科学、合理、丰富的内涵，进而不断增强社会主义核心价值观的理论说服力、理论吸引力、实践推动力、实践辐射力。”④

（五）中国特色社会主义是涵育社会主义核心价值观的前沿阵地

社会主义核心价值观是社会主义主流意识形态的本质体现，它契合了中国特色社会主义发展要求，承接了中华优秀传统文化和人类文明优秀成

① 马克思，恩格斯．神圣家族//马克思，恩格斯．马克思恩格斯全集：第2卷．北京：人民出版社，1957：104.

② 同①118.

③ 李东坡．社会主义核心价值观的时代意蕴、演进历程与基本遵循．中共浙江省委党校学报，2015（6）：53.

④ 王学俭，李东坡．社会主义核心价值观研究述要．思想政治教育研究，2013（4）：18.

果，凝聚了全党全社会价值共识，涵盖了社会政治意识形态建构、社会思想意识维系和文化价值观念规导以及社会道德伦理规范体系重建等多重意蕴，培育和践行了社会主义核心价值观。它既是世界社会主义思想发展、理论延伸、实践运动所积累起来的历史性课题，又是应对全球化进程中文化多元、思潮云涌、价值紊乱现象的时代性课题，还是在中国特色社会主义艰难探索、曲折发展、不断创新的历程中反映出的关键性课题，更是为中国特色社会主义发展走向提供精神支撑、思想支柱和文化之脉的实践性课题。因此，中国特色社会主义是涵育社会主义核心价值观的前沿阵地，在推进社会主义核心价值观建设方面具有十分重要的示范意义和引领效应。

在革命、建设、改革的历程中，中国特色社会主义理论体系得以产生和发展，并在全球化时代不断凸显出自身卓越的理论优势和价值优势，与其“旗帜鲜明地把价值观和价值标准引入了社会主义本质规定和判断标准之中”① 有密不可分的关系。中国特色社会主义的建设历程和发展过程充分表明了什么时候坚守社会主义核心价值观，什么时候社会主义建设就能充分有效激发人民群众积极性、主动性，就能发挥社会主义核心价值的凝聚力、辐射力、向心力，就能团结带领人民聚精会神搞建设、一心一意谋发展，并取得社会主义现代化建设的巨大成就。中国特色社会主义道路，就是在坚持社会主义核心价值的基础上，将马克思主义基本原理与中国具体实践相结合，在这一原则下探索出的一条既能坚守社会主义核心价值，又能推进社会主义生产发展，还能满足人民不断增长的物质文化需求的社会主义现代化建设道路。当下社会主义核心价值观研究在注重体现中国特色社会主义事业价值追求的基础上，逐步由单纯的理论化阐释向全面的系统化建构和深入的大众化渗透方向推进，逐步由被动的应对性解读向主动的科学性阐释和积极的主体性践行方向演进，呈现出理论与实践互动、培育与践行互推、探索与传播互进的鲜明特点，形成历史与现实、理论与实践、世界与中国的交织视域。我们要以正在做的事情为中心，在坚持“四

① 李德顺. 价值论：一种主体性的研究. 北京：中国人民大学出版社，2013：285.

个全面”战略布局、实现中华民族伟大复兴中国梦的历史进程中，进一步涵育社会主义核心价值观。

同时，社会主义核心价值观具有世界意义。在世界共产主义运动发展的特殊时期和关键阶段，飞速发展的中国在跃居世界第二大经济体的同时更有义务和能力为推进世界共产主义运动新发展、新突破、新高潮提供具有中国特色的发展方案和价值理念，并在坚定不移地培育践行社会主义核心价值观的同时为世界共产主义运动的革新和发展做出自己的贡献。同时，面对与资本主义社会交错共存的全球化时代，实现话语的沟通、创造价值观念的交流、传播中国特色社会主义的价值理念，也是培育和践行社会主义核心价值观的重要任务。因此，面对全球化时代不可逆转的时代潮流，我们要以更加开放的姿态加强同世界的联系和互动。“要精心做好对外宣传工作，创新对外宣传方式，着力打造融通中外的新概念新范畴新表述，讲好中国故事，传播好中国声音。”① 在全球化成为历史趋势的今天，社会主义核心价值观的培育和践行，需要超越本土观念和封闭思维，站在融入和屹立世界民族之林的角度赋予核心价值观更多时代性内容和全球性特色。为实现这一目标，就要把中国特色社会主义的实践场域在空间上不断拓展延伸，就要把社会主义核心价值观的建构工程在内容上不断融汇创新，以更加开放包容的心态面向世界、走向未来。

① 习近平．把宣传思想工作做得更好//习近平．习近平谈治国理政．北京：外文出版社，2014：156.

四、理论梳理：社会主义核心价值观的研究述要

近年来，在党和国家高度重视社会主义核心价值体系建设的良好政治生态中，我国学术界关于社会主义核心价值观的研究工作无论是对其发展历程的梳理、理论渊源的挖掘，还是对其本质内涵的探究、基本范式的明确，或是对其社会功能的定位和时代建构的探索等方面均取得了重要进展，社会主义核心价值观研究的总体框架已较为明朗、总体线索已较为清晰、基本脉络已较为明显、研究路向已较为明确。尤其是自党的十八大明确提出“倡导富强、民主、文明、和谐，倡导自由、平等、公正、法治，倡导爱国、敬业、诚信、友善，积极培育和践行社会主义核心价值观”的科学命题以来，社会主义核心价值观研究的新契机应运而生，社会主义核心价值观研究的新境界应时而生，学术界围绕社会主义核心价值观的凝练概括、地位功能、本质特征和培育践行等方面内容掀起了社会主义核心价值观研究的新高潮。因此，梳理社会主义核心价值观的研究现状，明确社会主义核心价值观的研究要点，探究社会主义核心价值观的研究难点，把握社会主义核心价值观的研究趋向，对进一步深入推进社会主义核心价值观，对进一步引领社会思潮、凝聚社会共识、传播先进文化、弘扬中国精神，对进一步全面推进中国特色社会主义事业持续发展具有重要的理论和现实意义。

（一）社会主义核心价值观研究现状概述

社会主义既是一种理想，又是一种运动；既是一种理论，又是一种制度；更是一种价值观。在60多年的社会主义建设历程中，我国学界逐渐认识到作为价值观的社会主义的重要性和必要性，逐渐认识到社会主义核心价值观是社会主义思想体系的内核、社会主义运动的核心和社会主义制度的灵魂①，其在中国特色社会主义发展道路的征程中发挥着导向性、规范性和驱动力的重要作用②。目前，我国的社会主义核心价值观研究在注重体现中国特色社会主义事业价值追求的基础上，逐步由单纯的的理论化阐释向全面的系统化建构和深入的大众化渗透方向推进，逐步由被动的应对性解读向主动的科学性阐释和积极的主体性践行方向演进，呈现出理论与实践互动、培育与践行互推、探索与传播互进的鲜明特点。

1. 在对社会主义核心价值观主要问题的研究中逐渐加快提炼和整合社会主义主义核心价值观的步伐

学界对于社会主义核心价值观主要问题的研究历经了观念转型、实践探索、经验归纳和学理论证的过程，在由被动反思价值迷茫、信仰危机和道德失范问题转向主动探求主流价值、核心价值和价值建构问题的过程中，对于社会主义核心价值观的基本涵义、本质特征、核心理念、功能作用、理论渊源、认同现状和培育践行等问题进行了深入的探讨。虽然目前学界对于社会主义核心价值观的研究如火如荼，但是被全社会所普遍认同的社会主义核心价值观却还没有能够最终形成，这对于充分发挥社会主义核心价值观的重要功能、进一步推进中国特色社会主义事业健康持续发展无疑具有不利影响。党的十八大对社会主义核心价值观做出的新概括，既是对社会主义核心价值体系建设的一个重大贡献，又是一个重大突破，还是一个重大部署。但“三个倡导”的表述采取的是一种开放而未定性和未定论的表述方式，是一个方向性的指导，是在价值观层面基于社会的最大

① 吴向东．价值观：社会主义本质之维．马克思主义研究，2007（12）：55-61．

② 吴倬．关于社会主义核心价值观问题的理论思考．教学与研究，2008（6）：92-96．

公约数。因此，建设社会主义核心价值体系的工作——包括对社会主义核心价值观的研究与凝练——要伴随着中国特色社会主义的伟大实践不断往前推进。基于对凝练概括社会主义核心价值观重要性的基本认识，学界通过调研，论述了“提炼简洁明了、通俗易懂的社会主义核心价值观”的重要性和急迫性①。有学者将社会主义核心价值体系和核心价值观的关系问题作为当前社会主义核心价值体系建设需要深化研究的五大理论问题之一并加以强调，提出了新形势下提炼社会主义核心价值观的基本标准②。在广泛考察学界提炼、概括和凝练社会主义核心价值观的基础上，在遵循“三个倡导”既定方向引导和规范的过程中，在符合哲学思维和逻辑推演的形式要求下，进一步论证和锤炼社会主义核心价值观，推动学界对社会主义核心价值观研究的深入和深化已成为共识。

2. 在对社会主义核心价值观引领社会思潮的研究中逐步加紧探索社会主义核心价值观大众化的路径

目前学界对于社会主义核心价值观引领社会思潮的研究，从一元与多元、主流与大众、核心与流行、主导与消解等角度着重论述了全球化时代西方社会思潮蔓延对我国社会主义核心价值观建构带来的挑战与冲击，深入分析了现代化进程中社会问题和矛盾集聚性爆发导致人们对社会主义核心价值观的诘问和质疑③，具体探讨了社会主义核心价值观引领社会思潮的思想支撑、群众基础、舆论阵地、承载机制和应对路径等问题。然而从本质上来说，核心价值观问题绝不仅仅是一个一般性的社会文化和社会道德价值观的问题，而是一个至少涵盖社会主流意识形态建构、思想文化价值观念规导、道德伦理规范体系重建三大层次，具有社会思想、文化、道德和价值观念之整合诉求的理论建设工程。社会主义核心价值观既是中国特色社会主义理论的精神内核，又是全体中国人民的价值认同，以社会主

① 重庆市“提炼社会主义核心价值观研究”课题组. 社会主义核心价值体系建设的重大时代课题：提炼社会主义核心价值观调研报告. 探索，2010（3）：123-128.

② 戴木才，田海舰. 社会主义核心价值体系建设需要深化研究的若干理论问题. 马克思主义研究，2009（9）：5-12，159.

③ 孙其昂，侯勇. 论社会主义核心价值观建设的现代性境遇与超越. 中国特色社会主义研究，2011（2）：58-63.

义核心价值观引领社会思潮、凝聚社会共识，就是要增强社会成员的国家认同、文化认同和价值认同。作为一种观念形态，社会主义核心价值观要想在现实社会发挥应有的作用，就必须以之武装群众头脑，从而推进和实现社会主义核心价值观大众化。目前，学界对社会主义核心价值观大众化问题进行解读，指出了大众化与生活化、通俗化之间的关系①。此外，还有学者认真梳理了实现我国社会主义核心价值观大众化的基本路径②。这些成果，为我们从事社会主义核心价值观大众化问题的后续研究提供了宝贵的经验。

3. *在对社会主义核心价值观教育和传播的研究中渐进提升为社会主义核心价值观的培育践行研究*

核心价值观是一定社会形态、社会性质的集中体现，在社会思想观念体系中处于主导地位，决定着社会制度、社会运行的基本原则，制约着社会发展的基本方向。社会主义核心价值观能否充分发挥其既定功能和效用，与其能否广泛传播和获得认同有着密切的关系。目前，学界围绕着社会主义核心价值观教育和传播问题，从不同主体（党员干部、青年学生、人民群众等）、不同视角（思想政治教育、价值观念传播、主流文化宣传等）出发，就社会主义核心价值观的教育途径、教育内容、教育原则③和传播渠道、传播体系、传播方法④等问题集中探讨了社会主义核心价值观辐射广度、贯彻力度、认同程度和传播效度。但是社会主义核心价值观并不仅仅是一个理论层面的话语，它更是一项攸关中国特色社会主义事业成败得失的重大的现实课题。如果只是将学术研究的视野局限于理论框架的绘制、价值观念的推广、思想体系的认同的话，则未免显得过于狭隘。正如马克思在《〈黑格尔法哲学批判〉导言》所说，“理论在一个国家实现的程度，总是取决于理论满足这个国家的需要的程度”⑤。理论来源现实，面

① 邱仁富．新中国60年社会核心价值观念变迁探要．江西师范大学学报，2009（5）：24-30．

② 张飞燕，推进社会主义核心价值观大众化的思考与对策．学术论坛，2009（4）：12-14．

③ 魏联合，魏恩政．大力推进社会主义核心价值体系大众化．求是，2011（4）：18-19．

④ 石云霞．论社会主义核心价值体系教育的基本要求．思想政治工作研究，2007（3）：23-26．

⑤ 马克思．《黑格尔法哲学批判》导言//马克思，恩格斯．马克思恩格斯选集：第1卷．北京：人民出版社，1995：11．

对全球化时代复杂的国内外形势以及社会主义市场经济建设中人们的种种价值困惑，社会主义核心价值观研究必须给出有力的回应。同时，理论更应超越现实，新形势下的社会主义核心价值观研究应该以马克思关于价值分析的方法论为指导，以重大的现实问题为线索，以史为鉴，面向未来，走与社会实践相结合的道路，在凝练内容、概括主题、归纳特征、总结经验的基础上积极培育和践行社会主义核心价值观，最终实现由此岸世界向彼岸世界的跨越。

总而言之，学界目前对社会主义核心价值观的研究丰富和发展了社会主义核心价值观的理论和实践，深化了我们对“什么是社会主义核心价值观，为什么要凝练社会主义核心价值观，怎样培育和践行社会主义核心价值观”的认识，为今后的研究奠定了良好的基础。但是，凝练、建构、培育和践行社会主义核心价值观是一项艰巨而复杂的系统工程，因此，要在现有研究成果的基础上进一步拓展社会主义核心价值观研究要点，厘清社会主义核心价值观研究难点和把握社会主义核心价值观研究趋向，不断增强社会主义核心价值观的理论说服力、吸引力和实践推动力、辐射力。

（二）社会主义核心价值观研究要点梳理

自党的十六届六中全会首提“建设社会主义核心价值体系”，党的十七届六中全会明确“社会主义核心价值体系是兴国之魂，是社会主义先进文化的精髓，决定着中国特色社会主义发展方向”，到党的十八大提出“积极培育和践行社会主义核心价值观”，学界展开了关于社会主义核心价值体系及社会主义核心价值观的研究热潮，并在考据生成演进、探究基本涵义、归纳本质特征、思索核心理念、定位功能作用、追溯理论渊源、分析认同现状、应对现实问题、论证培育践行等方面取得了基本共识和重要进展。进一步拓展社会主义核心价值观研究，需要把握社会主义核心价值观的研究要点，明确主题、突出重点、深化内涵、优化表达。

1. 社会主义核心价值观的探源研究

任何思想观念都需要特定的实践基础和深厚的理论渊源，社会主义核心价值观的形成、演变和发展历程也充分凸显了实践需要和理论发展的双向维度。深化社会主义核心价值观研究，离不开对“什么是社会主义核心价值观，为什么要凝练社会主义核心价值观，怎样培育和践行社会主义核心价值观”的深入思考，离不开对社会主义思潮发展、运动开展、制度创设的经验总结和理论升华，同样也离不开对人类一切优秀文明成果的合理内核的吸收借鉴和创新发展。社会主义核心价值观的理论根基是马克思主义及其与中国具体实际相结合而形成的马克思主义中国化的理论成果，社会主义核心价值观的实践根基是社会主义五百余年运动、革命、建设和改革过程中形成的教训反思和经验总结，社会主义核心价值观的理论补养是空想社会主义中的合理构想、资本主义核心价值观中的有益成分，以及中国传统价值观念中的精华意蕴和当前其他社会主义流派价值言说中的合理部分。因此，对于马克思主义经典文本的解读和诠释、对于空想社会主义思想的甄别和清理、对于资本主义核心价值观念的批判和借鉴及社会主义发展史的总结和提炼，与对于中华传统价值观念的吸纳和超越一道，构成了社会主义核心价值观研究的思想资源体系，而对于社会主义价值合理性研究及社会主义核心价值观的发展演变研究也就成为深化和拓展社会主义核心价值观的不可缺少的必经环节。

2. 社会主义核心价值观的认同研究

除技术水平和物质力量之外，思想文化和价值规范是影响人类社会发展程度的根本要素。在全球化时代，思想文化交流交融的交锋日益激烈，而在我国，改革开放以来，社会思想领域多元多样多变，种种因素导致社会呈现主流价值观边缘化的风险。面对全球化时代社会转型导致的理想信仰迷茫、价值观念扭曲、主流文化虚无、道德品质缺失等弱化、淡化和虚化主流价值观念的趋向，作为社会主义核心价值体系的核心理念、作为统率和支配其他社会价值观念的主流价值观念、作为与资本主义社会等其他社会核心价值观念相区别和凸显社会主义特征和优势的价值观念，社会主义核心价值观能否获得社会成员认同，能否克服主流价值观念边缘化趋势，即成为社会主义核心价值观研究的主要问题。社会主义核心价值观的优势在于富有创造性、体现时代性、凸显人类性，它既是重大的理论问题，又是紧迫的实践问题。理论研究虽然非常重要，但纯粹的理论研究并不能真正解决社会主义价值观的现实问题。因此只有坚持把理论研究和实证研究结合起来，在社会主义核心价值观研究过程中既注重基础理论研究和理论创新研究，又注重传播态势研究和认同现状研究，还注重培育践行的操作层面设计和运行过程拓展，探寻消解社会主义核心价值观的主要原因和挑战社会主义核心价值观普及传播的关键障碍，进而从理论与实践、历史与现实、个人与社会、国内与国际相结合的视角深入分析社会主义核心价值观，促进传播认同的理论优势、实践条件、总体目标、原则要求、动力机制和方式方法，并最终化解社会主义核心价值观认同危机问题。

3. 社会主义核心价值观的凝练研究

目前学界存在的社会主义核心价值观的争论、分歧凸显了概括、提炼社会主义核心价值观的重要性和紧迫性。在社会主义核心价值观的形成和发展过程中既需要不断深入挖掘其实践内涵、时代内涵、民族内涵，又要在契合中国特色社会主义基本国情的基础上凸显其引导性、规范性和发展性。十八大报告提出的“三个倡导”目前普遍被认为是规定社会主义核心价值观的基本范畴、凝练原则和发展方向的精辟论述，是涵盖各方意见、反映普遍追求的最大公约数。社会主义核心价值观的凝练概括必然会随着理论的创新和实践的演进而不断变化、发展，其内涵也会因之不断得以科学、合理、丰富，进而实现社会主义核心价值观的理论说服力、理论吸引力，实践推动力、实践辐射力的不断增强。社会主义核心价值观来源于鲜活的社会主义实践历程，其内涵就蕴含在我们生活的现实世界之中，蕴含在今天熟知的价值观体系之中，关键在于如何选取、凭何选取、怎样选取其中的一些价值观作为社会主义的核心价值观念。为此，要以强化和深化社会主义核心价值观凝练为出发点，着重考察社会主义核心价值观确立的依据、凝练的原则、论证的逻辑，在考察现实社会需要和实践发展趋势的过程中，在梳理相关理论成果和回应现实问题的过程中，提炼契合社会主义本质、社会发展规律、社会现实需求、人民群众需要的社会主义核心价值观，提炼内涵丰富、形式简洁、易于传播的社会主义核心价值观。

4. 社会主义核心价值观的培育践行研究

培育和践行社会主义核心价值观，既是中国特色社会主义艰难探索、曲折发展、不断创新的历程所反映出的关键性课题，又是我们应对全球化进程中文化多元、思潮云涌、价值紊乱等现象的时代性课题，还是为中国特色社会主义发展提供精神支撑、思想支柱和文化之脉的实践性课题。再先进的思想和观念，如果没有付诸实践也不会成为强大的精神推动力量，因此社会主义核心价值观重在培育和践行。如何培育和践行社会主义核心价值观是一项全民工程、系统工程，从一定意义上讲，如何培育和践行社会主义核心价值观，较之概括提炼出社会主义核心价值观更难、更复杂。从根本上而言，理论问题是社会生活实践在人们思想观念中的集中反映，作为社会主义发展和建设过程中的价值映像，社会主义核心价值观是社会实际精神状态的集中彰显。然而社会主义核心价值观不会在思想理论领域自我生成，其传播和认同也不是核心价值观提出之后就会水到渠成的，它需要积极培育方能逐渐养成。社会主义核心价值观的培育和践行是一个理论和实践互动发展过程，理论的发展演进和实践的运行推进共同在培育和践行过程中产生作用。因此，社会主义核心观的培育和践行，需要进一步在实践过程中不断总结、在理论创新中不断提炼、在实践发展中合理调整、在理论升华中科学概括。

5. *社会主义核心价值观的发展趋向研究*

社会主义既是人类的理想和未来，又是现实的制度和安排，更是价值的设计和彰显。在历史发展到资本主义和社会主义共存共生、相互比较、互动发展的特殊阶段，如何彰显社会主义发展道路的优越性，如何体现社会主义发展道路的科学性，如何发现社会发展道路的价值性，成为当下社会主义国家在全球化进程中必须面对和思考的问题。如何对“什么是社会主义价值，怎样坚守社会主义价值”做出科学有力的回答，是新世纪社会主义国家对“什么是社会主义，怎样建设社会主义”这一基本问题在价值层面的展开和探索。因此，党的十八大强调用社会主义核心价值体系引领社会思潮、凝聚社会共识，提出积极培育和践行社会主义核心价值观，就是力图从社会主义价值角度考察社会主义发展道路的理论与实践历程，从而用社会主义核心价值观引领和指导具体的社会主义实践过程、推动社会主义建设的价值回归。要在坚持社会主义本质、反映社会主义价值、遵循社会主义制度的基础上，提炼、概括社会主义核心价值观，澄清社会主义价值本源，消除对社会主义和社会主义核心价值观的误解，并结合全球化时代、信息化时代的崭新时代特征，不断深化价值研究新途径，创新价值研究新视野，赋予价值研究新内涵，拓展价值研究新领域，进而科学描述和阐释未来社会主义发展过程中的价值言说。与此同时，还要在积极参与全球化的过程中广泛传播社会主义核心价值观，促进社会主义核心价值观的国际化、市场化和大众化研究。

（三）社会主义核心价值观研究难点解析

“社会主义价值观是基于历史运动和历史规律，以及人们价值实践的一种自觉建构。”① 因此，对于社会主义核心价值观的研究要遵循其本身的发展规律，对于社会主义核心价值观的认知要基于其本身的实践过程，对于社会主义核心价值观的培育和践行要结合中国特色社会主义的理论和实践，并在考察和分析核心价值观本质规定、生成过程、具体形态和建构主体的过程中，澄清误解、厘清迷思、还原本意。

1. 社会主义核心价值观的本质性把握

价值是客体对于主体需要的一种满足。我国价值理论著名学者李德顺认为，“价值是指主客体之间的客观关系状态……主观上的价值观念如果能客观反映价值关系，那么它就是一套合理的、有效的、好的价值观念”②。作为人的存在以及对人的存在所具有的意义③，价值能够满足人、阶级和社会的某种需要，成为他们的兴趣、意向和目的④，而价值观则是对于这种兴趣、意向和目的看法、观点和态度。社会主义价值观就是社会主义作为人们选择的一种社会制度的价值判断，社会主义核心价值观就是人们对社会主义应有的核心价值的判断和认定。在社会主义发展的历程

---

① 吴向东. 重构现代性：当代社会主义价值观研究. 北京：北京师范大学出版社，2009：7.

② 李德顺. 关于价值与核心价值. 学术研究，2007（12）：13-16.

③ 吴向东. 重构现代性：当代社会主义价值观研究. 北京：北京师范大学出版社，2009：10.

④ 袁贵仁. 价值观的理论与实践：价值观若干问题的思考. 北京：北京师范大学出版社，2006：4.

中，始终充斥和弥漫着“为什么需要社会主义，什么是社会主义，怎样建设社会主义?”的思索，其中，“为什么需要社会主义”是对社会主义合理性、合规律性、合法性的价值拷问，“什么是社会主义”是对社会主义本质规定性、优越性的科学提炼，“怎样建设社会主义”是对社会主义价值性、规律性的继续探索，归根到底就是社会主义发展和建设的价值性问题。历史走到今天，作为一种具有典型意义的社会主义发展模式，中国特色社会主义彰显出社会主义的价值意蕴和符合中国国情的鲜明特色。“当代社会主义价值观，必须是对当下社会存在本质的观念把握，离开了对当代社会实际生活的本质抽象和把握，当代建构也就失去现实的基础。”① 进一步深化社会主义核心价值观研究，需要明确社会主义核心价值观的本质规定性，避免出现虚化价值观、幻化核心价值观和泛化社会主义核心价值观的现象②。实践是一切价值的根本源泉，社会主义核心价值观是在中国特色社会主义理论和实践的发展过程中生成的时代性话题，它既与马克思主义所设想的共产主义社会的核心价值观有一定距离，又是对民主社会所追求的核心价值观的一种纠偏和发展。只有根植于我国当下的社会生产力发展水平和社会生产方式及由此决定的社会主要矛盾，只有指向和服务于社会主义社会基本矛盾和主要矛盾的发展与解决，社会主义核心价值观才能获得合法的构建。只有契合中国特色社会主义的具体实情以及由此产生的人民群众不断增长的物质文化需求，只有回应和化解转型中国面临的现代性困境以及由此产生的文化危机、信仰危机和价值危机，社会主义核心价值观才能获得生长的动力。因此，对于社会主义核心价值观本质的把握，要在唯物史观的视野下，在中国特色社会主义实践的维度上，赋予其科学内涵。

2. 社会主义核心价值观的主体性阐发

社会主义核心价值观研究要接地气，要充分体现人民主体性地位、积极发挥人民主体性作用。社会主义事业是追求人的解放的事业，其以为全世界无产阶级和广大人民群众服务为根本宗旨，正如马克思和恩格斯指出

① 吴向东. 重构现代性：当代社会主义价值观研究. 北京：北京师范大学出版社，2009：7.

② 马俊峰. 马克思主义价值理论研究. 北京：北京师范大学出版社，2010：211.

的，“过去的一切运动都是少数人的或者为少数人谋利益的运动，无产阶级的运动是绝大多数人的、为绝大多数人谋利益的独立的运动”①。作为社会主义的社会主义核心价值理念也必然也要充分反映人民的意愿，体现人民的希望，满足人民的需求，而不是仅将社会主义核心价值观作为一种美好的价值目标或严谨的逻辑推演在缺乏实践的基础上自说自话；此外，服务人民的社会主义核心价值观必然还要能够化解人们的疑惑，激励人们的情怀，鼓舞人们的斗志，而不是把社会主义核心价值观与人民生活实践脱离开来，使自身成为游离于人民生活之外的空中楼阁。人民群众是历史的缔造者，是社会发展进步的根本力量，同样也是社会主义核心价值观生成发展的主力军。社会主义核心价值观的培育与践行需要充分发挥人民群众的主体性作用，既要从人民群众的日常生活、生产实践和文化活动中吸取养分，广泛吸收人民群众的生活经验、实践智慧和文化传统，又要尊重人民在价值观念层面的主体地位，充分调动人民群众的积极性、主动性和创造性，推进社会主义核心价值观的基层生长和广泛传播。

3. 社会主义核心价值观的时代性生成

“所谓‘社会主义社会’不是一种一成不变的东西，而应当和任何其他社会制度一样，把它看成是经常变化和改革的社会”②，与之相对应，社会主义核心价值观的建构也同样要在不同的历史环境、时代背景和具体条件下发生变化。生活的变化、实践的变革和时代的变迁，导致了在此基础上产生的价值观念必须随之发生相应的改变，而不是僵化固守某一种特定的价值观念。因此，任何一种价值观念都不是永恒不变的千古训条，任何社会的核心价值观都是基于时代、源于实践、生于变革中的价值追求。社会主义核心价值观的生成，是在改革开放不断深入、全球化进程不断加快的时代背景下，中国特色社会主义在面对日益突出的价值观念冲突和现代化转型导致的文化困境时通过实践不断建构的过程。这一过程决定

① 马克思，恩格斯．共产党宣言//马克思，恩格斯．马克思恩格斯选集：第1卷．北京：人民出版社，1995：283.

② 恩格斯．致奥托·伯尼克//马克思，恩格斯．马克思恩格斯全集：第37卷．北京：人民出版社，1971：443.

了社会主义核心价值观并不是一个封闭的体系，而是一个始终开放发展的自我建构和自我重构体系，是一个始终蕴含时代特征、反映时代变迁、回应时代呼唤的观念系统。社会主义核心价值观的生成，既是基于社会主义本质规定性的理论性推演，更是基于社会发展过程中的实践活动的决定性催化，前者规定了社会主义核心价值观来自何处，后者决定了社会主义核心价值观走向何方。因此，推进社会主义核心价值观研究，必须基于社会主义，立足当下实践，把握时代要求，实现自我生成和外力促发的有机统一。

4. 社会主义核心价值观的层级性建构

“任何人的价值观念、任何社会的价值观念都表现为一种系统性的存在，是一种观念体系。”① 考察社会主义价值观的层级结构、甄辨不同层级的社会主义价值观，是凝练和概括社会主义核心价值观的前提。按照价值体系的科学标准划分，社会主义价值观具有层次性、多样性和系统性的基本特征，据此可以分辨和提取出社会主义一般价值观、社会主义基本价值观和社会主义核心价值观；按照价值体系的发展历程考察，社会主义价值观具有过程性、历史性和具体性特征，据此可以甄别和提炼出不同时期的社会主义价值观、不同地域的社会主义价值观、不同民族的社会主义价值观和不同模式的社会主义价值观；按照价值体系的功能发挥分析，社会主义价值观具有科学性、实践性和引导性特征，据此可以总结和归纳出社会主义价值观的价值目标、价值理想、价值规范和指引功能、发现功能、规范功能、保障功能；按照价值体系的构建主体考察，社会主义价值观具有宏观性、中观性和微观性，据此可以概括和凝练出国家层面的社会主义核心价值观、社会层面的社会主义核心价值观和个体层面的社会主义核心价值观。推进社会主义核心价值观培育和践行，要深入研究其内在的层级结构，从社会结构、主体结构、观念体系、文化渊源等不同层面，不同层级探究社会主义价值观的表现形态，在理顺逻辑、分清主次的基础上提炼社会主义核心价值观。

---

① 马俊峰．马克思主义价值理论研究．北京：北京师范大学出版社，2010：213.

（四）社会主义核心价值观研究趋势把握

在全球化时代，文化越来越成为综合国力竞争的重要因素，成为经济社会发展的重要支撑，文化软实力越来越成为各国争夺发展制高点、道义制高点和发展话语权的关键所在。究其根本，文化软实力的竞争实质是不同文化所代表的核心价值观的竞争。目前，社会主义核心价值观面对的是世界上各种政治力量、社会思潮和思想流派对社会主义的责难和质疑，为了应对这一局面，我们既需要在提升国民素质、实现中国梦的过程中引领文化新发展、提升文化软实力、推进社会主义文化强国建设，又需要在应对文化全球化、扩大中华文化影响力、展示社会主义中国形象的过程中增强价值观念竞争力、掌握话语权、赢得主动权，从而逐步打破西方的话语垄断、舆论垄断，维护国家文化安全。

1．*以社会主义核心价值观践行提升国民素质*

美国社会学家艾历克斯·英格尔斯认为："国家发展水平对国民的态度和价值观具有独立而实质性的影响"，"受过更好教育、收入较高、工作更体面的个体，在态度和价值观上有别于那些不具备这些优势的人"①。具体到今日之中国，可以看出当前我国国民素质与社会发展呈现双向互动特征：一方面，社会的发展需要国民素质的提高为之提供优秀的人力资源保障，另一方面，国民素质的提升需要国家持续不断的发展为之提供坚实的物质基础和良好的环境条件。在全球化时代，国家核心竞争力已由经济竞争力、科技竞争力向国民素质竞争力转移，一个国家的国民素质将是经济发展和社会进步的决定性因素。国民素质是一个综合概念，核心价值观念在其中居于核心地位，提升国民素质的关键在于对国民进行社会核心价值观念的培育并督促其身体力行，从而使之增加社会认同感、提高社会凝聚力、增强社会向心力，成为具有崇高理想、坚定信念、高尚品格并对社会经济发展有所贡献的人力资源。面对当前我国国民素质有待提高的现实，

---

① 艾历克斯·英格尔斯．国民性：心理—社会的视角．王今一，译．北京：社会科学文献出版社，2012：291.

社会主义核心价值观研究应从提升人的综合素质角度出发，立足国民素质研究现状，积极探索践行社会主义核心价值观的有效路径，引导社会成员在践行社会主义核心价值观的过程中，丰富国民素质的文化内涵，满足人民群众日益增长的精神文化需要，提高国民素质的竞争力，从而推动我国现代化建设进程。

2. 以社会主义核心价值观培育推动中国梦追求

中国梦是国家富强梦、民族振兴梦和个人幸福梦，是“三位一体”的结构形态：国家富强从国家层面构想了繁荣富强的实践路径和发展图景，奠定了造梦工程的主体架构；民族振兴从社会层面设想了伟大复兴的文明基因和发展理念，彰显了造梦工程的精神品质；个人幸福从个体层面回答了幸福安康的道德要求和依靠主体，凝聚了造梦工程的集体力量。三者的有机统一构成了中国梦的完整内涵，集中凸显了中国特色社会主义核心价值观。党的十八大提出的以“三个倡导”为主要内容的社会主义核心价值观，为坚持和发展中国特色社会主义，实现伟大中国梦想提供了价值指导、思想指引和行动指南，因此，中国梦的推进和实现,要在关照社会现实、坚持中国特色社会主义的同时结合社会主义核心价值的内在规定。实现中国梦，要倡导富强、民主、文明、和谐的社会主义国家价值理念，在进一步推进改革开放和社会主义现代化建设的进程中坚定不移地贯彻中国道路；要倡导自由、平等、公正、法治的社会主义社会价值理念，在进一步推进文化强国建设和民族伟大复兴的进程中矢志不渝地弘扬中国精神；要倡导爱国、敬业、诚信、友善的社会主义个体价值理念，在进一步推进共享人生出彩和梦想成真机会的过程中毫不动摇地凝聚中国力量。

3. 以社会主义核心价值观研究促进文化强国建设

美国文化学家爱德华·霍尔认为，文化中最重要的心理要素是认同作用，认同是文化与人格的桥梁。尤其在社会转型期，对于文化的认同显得尤为重要，当社会变迁缓慢时，文化的认同作用效果会很好，而在变革迅猛的时代，认同作用会造成极大的破坏①。文化的力量体现于认同，我国文

① 爱德华·霍尔. 超越文化. 何道宽，译. 北京：北京大学出版社，2010：211.

化强国建设取决于民众对作为文化建设的核心组成部分——社会主义核心价值观——的认同程度。以社会主义核心价值观研究促进文化强国建设，既是社会主义核心价值观的本质规定性要求，又是直面社会价值多元、化解精神信仰危机、促进文化繁荣发展、提升文化软实力的现实性要求。文化是民族的血脉，是人民的精神家园。建设社会主义文化强国，要以社会主义核心价值观统领文化建设，科学理性地应对由传统文化向现代文化转型过程中的各种非马克思主义文化思潮的挑战，把握文化发展基本规律，形成引领风尚、教育人民、服务社会和推动发展的强大精神力量，提高国家文化软实力。由于社会主义核心价值观是社会主流意识形态的核心表达和文化建设的关键内容，因此要不断深化社会主义核心价值观研究，在文化强国建设过程中充分发挥其引导方向、规范路径、整合资源、凝聚力量的作用。同时，通过文化强国建设，又能深化社会主义核心价值观的基本内涵、彰显社会主义核心价值观的时代意蕴、强化社会主义核心价值观的认同凝聚作用。

4．以社会主义核心价值观传播应对文化全球化

日本学者星野昭吉认为："文化全球化意即全球文化的相互依存、相互作用以及文化角色之间的相互交流，它允许分离化与同质化并存。"①从本质上看，文化全球化是超越本土的文化认同或价值认同②。在经济全球化时代，文化全球化主要表征为强势文化对弱势文化的入侵或同化，核心内容表现为普世价值观的推广和对其他核心价值观的解构，途径是西方发达国家借助经济、科技和文化优势不遗余力地输出其生活方式、价值理念和政治制度。经济全球化必然催生某种具有"普世价值"欲望的特质文化，进而对民族文化、传统文化在本国文化领域的主权地位产生强烈冲击。正如马克思恩格斯在《共产党宣言》中指出的那样，"由于开拓了世界市场，使一切国家的生产和消费都成为世界性的了……各民族的精神产品成了公共的财产。民族的片面性和局限性日益成为不可能"③。面对不可

---

① 星野昭吉．全球政治学．刘小林，张胜军，译．北京：新华出版社，2000：191.

② 俞可平．全球化研究的中国视角//赖纳·特茨拉夫．全球化压力下的世界文化．南昌：江西人民出版社，2001：103.

③ 马克思，恩格斯．共产党宣言//马克思，恩格斯．马克思恩格斯选集：第1卷．北京：人民出版社，1995：276.

避免的文化全球化进程以及各种思想文化交流交融交锋更加频繁的发展趋势，文化在综合国力竞争中的地位和作用更加明显，维护国家文化安全的任务更加艰巨。因此，只有扎实开展社会主义核心价值观研究，切实推进社会主义核心价值观的培育践行，才能在引领社会思潮、凝聚社会共识、催生民族精神的过程中进一步提升民族凝聚力和文化创造力，进一步确立民族精神特质和文化独立特性；只有深入开展社会主义核心价值观传播研究，才能在国际文化舞台占有一席之地，展现出较之于资本主义“普世价值”的优越性和文化软实力，掌握好社会主义价值体系的话语权，凸显出全球化时代社会主义的生命力和想象力。

五、内在驱动：社会主义核心价值观的动力探析

目前，中国的发展遭遇了新问题——经济实力的稳步上升并没有当然地带来文化实力的提升，因而大力建设文化强国、增强文化软实力即顺理成章地被提上议事日程。与此同时，中国特色社会主义理论发展取得巨大成就，但变动的实际对马克思主义中国化时代化大众化提出了新的要求——思想领域正经历深刻变革：多元交叉的社会价值、多方碰撞的社会思潮、多样共享的社会思想等亟待整合；社会道德领域问题凸显，存在道德失范、诚信缺失等现象，社会共识达成更加困难，公民道德建设面临发展困境。现实呼唤社会主义核心价值观的价值引领，其培育和践行亦成为当前党和国家的迫切任务。十八大报告明确提出倡导富强、民主、文明、和谐，倡导自由、平等、公正、法治，倡导爱国、敬业、诚信、友善，积极培育和践行社会主义核心价值观，为社会主义核心价值观的培育从战略上指明了方向。核心价值观是人们对基本社会关系形成的总体认识和基本理念，它既不是与生俱来的，也不是一劳永逸的，其培育是一项复杂工程，需要动力系统的支撑。社会主义核心价值观的培育离不开全球环境的助推、文化基础的支撑、理论源头的激发、实践活动的展开、具体主体的落实和基本制度的保障。

(一) 环境助推力：培育社会主义核心价值观的外在引擎

中国的发展需要走向世界，但由于意识形态的差异，西方世界一直对中国保持警惕。近年来，中国的迅速发展更让西方世界感到恐慌，这种恐慌源于对中国的不了解或片面的理解，各种对中国发展不利的言论愈演愈烈。然而，我国文化软实力和经济实力发展不均衡，面对西方的责难和质疑呈失语状态或回应乏力，国际影响力的提升受阻。全球化使文化多样性成为流动的多样性，而多样性的文化流动实际上是多元化的价值观流动①。在全球化的影响下，我国核心价值观面临来自不同文化背景、不同历史传统、不同地域的价值观的冲击和挑战。各种价值观在全球化的时空压缩下，形成了一个“前现代”“现代”“后现代”在同一时空境遇中同时呈现与交织的图景②。我国正处于整个社会发展转型期，这种“时空交织”的特点表现得尤其突出，全球化的影响也更加深刻。

在全球化浪潮中，中国扮演着“世界工厂”的角色，向世界输出的更多的是物质产品而不是具有感染力的思想观念。然而物质产品的出口并不能带来文化认同，只有产生价值共鸣才能打动世界。价值共鸣的产生要依靠文化力量的传递和价值观的传达，全球化的挑战使社会主义核心价值观的培育变得更加迫切。中国要在世界范围内发出自己的声音，首先要做的就是明确自己要说的是什么，然后清晰地表达出来。空有一副好嗓子，没有言语的内容，发出来的只是杂音；只有宣传的形式，没有优质的产品，也无法带来实效。社会主义核心价值观的培育不是自言自语、自吹自擂，而是要在对话、辩论中明确自己的内涵、彰显自己的价值。而对话和辩论的前提和基础就是自己的坚定立场，社会主义核心价值观就是中国的文化

---

① 常晶．从硬权力走向“巧权力”：文化多样性背景下的国家建设．当代世界与社会主义，2012 (5)：95-99.

② 孙其昂，侯勇．论社会主义核心价值观建设的现代性境遇与超越．中国特色社会主义研究，2011 (2)：58-63.

立场。要坚固自己的“盾”，才能抵御他人的“矛”。只有培育自身的核心价值观，保持内在的一致性，才能获得言语资格、拥有言语能力。世界的多样性是客观的，其引起的价值多元是毋庸置疑的事实，因此价值观不能被简单地归结为单一的或被轻易地取代。培育社会主义核心价值观，旨在发出中国自己的声音而不是取代其他声音，也不是以西方价值观的衰退和落败为条件。全球化是一个已经开始的、正在进行的客观现实，社会主义核心价值观要放在整个文化大环境中接受严峻检验和深刻审视。全球化环境带来的挑战和提供的对话平台，是激发社会主义核心价值观培育的外在动力。

（二）文化整合力：培育社会主义核心价值观的精神支撑

价值观是文化的硬核，是文化的深层结构。社会主义核心价值观的培育要在一定的文化背景中展开。当前多种文化交错，在激荡碰撞中形成了一系列的文化矛盾，主要表现在以下几点：一是现代性文化对传统文化的解构。“本民族文明的传承，遭遇了“文革”式的毁灭和随之而来的物欲侵袭”①，一方面，维护传统中国几千年发展的价值观被瓦解，发生了断裂；另一方面，市场经济的发展导致了先前被压抑的物欲产生了报复式反弹，导致对物质的追求失去了外在的体制限制和内在的道德约束，不断膨胀起来。与此同时，现代性文化在不断解构着本已被零碎化的传统文化的同时，其自身的建构却不足以支撑整个文化环境。二是西方文化对我国母体文化的解构。由于截然不同的社会制度和意识形态，中国成为西方世界急切希望改造的国家、成为西方文化倾销的主要市场。西方文化的进入从来不是善意的，它们企图从日常生活中去消解意识形态，利用科技优势和强势的文化宣传，以消费主义、享乐主义、个人主义为主要倾销品，默默地改变着公众的生活方式、休闲方式甚至思维方式，对母体文化进行消解和切割。三是大众文化和精英文化的矛盾。人是感性和理性并存的悖论性

---

① 王冲．基本道德缺失是中国最大的伤痛来源．（2009－06－04）［2017－03－20］．http://zqb.cyol.com/content/2009－06/04/content_2694041.htm.

存在，人的活动也具有指向现在和指向未来的两重性。大众文化多从个体感性的觉知、现实的需要出发，而精英文化则更多从理性的思考、未来的需要着眼。由于大众文化和精英文化指向不同、满足的需要的层次不同，因而在相互沟通中存在着不可避免的矛盾。文化矛盾一方面使社会主义核心价值观培育的文化环境被各种文化力量牵制，另一方面也提出了现实要求：加强文化对话、实现文化整合，形成培育社会主义核心价值观的文化合力。

良好的文化环境是培育社会主义核心价值观的精神支撑。要通过文化对话，调整文化矛盾，增强文化整合力。具体而言，首先，整合现代性文化和传统文化。在这一过程中，一方面要重拾文化传统，巩固文化根基，延续文化命脉，为现代性文化长河寻找源头；另一方面要用现代性文化赋予传统文化新的含义，诠释传统文化，使传统文化在现代社会发展中依然具有活力，从而保持同一文化的内在一致性。其次，整合西方文化和母体文化。文化既具有区域性又具有全球性，而人类共同的追求和价值目标以及对于真善美的渴望，使两者的整合成为历史的必然。在这一过程中，一方面要保持自身文化的特殊性，只有拥有自身的文化身份才能在与西方文化的整合中不至于迷失。但需要注意的是，保存母体文化不是把自身分割成为西方文化的注脚、不是一味地寻求与西方的共通，而是要保持自身的整体性和特殊性。另一方面母体文化不能偏居一隅，要与全球关联起来才能发生意义——只有在与西方文化的对话中，才能明确自身文化的意义。最后，整合大众文化和精英文化。核心价值观的形成更多是精英文化的旨趣：精英文化以未来审视现在，设计未来美好生活，具有超越性和理想性；而大众文化则以现在为基点，满足世俗需求，具有当下性和现实性，两种文化的整合就是当下和未来的整合——一方面要用精英文化去引领大众文化，使大众文化得以提升；另一方面精英文化要在大众文化中寻求立足点和现实性。价值观是人对事物是非曲直的判断，总是打上深深的文化烙印，文化是价值观培育的资源库。文化整合力可以把各种零散的、片段化的、内在冲突的文化有机结合起来，处理当前文化矛盾，成为培育社会主义核心价值观的精神支撑。

（三）实践推动力：培育社会主义核心价值观的现实基础

实践是培育社会主义核心价值观的现实推动力。社会主义核心价值观不是存在于虚空中的抽象概念，也不是主观臆想和头脑风暴的结果，而是在实践中不断生成和发展的，它的培育问题和历史性展开也要回到实践中才能得到解答。“全部社会生活在本质上是实践的。凡是把理论引向神秘主义的神秘东西，都能在人的实践中以及对这个实践的理解中得到合理的解决。”① 实践是人类生存的方式，其内在地与其他生命形式区别开来。价值观是在人类认识世界和改造世界的过程中形成和发展的。在实践的过程中，人们形成了对客体满足自身需要的关系的看法、形成了人所创造的物质产品和精神产品对人的需要的满足的看法，培育社会主义核心价值观，就是对中国革命、建设、改革的实践中形成的观念的总概括、总凝结和总提升。

“发展着自己的物质生产和物质交往的人们，在改变自己的这个现实的同时也改变着自己的思维和思维的产物”②。实践带来的不仅是物质资料的丰富，还带来了思想观念的转变和行为方式的改变。实践有几种形式：生产实践、交往实践和文化实践，它们共同构成了培育社会主义核心价值观的现实推动力。首先，生产实践是最基本的实践方式，是人类赖以生存的条件，是连接人与自然的天然纽带。生产实践是改造自然并使之为人类所用的过程，其不仅生产物质产品，也产生人与人之间的关系，价值观就是在这一系列的社会关系上产生的。如何进行物质产品的生产才能取得最大的效益？财富如何分配才能实现公平和效率的统一？怎样处理人与人之间的利益关系、调整利益冲突？这些问题归根到底都是价值问题。社会主义核心价值观就是在对这些现实问题的解答中不断培育起来的。其次，交

---

①　马克思．关于费尔巴哈的提纲//马克思，恩格斯．马克思恩格斯选集：第 1 卷．北京：人民出版社，1995：56.

②　马克思，恩格斯．德意志意识形态（节选）//马克思，恩格斯．马克思恩格斯选集：第 1 卷．北京：人民出版社，1995：73.

往实践的展开，即人与人之间的对话交流、竞争合作、价值碰撞等，使价值观不断形成、发展、分化、整合。随着交往范围的扩大，各类价值理念汇集起来，观点的对话、理念的共享、思想的沟通使培育社会主义核心价值观的源泉充分涌动，而如何在拓展了的范围内发挥影响也提出新的要求，使社会主义核心价值观培育面临新的考验。如果说社会主义核心价值观培育是一个产品的加工过程，那么交往实践的展开就是价值观培育的原材料不断丰富、市场不断拓展的过程。最后，文化实践是培育社会主义核心价值观的直接动力。“文化实践把价值观作为直接的认识与改造对象，并通过在精神领域内不同要素的交互作用与相互影响来实现价值观的整合、分化与发展。”① 一方面，通过文化产品的创造，社会主义核心价值观的理念、追求、精神等得以在书籍、报刊、影视作品等文化实物中体现出来，使社会主义核心价值观孕育在先进的文化产品中；另一方面，精神文化活动的创建是一个价值生成和价值实践的双向过程，它使社会主义核心价值观以更加直观和感性的形式被体验。社会主义核心价值观是对社会实践“应然”的系统表达，要基于“实然”的考量，它的培育也要回归到“实然”中。

(四) 理论发展力：培育社会主义核心价值观的内在源泉

培育社会主义核心价值观的理论发展力来自两个方面，一是马克思主义的理论指导，二是价值观自身矛盾所激发的内在驱动力。价值观形成不是自发的、自然而然的过程，而是一种建构和规划，需要顶层设计。一方面，社会主义核心价值观的培育要在马克思主义理论的指导下完成；另一方面，价值观本身是一个不断演进的过程，其形成是自身矛盾激发转化的结果，并非是一劳永逸的，而是要不断寻求自身的生存空间。价值观就像鸡蛋一样，从里面破壳而出是生命力的象征，而从外面被击破则是毁灭的象征，因此，价值观要想不断地发展自身，则要一方面做到要加强防御，

① 王振亚．实践与社会主义核心价值体系的价值生成．思想战线，2010（36）：219.

保护理论外壳，增强抵御外在破坏的能力，另一方面要做到不断地丰富自身，不断地突破自我、获得新生。社会主义核心价值观培育的理论发展力，就得益于马克思主义的理论发展和价值观的自身矛盾运动。

马克思主义是发展的理论，它在不断的变革中保持旺盛的生命力。马克思主义贯穿于社会主义核心价值观培育的全过程，它的自我完善和不断发展成为培育社会主义核心价值观的理论动力。具体而言，首先，马克思主义的理论基础是宏大和包容的。马克思站在巨人的肩膀上看待整个世界，并以德意志古典哲学、英国古典政治经济学和法国空想社会主义为理论支柱，对这些优秀成果进行了继承和超越，因此马克思主义本身就是一次伟大的理论创新和飞跃。其次，马克思主义理论自诞生之日起，从未僵化凝固，一直在不断变化发展，与时俱进、求真务实是马克思主义的理论本质。演进的历史和发展的科技，涌现的新变化、新情况被不断地融进马克思主义中，不断提升马克思主义理论的现实解释力。最后，马克思主义理论指向未来、向未来开放，是一种认识世界和改变世界的方法和思维，而不是一种教条化束缚和机械化重复。正在经历的现实和将要经历的现实，是马克思主义不断发展的新的基础。马克思主义理论旨在改变现存的世界，在改变世界的同时也改变着自身。马克思主义在中国的发展一方面取得了一系列的理论成果，为武装人民、指导实践发挥着重要作用；另一方面，马克思主义中国化、时代化、大众化依然需要进一步的提升。只有成为中国人的价值理念并内化到中国人的价值观中，马克思主义才能真正实现中国化、时代化、大众化，而马克思主义的理论发展力是培育社会主义核心价值观的理论源泉，因此进一步落实马克思主义中国化的理论诉求是培育社会主义核心价值观的强大动力。

与此同时，社会主义核心价值观也在变动的现实中不断调整自身，“从空想社会主义的价值观，到马克思主义的人的全面发展为核心的价值观和伦理社会主义以民主为核心的价值体系”①，社会主义核心价值观经历了自身的发展过程。内在矛盾是激发价值观向前发展的动力，我国社会主

① 吴向东. 重构现代性：当代社会主义价值观研究. 北京：北京师范大学出版社，2009：109.

义核心价值观要在与传统价值观和西方价值观展开角逐的过程中争夺思想领域的主导权和话语权。当前，传统价值观在当代遭到无情的否定和批判，但根植于几千年发展历史的价值观已经内化到中华民族的骨髓中，成为一种集体潜意识。纵然历史条件已经发生深刻变革，但传统庞大的惯性依然顽固地坚守着自己的阵营。与此同时，西方价值观带着各种面具，打着各色旗帜开始渗入中国人的头脑，在开放的中国具有一定的生存空间。因此，基于当代中国实际，社会主义核心价值观必须要在寻求自身存在和发展空间的过程中回归主导地位。在这一过程中，社会主义核心价值观具有特定的时空优势——它与现实条件契合：传统的价值观虽然拥有强大的惯性，但其赖以生存的条件已经发生了深刻的变化，缺乏外在推动力和现实支撑力，西方价值观无论是打着“普世”的旗号还是穿着“先进”的外衣，终究是西方的。只有根植于自身民族的价值观才具有持久的生命力，社会主义核心价值观就是在对传统价值观和西方价值观的继承和超越中不断建构起来的。社会主义核心价值观所面临的双重压力激发着其自身培育动机，而与此同时中国特色社会主义的发展和固有的时空优势又增强了培育的信心，两者共同构成社会主义核心价值观培育的动力。

（五）主体牵引力：培育社会主义核心价值观的依靠力量

作为整个国家和社会的核心价值规定，社会主义核心价值观的践行主体是多元的，包括党和国家、政府、社会、公众。主体的自身发展需要社会主义核心价值观——在价值诉求的驱动下，主体的自觉践行化为培育社会主义核心价值观的牵引力量，其中包括党和国家的倡导力、政府的推行力、社会的凝聚力和公众的认同力。具体而言，这四种牵引力量体现在以下几个方面：

首先是党和国家的倡导力。国家作为庞大的机器，拥有强大的力量。核心价值观是国家的软实力内核，建设社会主义文化强国、增强文化软实力的需要驱使其利用国家机器向全社会发出倡导，从而形成一种自上而下的号召力。与此同时，中国共产党是中国特色社会主义事业的领导核心，党的思想领导是培育社会主义核心价值观的强大动力。世情、党情、国情不断发生深刻变化，对党的执政能力提出新的考验。各种思潮交织互动、碰击冲撞，如果放任自流，势必会影响我国的意识形态建设、影响马克思主义的指导地位、削弱党的思想领导。社会主义核心价值观和党的执政理念是一致的，目前，“有关价值观领域的争论，不仅是纯粹的学术之争，而且是一场不亚于刀光剑影的意识形态话语权的争夺”①。因此，基于加强思想领导的需要，党必须充分利用核心价值观这一软实力内核，从价值观这一更深层面来扩大思想领导力、影响力和主导力，对社会主义核心价值观培育的热点、难点、盲点进行强势引领。

其次是政府的推行力。社会主义核心价值观的培育，需要在具体的行政行为中体现出来。作为党和国家政策方针的具体执行者，政府与民众接触最多、关系最密切，其行为本身就是价值导向。政府拥有分配公共资源的权力，但权力可以为个人谋利益，也可以为公众谋利益，而权力的腐败带来的是整个政府的权威扫地——腐败问题不仅仅是制度不合理、权力监督疲软等外在原因导致的，行政人员错误的价值追求也是导致腐败的重要内因。在这一过程中，行政人员是否拥有正确的核心价值观，则深刻影响着他们的价值追求。因此，政府要巩固权威，反对腐败，需要核心价值观的引导。在这一过程中，构建服务型政府，在具体的行政行为中推行和培育社会主义核心价值观即成为政府自觉的行动。

再次是社会的凝聚力。社会主义核心价值观的培育不仅需要国家强制力量的“硬控制”，也需要社会力量的“软控制”，即通过社会规范和风俗习惯使核心价值观在日常生活中体现出来。社会主义核心价值观的培育只有落实到社会中，才能真正实现具有生动性和鲜活性的价值共享和价值引领。社会在核心价值观的培育过程中发挥着独特的功能：首先，通过社会交流，使多元价值充分迸发，不断激荡碰撞，实现价值互动和价值共享。其次，通过社会整合，把价值冲突控制在一定的范围内，避

① 沈江平．历史唯物主义视野中的核心价值考量．马克思主义研究，2012（10）：107.

免价值无序和价值混乱，促进共同价值的生成。再次，通过社会导向，提倡与核心价值观相符合的生活方式和行为准则，对价值进行选择，促进核心价值观的生成。最后，通过社会积累，使核心价值观不因单个个人生命的消失而消失，而是在社会存续过程中得以继承和发展。社会可以凝聚各种力量，使最广泛的社会共识能够达成、良好的社会风尚得到倡导、核心的价值得以共享和维系，为社会主义核心价值观的培育提供社会基础。

最后是公众的认同力。社会主义核心价值观的培育，最终要通过把公民认同化为公众自觉的价值追求、价值目标、价值理想，成为公众价值判断、价值取向的基本原则和公众价值规范的基本遵循才能得以实现。社会主义核心价值观内在的逻辑力量是其公众认同力的来源。价值观不是靠鼓吹和强行灌输就可以影响公众的思维，而要依靠理论魅力和实践解释力来实现。“理论只要说服人［ad hominem］，就能掌握群众；而理论只要彻底，就能说服人［ad hominem］。所谓彻底，就是抓住事物的根本。但是，人的根本就是人本身。”① 社会主义核心价值观的最高价值是实现人自由全面的发展，这一价值追求体现了人本身的发展需要，抓住了人之为人的根本。社会主义核心价值观是基于中国实践产生的，是对核心价值体系的凝结升华，是对社会主义“善”的思考，是对真理的不断逼近，同时是对价值的全新解读。真理性和价值性的统一，它构成了公众认同的基础，而公众认同的力量又成为培育社会主义核心价值观最基本的力量。

（六）制度支持力：培育社会主义核心价值观的规约保障

当前培育社会主义核心价值观的一个难点是在国家倡导的价值理念被束之高阁的同时，日常生活中又有另外一套价值观在发挥作用，导致核心价值观被悬置。核心价值观是一种制度精神，不能高高在上、仅仅停留在倡导层面，而要通过制度来连接国家和公民。制度本身是一种价值选择，

---

① 马克思.《黑格尔法哲学批判》导言//马克思，恩格斯. 马克思恩格斯选集：第1卷. 北京：人民出版社，1995：9.

是人的对象化，并反过来成为一种对象化力量，对生活在其中的人们进行价值引领。制度是整个社会的行为规则，人们为了逃避惩罚或得到激励而接受的价值观念是制度所内含和提供的。具体而言，一方面，制度是整个社会价值的“最大公约数”，即怀揣不同价值诉求的人们所达成的最低价值共识；另一方面，制度不是价值中立的，它体现了社会中优势群体的价值诉求，并通过自身的推进成为整个社会的主导价值观。中国特色社会主义的制度自信不是来自于其内在的组织结构，而是来自于其所尊崇的价值理念以及在落实这些价值理念过程中的功能发挥。

制度所具有的独特优势是培育社会主义核心价值观的有力支持和可靠保障。首先，制度具有强制性和权威性，是一种外在的强制力量，提倡什么、反对什么，鼓励什么、禁止什么，都以规则的形式呈现。制度把价值观对是非曲直的判断通过规范个体行为来实现，一方面为人们的行为划定界限，即提供了一条不能逾越的界线；另一方面影响个人的行为模式和行为结果，即个人的行为选择、行为方式、行为路径都要在制度的范围内展开，为培育社会主义核心价值观提供制度规范。其次，制度具有系统性和层次性。制度是一个趋近完备的系统，层次分明，涉及政治、经济、文化、社会、生态等各领域——通过政治制度影响人们的政治观和政治取向；通过经济制度引领人们的经济观和利益导向；通过文化制度建构人们的文明观和精神导向；通过社会制度形成人们的和谐观和生活旨趣；通过环境制度激励人们的自然观和生态意识。制度深入个体生活的方方面面，形成一张疏而不漏的网，为社会主义核心价值观的培育提供制度关怀。最后，制度具有稳定性和持续性。制度建立在一定的经济基础之上，在经济基础相对稳定的范围内制度一经确立就带有稳定性和持续性。作为整个社会的价值取向，社会主义核心价值观要保持自身长期的稳定性和生命的持续性才能实现。对于那些昙花一现的价值观而言，安身立命的问题都无法解决，长足发展更加无从谈起。而对于社会主义核心价值观而言，其制度培育保障了自身的内在稳定性、影响长远性和作用持续性。所以，对社会主义核心价值观的培育而言，首先要将其转化成一定的社会主义制度形态，蕴含在制度安排中，附着在制度载体之上，并以之作为制度的灵魂引领制度的推进；其次要依靠制度的有效运行，协调利益关系，调控多元价值观，使人们认可现行制度并自觉遵循制度规则；最后要将对制度的认同转化为对核心价值观的认同，并作为行为的导向。只有落实到社会主义制度中，通过制度设计、具体安排和合理运行，在社会的各个层面中体现出来，社会主义核心价值观才能拥有生命力、保持活力。

全球化带来的机遇和挑战是培育社会主义核心价值观的环境依托；调和文化矛盾、实现文化整合是培育社会主义核心价值观的文化依托；生产实践、交往实践和文化实践的开展是培育社会主义核心价值观的现实依托；马克思理论的发展力和价值观自身发展空间的寻求是培育社会主义核心价值观的理论依托；主体的具体践行是培育社会主义核心价值观的依靠力量；制度的支持和发展是培育社会主义核心价值观的规约保障。环境挑战与回应、文化矛盾与整合、理论现实与发展、实践要求和展开、主体需要与践行、制度的安排和导向等一系列内容，回答了社会主义核心价值观关于全球环境、文化背景、实践开展、理论源头、主体依靠和制度保障的问题，它们共同构成了培育社会主义核心价值观的动力系统。

六、路径选择：社会主义核心价值观的实践跟进

作为一项凝魂聚气、弘扬中国精神，强基固本、集聚中国力量的全民工程、系统工程，培育和践行社会主义核心价值观在捍卫主流意识形态、引领先进文化建设、推动中国特色社会主义事业方面具有十分重要的战略意义。面对当前思想文化领域的“价值缺失”“观念冲突”“道德迷茫”等问题，在以“三个倡导”为基本内容的社会主义核心价值观得到普遍认可和明确规定之后，深化社会主义核心价值观培育践行的规则、路径和机制研究即成为当前社会主义价值观培育和践行工作的重要内容和基础工作。有效推进社会主义核心价值观的建构，明确的规则是前提，系统的路径是关键，科学的机制是保障，三者共同构成了培育和践行社会主义核心价值观的着力点。

（一）培育和践行社会主义核心价值观的原生规则

1. 坚持理论性与实践性相统一，提升社会主义核心价值观的创造力

社会主义核心价值观既要在理论上具有深刻的说服力，又要在情感上具有深厚的感召力，更要在实践中具有切实的操作性，才能真正被人民群众普遍理解和全面掌握，真正使人民群众内化于心和外化于行。理论是现

实的反映，改革开放的深入、市场经济的转型、思想文化的交锋以及全球化时代的挑战等要求社会主义核心价值观必须要跳出理论藩篱、直面社会问题，并对当前的热点做出有效回应。理论是现实的先锋，复杂形势下社会主义核心价值观的建构更应该彰显理论的科学性和先进性，以马克思主义立场观点方法为指导，以重大现实问题为线索，以鲜活社会实践活动为基础，着重破解社会主义条件下现代化建设过程中愈加凸显的“价值缺失”“观念冲突”“道德迷茫”等问题。社会主义核心价值观是来自现实又要回到现实的一种价值目标，其形成发展需要从中国的现实出发，把马克思主义的价值理论与中国的实际相结合，在此基础上把握社会主义核心价值观，不断深化理论研究，创新完善理论体系，不断强化社会主义核心价值观的理论魅力和实践效力，有效提升社会主义核心价值观的理论创造力和现实解释力。

2. 坚持历史性与现实性相呼应，增强社会主义核心价值观的竞争力

核心价值观作为一种历史产物，呈现出鲜明的理论发展形态和实践演进状态，在不同国家的不同历史阶段有着不同的言说和不同的内涵。其演化过程既是对社会主义五百余年理论发展、制度演进和实践深化的尊重和继承，更是对时代发展的现实问题的考量和分析。历史发展表明，任何思想体系一旦将自己禁锢、封闭和僵化起来，脱离社会实践和现实问题，就会失去存在的价值和意义，也就会为人民群众所抛弃。“每一个时代的理论思维，从而我们时代的理论思维，都是一种历史的产物，它在不同的时代具有完全不同的形式，同时具有完全不同的内容。”① “理论大众化的程度，取决于理论满足大众需求的程度。干部群众对理论的需求，说到底就是渴望自己所关注的问题能从理论上得到解答。”② 社会主义核心价值观的理论根基，是马克思主义以及马克思主义中国化的理论成果，实践根基是社会主义五百余年运动实践、革命发展、改革建设过程中的教训反思和经

① 恩格斯．自然辩证法//马克思，恩格斯．马克思恩格斯选集：第4卷．北京：人民出版社，1995：284.

② 刘云山．架起科学理论与人民大众的桥梁　用马克思主义中国化最新成果掌握群众．人民日报，2010-03-29（5）.

验总结，理论涵养是空想社会主义的价值追求、西方资本主义价值观的合理成分和中国传统文化精华意蕴的有机整合。面对日益多元的价值观念之争，社会主义核心价值观竞争力的增强必须在根植于社会主义、立足于当下实践的过程中，在把握时代要求、尊重历史事实和关注现实问题的进程中，在推进社会主义核心价值观科学建构的征程中才能得到真正实现。

3. 坚持继承性与创新性相结合，激活社会主义核心价值观的生命力

社会主义核心价值观不是凭空出现的，而是人类社会千百年来的价值追求、社会主义五百余年来的价值创设和中国特色社会主义 60 多年的价值创新。当前对于社会主义核心价值观的研究，反映出了我们以中华古典传统文化为核心的母体文化面临着传承和弘扬的困境、以马克思主义为核心的主流文化面临着融合和引领的困境、以西方现代文化为代表的外来文化面临着借鉴和吸纳的困境。因此，建构社会主义核心价值观要注重基础理论研究和理论创新研究，既要善于继承、吸收、消化，又要善于结合实际、推陈出新；既要处理好培育社会主义核心价值观与继承我国优秀传统文化的关系，把中国传统文化底蕴作为一种基本价值资源，体现中华民族特色，又要正确处理培养社会主义核心价值观与有效整合资本主义社会价值观的关系，把资本主义社会价值观作为一种可借鉴资源，体现世界文明特征。此外，要正确处理践行社会主义核心价值观与继承科学社会主义价值理念的关系，以科学社会主义的本质要求为出发点，彰显社会主义特性。与此同时，社会主义核心价值观生命力的激活更多的是在具体的实践过程中坚持继承性与创新性的有机结合：既要发挥传统教育方式和基本培育模式的科学性和有效性，又要善于结合新的实践、新的实际和新的问题改进创新，采用人民群众易于接受的方式，创建人民群众主动融入的平台，开辟人民群众参与践行的渠道，切实增强理论的感染力和实践的吸引力。

4. 坚持主导性与多元化相一致，彰显社会主义核心价值观的凝聚力

作为社会主义主流意识形态的本质和核心，社会主义核心价值观在整个社会价值观念系统中起主导作用。任何社会都不可能仅仅只有一种价值

观念，价值观的多元化是经济社会发展的客观现实，价值观的多样性是社会实践运动的必然结果。面对价值观念色彩斑斓的现实世界，只有将社会主义核心价值观作为一种主色调，才能在廓清多元价值体系、透视多彩价值世界的过程中确保社会主义主流意识形态的主导地位，更好地引领多元社会思潮、凝聚多样社会共识。要坚持以理想信念教育为核心，以意识形态捍卫为重点，以思想文化多元为形态，紧紧围绕世界观、人生观、价值观教育这个基础性工作引导人们牢固树立符合社会主义总体规范的价值目标和价值追求，不断铸牢人民群众的精神支撑和价值支柱。因此，社会主义核心价值观的建构要坚持主导性和多元化相一致原则，既要使社会主义核心价值观通过培育践行成为具有主宰地位的主流价值观，又要允许价值观念的空气中流动着其他有利于社会协调发展的价值思想，还要推动主流价值观念与其他价值观念的有效互动和有机整合，在比较和相容中深化社会主义核心价值观，在甄别和借鉴中完善社会主义核心价值观，在挑战和应对中提升社会主义核心价值观，使其始终保持强大凝聚力，凸显主导引领地位。

5. 坚持人本性与政治性相支撑，突出社会主义核心价值观的整合力

社会主义核心价值观既是由党和国家提出、倡导和培育的一种价值观念体系，又是一个人民群众广泛参与、不断实践和持续深化的实践养成活动，价值问题在其本质上是人的问题①。社会主义核心价值观的培育践行，一方面要坚持以人为本的基本原则，尊重人民群众的主体地位，关注其利益诉求和理想愿景，体现人文关怀；另一方面要具有鲜明的政治意识，关照国家整体的利益诉求，关涉社会主义内在的价值导向。从根本而言，建构社会主义核心价值观，是要探索一套有利于国家调控、社会参与、全体人民群众共同遵守，有利于人民幸福、社会稳定、国家持续健康发展的具有主导性的价值观念。按照这种政治要求，社会主义核心价值观的建构，既要善于从马克思主义经典作家对社会主义本质属性的科学阐述中进行归纳概括，充分反映社会主义运动的价值导向；又要善于在与封建主义、资

① 王学俭，郭绍均．社会主义价值系统的确立动因、演化进路和发展趋向．社会主义研究，2013（4）：61-67．

本主义等其他社会形态的对比中进行提升精炼，从而更为明晰地把握社会主义制度的本质属性；更要在争取获得广大人民群众的普遍认同和衷心支持中进行培育践行，成为全体人民共同遵守的价值准则。

6. 坚持整体性与层次性相印证，扩展社会主义核心价值观的辐射力

社会主义核心价值观的建构要在全社会得到认识、认同、信仰和践行，就必须在坚持整体推进社会主义价值观的建构的同时分层次、分阶段、分主体、分地域地加以推进和系统构建。作为社会主义理论、制度和实践的精神灵魂，社会主义核心价值观要在全社会形成广泛的辐射力，并推进社会主义核心价值观在社会各领域、各群体落地生根、枝繁叶茂，就需要从整体层面全盘考虑和系统设计培育践行的路线图谱。同时，培育和践行社会主义核心价值观的主体具有层次性、过程具有阶段性、实施具有地域性，因此要善于在具体的培育践行中区分层次、甄别对象、把握地域，在整体划一和统一要求之下更加注重分类建构，通过具体细微的建构活动，探索人民群众的思想共鸣点、发现人民群众的利益交汇点、整合人民群众的价值不同点，坚持做到生动化、形象化、具体化；此外，还要善于判断阶段和时期，注重细水长流，把握不同时期和不同阶段人们对社会主义核心价值观的认同和接受程度，在尊重人民群众正当利益诉求和合理价值取向的基础上和注重整体建构和分层践行的过程中提升统摄力，拓展辐射力，推进大众化。

（二）培育和践行社会主义核心价值观的路径归并

1. 促进经济社会新和谐，筑牢培育践行的物质根基

面向现实、面向实践、面向社会生活是构建社会主义核心价值观的必然要求，也是基础性工作。马克思认为："批判的武器当然不能代替武器的批判，物质的力量只能用物质力量来摧毁；但是理论一经掌握群众，也会变成物质力量。"① 要把社会主义核心价值观融入社会生活的方方面面，

① 马克思．《黑格尔法哲学批判》导言//马克思，恩格斯．马克思恩格斯选集：第1卷．北京：人民出版社，1995：9.

把核心价值理念转化为具体层面的价值追求，不断把握社会层面的基本矛盾，分析时代生成的具体问题，在化解矛盾、消解问题的过程中推动经济、政治、文化、社会、生态协调发展、持续发展和科学发展，从而实现国家治理体系和治理能力的现代化。这是建构社会主义核心价值观的社会基础，也是促进人民群众认识、认同、信仰、践行社会主义核心价值观的转化通道。邓小平同志曾经指出："空讲社会主义不行，人民不相信。"[①]要使社会主义核心价值观深入人心，就要通过建构具有标志性成果的社会主义，在促进经济发展、推动政治清明、实现文化繁荣、维持社会有序、建设生态和谐的过程中，在与中国传统社会纵向比较、西方资本主义社会横向对比的过程中，增强社会主义的现实说服力和实践论证力，进而提升经济社会新和谐中蕴含的社会主义核心价值观的理论科学性和价值合理性。因此，要在全面深化改革的进程中，通过经济体制改革实现共同富裕，通过政治体制改革维护公平正义，通过文化体制改革捍卫精神家园，通过社会体制改革增进民族团结，通过生态体制改革维系生存基础，进而筑牢培育践行的物质根基，并不断实现社会主义的理想目标，不断兑现社会主义的价值承诺。

2. 建设先进文化新业态，进化培育践行的精神基因

"文化中最重要的心理要素是认同作用，认同是文化与人格的桥梁。"[②]文化的力量体现于认同，文化强国建设的成效取决于对社会主义核心价值观的认同程度。作为一个民族最深层的精神追求和精神标识，文化为构建社会主义核心价值观提供着最为重要的文化滋养和精神基因。社会主义核心价值观的培育践行，需要不断探索建设以先进文化引领的传统文化、西方文化和现代文化为有机整体的文化新业态，在整体性推进文化建设的过程中，在科学性优化文化家园的背景下，实现社会主义核心价值观的基本内涵深化、时代意蕴彰显、实践特征突出、民族特色鲜明、认同幅度广泛和践行程度深入。面对传统文化向现代文化转型、强势文化向弱势文化入

① 邓小平．社会主义首先要发展生产力//邓小平．邓小平文选：第2卷．北京：人民出版社，1994：314.

② 爱德华·霍尔．超越文化．北京：北京大学出版社，2010：211.

侵的时代挑战，社会主义核心价值观如何积极应对各种社会思潮的冲击、各种价值观念的羁绊、各种文化现象的消解，并在这个过程中不断发现文化发展规律、引领文化发展风尚、推动人民精神进步、实现社会整体发展，成为培育践行的重要课题。要推进文化科学创新，健全文化产业体系，规范文化产业格局，引领文化消费模式，不断发展新的文化产品，建设先进文化新业态。要以科学的理论武装人，以正确的舆论引导人，以高尚的精神塑造人，以优秀的作品鼓舞人，在全社会形成积极向上的精神追求和健康文明的生活方式。要深入挖掘和阐发中华优秀传统文化的时代价值，理性继承和创新中华民族的精神财富，赋予中华文化更加贴合时代的独特创造、价值理念、鲜明特色，为培育践行社会主义核心价值观提供坚实的思想精华、深厚的道德精髓和永恒的精神基因。

3. 融入国民教育全过程，生成培育践行的信仰追求

国民教育是培育践行社会主义核心价值观的重要阵地和关键途径。要坚持把社会主义核心价值观的建构融入国民教育全过程、渗透到国民教育的各个环节，通过扎扎实实的教育活动使社会主义核心价值观为广大青少年所感知、所认同、所支持、所信奉，并内化于他们的思想深处，外化为他们的行为追求。对未成年人和青年大学生进行社会主义核心价值观的引导和教育，其目的在于促使年轻人积极树立科学的政治信仰、坚定的共同理想、完善的价值观念和健康的人生态度。社会主义核心价值观融入国民教育全过程，是一个逐渐积累、逐次认识和逐步形成共识的过程，而不是一蹴即就的事情。引导未成年人和青年大学生主动接受、自觉追求和有效转化社会主义核心价值观，需要不断创新融入渗透的方法和路径，科学设计并灵活运用融入渗透的载体和活动，克服强制灌输的说教性、空洞性和枯燥化，提升社会主义核心价值观培育践行的针对性和实效性。要实现培育践行全覆盖，必须要将社会主义核心价值观融入由基础教育、中等教育、高等教育、职业教育、成人教育和终身教育所构成的教育体系的各个领域；要把握青少年身心特点和成长规律，结合大中小学德育课程体系和教材体系，优化教学内容，完善学校、家庭、社会、网络有机结合的教育格局，促进社会主义核心价值观融入教材、融汇课堂、渗透心灵；要注重

社会实践教学的特殊作用，结合社会主义核心价值观不断开发实践课程，完善实践体系，建设实践基地，拓展社会主义核心价值观融入学校的空间；要注重以共青团、“两课”教师和辅导员为主体的教师队伍建设，为培育践行社会主义核心价值观打造师德高尚、业务精湛的高素质教师队伍。

4. 创设传播宣传新平台，净化培育践行的舆论空气

培育践行社会主义核心价值观，离不开良好环境的熏陶影响，也离不开营销宣传的基本途径。要使社会主义核心价值观落地生根、枝繁叶茂，像空气一样无所不在、无时不有，就要发挥宣传教育的文化熏陶功能，实现价值观的有效传播，做到在尊重差异中扩大社会认同，在包容多样中形成思想共识，在涤荡糟粕中净化社会环境。要充分发挥报纸、电视、广播等传统新闻媒体和微博、微信、手机等新兴媒体的主渠道作用，引导新闻媒体充当正面宣传、把握舆论导向、融合文化差异、引领价值追求的先锋队，在营造宣传氛围、突出重点内容、分析热点问题、实施舆论监控的过程中不断做大积极健康向上的主流文化，做好内容丰富生动有趣的流行文化，做强方向正确坚定的思想阵地。要坚守和建设网上传播阵地，把握网络传播规律，做大做强重点新闻网站，发挥主要商业网站建设性作用，做好重大信息网上发布，用正面声音和先进文化占领网络阵地，形成良好的网上舆论环境。要发挥精神文化产品育人化人的重要功能，通过优秀的精神文化产品展示社会正能量，传播中国好声音，启迪社会新思考，萌发价值新追求，进而营造更加和谐有序的培育践行环境。要强化中国梦的宣传教育，借助中国梦的形象表达和有效传播，深挖其中蕴含的价值定位和价值追求，广传其中凸显的价值愿景和价值蓝图，让社会主义核心价值观更接地气、更近民心。要借助开展群众性的精神文化活动、推动新形态的文化产业发展、打造更丰富的文化服务体系等一系列平台，构建弘扬价值观的多样化的生动载体。

5. 创造实践活动新形式，整合培育践行的融入平台

社会主义核心价值观要获得人民群众真心认同、真正信仰和彻底践行，必须在融入工作上下工夫，通过开展更加贴合人民群众日常生活的实

践活动，整合培育践行的融入平台，让人们在实践中不断感知、领悟、接受核心价值观。事实已经证明，价值观念的培育践行不是靠一时的运动促成的，而是要靠长久的活动推动。要在过去宏大运动的有益做法的经验总结之上探索建立更有可行性、更显具体性、更具细微性的常规性实践活动，尝试运行更加符合实际、更加融入生活、更能带动百姓的实践活动新形式，优化完善国家主导、社会参与、个人融入的整体性实践活动联动机制，让社会主义核心观的培育践行具有更广的普及性、更好的操作性和更实的保障性。要善于结合时代的发展方向和具体的实践要求，不断开展涵养社会主义核心价值观的丰富多彩的实践活动，如以诚信建设为重点的道德实践活动、以“我为人人、人人为我”为主要内容的学雷锋志愿服务活动、以提升公民文明素质和社会文明程度为目标的精神文明创建活动、以传播先进文化、传扬新风正气为内容的公益广告活动、以弘扬民族精神和时代精神为指向的重要节庆日活动，等等，引导人民群众自觉做中国特色社会主义的坚定信仰者、社会和谐稳定有序的坚强捍卫者以及公民道德规范的忠实践行者。

（三）培育和践行社会主义核心价值观的机制推新

1. 健全利益维护机制，强化价值认同

利益的追求是价值观生成的基础，价值观的坚守是对利益向往的反映。“人们为之奋斗的一切，都同他们的利益有关。”① 马克思认为，“人的本质并不是单个人所固有的抽象物，在其现实性上，它是一切社会关系的总和”②，某种程度而言，人本身就生活在由其自身所形成的利益关系之中，并通过一定的社会物质生产关系分配、调解和享有某种利益，处理好个人与他人、个人与社会、个人与国家的利益关系构成了社会利益分配、

① 马克思. 第六届莱茵省议会的辩论（第一篇论文）//马克思，恩格斯. 马克思恩格斯全集：第1卷. 北京：人民出版社，2002：187.

② 马克思. 关于费尔巴哈的提纲//马克思，恩格斯. 马克思恩格斯选集：第1卷. 北京：人民出版社，1995：60.

秩序长存和稳定发展的基本要求。要促使人们自觉将社会主义核心价值观转化为内心的精神追求，必须要考虑社会主义核心价值观对人民群众规定利益需要的满足程度，在这一过程中要以促进国家整体利益、社会群体利益和个人自我私利的有机统一为根本指向。具体而言，一要建立合理的利益分配机制，满足不同利益主体的需要；二要不断健全社会保障机制，维护好最广大人民群众的根本利益；三要完善利益矛盾协调机制，妥善处理各种利益矛盾，使人民群众真切地感受到社会主义核心价值观对于自身利益的捍卫和维护，并通过利益的获取形成深厚坚固的认同基础。

2. 完善制度保障机制，固化价值实践

制度具有根本性的决定作用，尤其对于价值观念的建构而言，只有将价值观念体现在具体而又完备的法律法规、政策方针、基本制度中，并赋予其不容置疑的权威性、不可改变的统领性和不需验证的至上性，才能以此推动培育践行的实践活动不断完善、固化并传承，才能得到人们的深刻认同、坚定人们的内在信仰、促进人们的积极践行。同样，社会主义核心价值观也需要借助法律的强制力、法规的约束力、政策的引导力才能真正得到有效推广、深入普及和自觉信奉，才能得到持续培育、扎实推进和科学建构。核心价值观要通过制度保障来固化实践进程，制度设计更要不断凸显价值观的基本内容来弘扬科学性。具体来说，一方面从宏观角度而言，要将社会主义核心价值观通过党和国家的路线制定、政策商定和法律修订等制度形式，针对不同内容的不同要求上升为具有普遍约束力的国家法律、社会规范和通行法则，从而实现通过约束固化价值追求对人们的价值行为进行匡制。另一方面从微观角度而言，要将社会主义核心价值观融入日常管理规范之中，并将其分解为更具操作性、更加细微性、更有针对性的行为规范，从而通过日常生活行为的制约、日常习惯动作的教导使社会主义核心价值观逐渐内化为人们的道德追求和自律要求，化教育于无形，促践行于细微。

3. 实行激励约束机制，转化价值导向

作为一种主导的价值标准与价值规范，作为行为是非善恶的基本标准，社会主义核心价值观本身具有强大的约束力、规范力和鼓动力，其理当对不断走向偏激的文化多元、道德紊乱、价值迷失、信仰迷茫的现状进行科学的导引和有效的规范。它规约着人的行为，制导着人的言论，从而影响、制约着人们的价值选择和价值判断，对人们的价值行为起着鼓励或约束作用。为此，就需要建构更加严谨、明确和有效的激励约束机制，通过激励和惩治促进人们的正确认识和理性行为，以引导人们信仰坚定、理想明确、积极拼搏、奋发努力，为社会做出自己应有的贡献，并不断提升个人的价值取向和价值追求。具体而言，一是建立有效的奖励机制，对建构社会主义核心价值观过程中表现出来的先进事迹、突出个人和优秀集体应当给予适当的物质奖励和精神奖赏，使“争当好人、争做好事”逐渐成为一种约定俗成的道德规范和榜样示范，在全社会形成“好人有好报”的社会共识。二是建立严格的惩罚机制，对背离社会主义核心价值观要义的言行举止采取舆论批判、批评教育和强制矫正等措施，对于国家公务人员而言更要将其言行举止列入政绩考核范围之中，对个别行为恶劣者要借助法律有关规定进行严厉惩处。

4. 推行示范引领机制，促化价值环境

培育践行社会主义核心价值观，既需要人民大众的自身觉悟和坚定奉行，更需要培养践行核心价值观的领军和模范人物，通过模范言行实现并形成示范效应。尤其对党员干部而言，更要积极争做社会主义核心价值观的践行模范和典型示范，通过自身的一言一行彰显核心价值观的微言大义，通过自己的一举一动体现共产党人的先锋作用。邓小平同志曾经指出：“党是整个社会的表率，党的各级领导同志又是全党的表率。……如果党的领导干部自己不严格要求自己，不遵守党纪国法，违反党的原则，闹派性，搞特殊化，走后门，铺张浪费，损公利私，不与群众同甘苦，不实行吃苦在先、享受在后……怎么能指望他们改造社会风气呢!”[①] 因此，强化党员干部在建构社会主义核心价值观中的示范作用和引领效应，是培育和践行的必然要求。一要加强信仰教育，严格要求党员干部坚定信仰共产主义和中国特色社会主义，并将信仰转化为自觉践行价值观念的行为示

① 邓小平. 坚持四项基本原则//邓小平. 邓小平文选：第2卷. 北京：人民出版社，1994：177-178.

范。二要重视党性教育，督促砥砺党员干部保持党的先进性和纯洁性，在贯彻群众路线过程中弘扬优良传统作风，带动社会整体风气改进。三要强化道德建设，教育引导党员干部保持清雅、高洁、健康的生活情趣，坚守共产党人高尚、纯洁、积极的精神追求，引领人民群众道德水平提升。

七、宗教信仰：社会主义核心价值观的协调适应

当前，世界范围内思想文化交流交融交锋，国内社会意识多元多样多变。因此，为抵御西方强势价值观的侵蚀，有效引领社会思潮、凝聚社会共识，党和国家把社会主义核心价值观建设提上重要议程。自十八大报告提出“三个倡导”以来，《关于培育和践行社会主义核心价值观的意见》《国家宗教事务局关于在宗教界深入开展培育和践行社会主义核心价值观活动的意见》等文件先后印发，培育和践行社会主义核心价值观成为推进中国特色社会主义事业的一项战略任务。社会主义核心价值观不是某一群体的专利，它超越了民族、信仰、地域、行业等具体差异，体现了包括广大信教群众在内的社会各界民众的价值共识。培育和践行社会主义核心价值观是凝魂聚气、强基固本的基础工程，需要各民族同心同德、汇聚力量，共建中华民族精神家园，为实现中华民族伟大复兴中国梦提供精神支撑。

（一）社会主义核心价值观是当代中国价值的最大公约数

核心价值观的生命力决定一个国家和民族的凝聚力和向心力，能否形成和坚守自己的核心价值观关系到国家的长治久安和社会的有序运行。党

的十八大在综合各方认识的基础上，倡导富强、民主、文明、和谐，倡导自由、平等、公正、法治，倡导爱国、敬业、诚信、友善，从国家、社会、公民三个层面凝练概括出了社会主义核心价值观的基本内容，回答了我们要建设什么样的国家、建设什么样的社会、培育什么样的公民的重大问题。社会主义核心价值观是国家价值目标、社会价值取向、公民价值准则的有机统一，“承载着一个民族、一个国家的精神追求，体现着一个社会评判是非曲直的价值标准”①，是当代中国价值的最大公约数。

“富强、民主、文明、和谐”是国家层面的价值目标。“富强”即富足强盛，它是我国社会主义经济建设的价值追求，体现了国家繁荣富强和人民共同富裕的有机统一，反映了中华民族的期盼和人民群众的愿望；“民主”即人民当家作主，是我国社会主义政治建设的价值目标，它要求国家政治生活体现人民意志、保障人民有序参与、维护人民根本利益，具有内容的真实性、对象的广泛性、形式的丰富性和运行的高效性特征，并内在地与西式民主区别开来；“文明”是国家和社会发展进步的重要标志，社会主义先进文化建设要传承中华民族几千年文明，推进人类文明交流互鉴，不断增进中华文化软实力；“和谐”代表着中华民族对于美好社会生活状态的愿景和构想，包括人与自身、人与人、人与社会、人与自然的协调，是我国社会主义社会建设的根本方向。

“自由、平等、公正、法治”是社会层面的价值取向。捍卫自由、争取平等、维护公正、推进法治是中国共产党人矢志不渝的价值追求，是社会主义本质属性的具体体现。“自由”是社会活力之源，其目标是实现人的自由全面发展，通过认识必然性和改造世界，把人从自然界的限制、从社会领域的约束、从人自身发展的局限中解脱出来，进而构建马克思主义根本的价值追求——“自由人的联合体”；“平等”是衡量社会关系健康发展的价值尺度，是人类内心深处共同的渴望，是机会平等和实质平等的有机统一，它包括政治上平等参与、经济上共同富裕、文化上共建共享，是社会主义事业的价值坚守；“公正”是实现社会稳定的重要法宝，集中体

① 习近平．青年要自觉践行社会主义核心价值观//习近平．习近平谈治国理政．北京：外文出版社，2014：168.

现了社会主义制度的优越性，它通过社会制度和社会规则的合理安排和有序设计，让社会主义的发展成果真正惠及到每一个公民，从而达到中国特色社会主义事业的内在要求——不断增加人民福祉；“法治”是治国理政的基本方略，是复杂社会关系的秩序化和制度化，强调法律至高无上的权威性和法律面前人人平等的普遍适用性，是社会稳定发展的可靠保障。

“爱国、敬业、诚信、友善”是公民层面的价值准则。国家和社会是由每一个具体的公民组成的，公民的行为规范和道德要求是社会主义核心价值观的重要组成部分。“爱国”是民族精神的核心，是处理个人与国家关系的基本规范，包括对祖国大好河山、民族同胞、历史文化和政权制度的深刻情感。此外，“不断增强对伟大祖国、中华民族、中华文化、中国共产党、中国特色社会主义的认同”①，为实现中华民族伟大复兴中国梦而不断奋斗，是当代爱国主义的集中体现。“敬业”是最核心的职业道德，包括对事业敬重热爱的感情、专心致志的态度、积极勤勉的行动，它要求公民尊敬自己从事的职业，以强烈的责任感和事业心做好自己的本职工作，并最终汇入中国特色社会主义建设的伟大事业中。“诚信”指内诚于心、外信于人，要求不虚假、不作伪，言必信、行必果，从而实现内在道德品质和外在具体行为的统一。人无信而不立，“诚信”是人之为人的基本要求，也是社会主义市场经济健康发展的基石。“友善”是友爱、善良之义，是拉近人与人之间的距离、温暖陌生人社会的道德阳光。在社会交往过程中，以友爱、善良、体谅之心对待他人，避免猜忌、算计、冷漠，是构建和谐社会的应有之义。

（二）宗教信仰与社会主义核心价值观的契合之处

宗教信仰与社会主义核心价值观的关联，可以通过宗教信仰与中华传统文化、中华传统文化与社会主义核心价值观的关系得以澄清，中华传统文化是理解宗教信仰与社会主义核心价值观关系的中介。习近平总书记强

① 习近平．大力弘扬伟大爱国主义精神 为实现中国梦提供精神支柱．人民日报，2015-12-31（1）．

调："培育和弘扬社会主义核心价值观必须立足中华优秀传统文化。牢固的核心价值观，都有其固有的根本。抛弃传统、丢掉根本，就等于割断了自己的精神命脉。"① 社会主义核心价值观不是凭空诞生的，它是中华传统文化、西方文明优秀成果以及马克思主义文化传统在当代中国特色社会主义伟大实践中碰撞、凝结而成的价值共识。其中，中华传统文化源远流长，镌刻着中华民族最深刻的集体记忆，积淀着中华民族最深层的精神追求，是社会主义核心价值观产生的历史文化根基，是涵养社会主义核心价值观的重要源泉。只有以高度的文化自觉、文化自信对待中华传统文化，真正立足中华传统文化，才能走稳"中国道路"，使社会主义核心价值观在世界文化激荡过程中站稳脚跟。

中华传统文化中有着宗教的精神追求和文化基因，既有自成一体的本土宗教（道教）的因子，又有经过中华文化整合创造的外来宗教（佛教）的因子，因此，对中华传统文化的任何觉知都不能忽视宗教文化的影响。习近平主席在联合国教科文组织总部发表演讲时，曾以佛教为例，阐释了宗教对中华文化的影响，他指出："佛教产生于古代印度，但传入中国后，经过长期演化，佛教同中国儒家文化和道家文化融合发展，最终形成了具有中国特色的佛教文化，给中国人的宗教信仰、哲学观念、文学艺术、礼仪习俗等留下了深刻影响。"② 佛教在中国已有两千余年历史，道教已有一千七百多年历史，伊斯兰教、天主教于公元七世纪传入中国，基督教于公元十九世纪传入中国，多种宗教信仰并存于中国大地，并在历史发展进程中经过中华文化的濡化浸润而不断升华和再创造，成为中华传统文化的有机组成部分，并广泛地渗透到中国人的精神生活，是涵养社会主义核心价值观的文化源泉。

就具体内容来看，作为人类把握世界的一种特殊方式，宗教信仰的一些基本理念和精神追求与社会主义核心价值观存在着契合融通之处：佛教

---

① 习近平．培育和弘扬社会主义核心价值观//习近平．习近平谈治国理政．北京：外文出版社，2014：163-164.

② 习近平．在联合国教科文组织总部的演讲．(2014-03-28)［2017-03-20］. http://news.xinhuanet.com/politics/2014-03/28/c_119982831.htm.

中“众生平等”对平等的追求、“生死轮回的解脱”中对自由的向往、“报国王恩”中与爱国价值的吻合。又如伊斯兰教对爱国的强调、对敬业的推崇、对诚实的重视，等等①。还如道教中“道法自然”的文明追求、“佐国扶命”的爱国传统、“鲲鹏展翅”的自由精神、“言善信”的诚信原则，等等②。再如基督教中“爱人如己”的博爱情怀、“天主十诫”中对个人行为的规范，等等。种种这些宗教教义都与社会主义核心价值观有相融相通之处。

（三）在宗教信仰领域深耕厚植社会主义核心价值观

社会主义核心价值观是各民族共建共享的最大公约数，其致力于以简洁恰当的语言表达中华民族的精神追求和价值共识，并“决定着各民族共有精神家园的发展方向”③。习近平总书记先后在多次会议上强调，在宗教信仰领域要积极培育和践行社会主义核心价值观。2015 年 5 月，习近平总书记在中央统战工作会议上指出，“要用社会主义核心价值观引领、用中华文化浸润我国各种宗教”④。2016 年 4 月，习近平总书记在全国宗教会议上强调，要坚持宗教中国化方向，积极引导宗教与社会主义社会相适应，“积极践行社会主义核心价值观，弘扬中华文化，努力把宗教教义同中华文化相融合”⑤。要在宗教信仰领域深根厚植社会主义核心价值观，推动社会主义核心价值观贯穿融入宗教思想和教规教义，成为宗教界人士和信教群众的价值追求和自觉行动，真正做到落细、落小、落实，引导广大信教群众既做正信正行的好教民，又做认同践行社会主义核心价值观的好公

① 郭承真．弘扬伊斯兰美德　培育和践行社会主义核心价值观．中国宗教，2014（4）：32-34．

② 张继禹．发扬道教优良传统　培育和践行社会主义核心价值观．中国宗教，2014（4）：30-31．

③ 国家民族事务委员会．中央民族工作会议精神学习辅导读本．北京：民族出版社，2015：258．

④ 中共中央宣传部．习近平总书记系列重要讲话读本（2016 年版）．北京：人民出版社，2016：181．

⑤ 发展中国特色社会主义宗教理论　全面提高新形势下宗教工作水平．人民日报，2016-04-24（1）．

民。具体而言，应从以下几个方面入手：

首先，从基本态度上来讲，培育和践行社会主义核心价值观要摈弃对宗教信仰要么“放”、要么“收”的片面化的态度，树立辩证思维，在“‘导’上想得深、看得透、把得准，做到‘导’之有方、‘导’之有力、‘导’之有效”①。既看到宗教信仰与社会主义核心价值观的相通之处，从而最大限度地扩大共识、凝聚人心，又看到宗教信仰与社会主义核心价值观的差异之处，并且尊重差异、因地因教制宜。在此基础之上注重积极引导，做到既不放任自流，又不急功近利。其次，从具体内容上来讲，要突出宗教信仰领域对文明、和谐、法治、平等、爱国、敬业、诚信、友善等核心价值观的文化支撑和深化拓展，尤其注重公民个人层面的核心价值观，通过发挥宗教对广大信众的行为规范功能进而把宗教自身发展与中国特色社会主义事业的推进关联起来，不断革故鼎新、自我超越，与此同时积极挖掘宗教教义教规中的优秀文化资源，做出富有时代气息的现代化阐发，进而实现宗教文化的创造性转化和创新性发展。最后，从方法途径上来讲，要依托现有的活动载体，在常规化的讲经交流、解经传道中，在重大节日的庆典中，在网络化平台的传播中，主动融入社会主义核心价值观的内容。除了以上三点外，还要在坚持宗教中国化方向的前提下发挥宗教的国际传播交流功能，向世界积极推介社会主义核心价值观，讲好中国故事，推动文明包容互鉴。

① 发展中国特色社会主义宗教理论　全面提高新形势下宗教工作水平．人民日报，2016-04-24 (1).

八、互动优化：社会主义核心价值观与高校思政

作为我国国民教育的重要组成部分，高校思想政治教育通过系统地对社会主义核心价值观融入高校思想政治教育的重大意义、基本原则和实现路径进行研究，对于进一步提升大学生对社会主义核心价值观的理性认知、情感认同和行为践行具有重要意义，并有助于在凝聚全党全社会的价值共识中凸显马克思主义意识形态，实现我国文化治理能力的现代化。

（一）社会主义核心价值观融入高校思想政治教育的重大意义

1. 社会主义核心价值观融入高校思想政治教育，是促进思想政治教育科学发展的客观需要

社会主义核心价值观确立了高校思想政治教育的基本内容，是重塑大学生理想信念的客观要求。社会主义核心价值观“在国家诉求层面，倡导富强、民主、文明、和谐的价值信念；在社会秩序层面，倡导自由、平等、公正、法治的价值理念；在个体规范层面，倡导爱国、敬业、诚信、友善的价值观念。”① 在思想政治教育语境中，将“三个倡导”内在地、有

① 王学俭，魏泳安．社会主义价值的方位判定与功能指向．理论探讨，2013（2）：28.

机地结合起来，并共同构成思想政治教育的内容系统与价值系统，能够有效地应对社会转型时期在大学生群体中出现的价值主体自我化、价值取向多元化、价值选择功利化、价值目标短期化等现实状况，为大学生提供正确的价值标准和价值方位，对社会多元化时代大学生树立坚定的理想信念、培育正确的价值取向和形成高尚的道德情操具有导向推动作用。

社会主义核心价值观融入高校思想政治教育，在内容层面促进了思想政治教育的科学发展。社会主义核心价值观为高校思想政治教育提供了基本方向，是强化高校思想政治教育学科地位的必然选择。社会主义核心价值观是马克思主义中国化的重大理论成果，巩固马克思主义指导地位是高校思想政治教育的追求目标。在我国社会深刻转型、利益格局日益纷杂、思想观念日趋多元的背景下，多种文化思潮和多样价值取向乘虚而入，扰乱了大学生的政治信仰和价值观念，严重威胁着马克思主义的指导地位。社会主义核心价值观融入高校思想政治教育，有利于引导大学生坚持正确的政治方向，能够促使其充分地认识我国社会的发展趋势，分清社会的主流与支流，在多元化价值取向的现实背景下坚持价值导向的一元性。同时，社会主义核心价值观契合了高校思想政治教育的价值追求，在全社会范围内培育和践行社会主义核心价值观，能够为高校思想政治教育发展提供良好的外部文化环境，有利于民主式、平等式等教育方式贯穿于高校思想政治教育全过程，促进高校思想政治教育由传统向现代的深刻转型。

2. 社会主义核心价值观融入高校思想政治教育，是培育和践行社会主义核心价值观的现实要求

社会主义核心价值观融入高校思想政治教育，是高校培育和践行社会主义核心价值观的有效方式。一方面，高校思想政治教育是大学生成长成才的重要保障，承担着对大学生进行系统的政治理论教育的任务，在引导大学生正确地辨别我国社会的各种思潮、坚定理想信念、树立正确的人生观和价值观以及促进其成长成才等方面发挥着重要作用。另一方面，大学生也是高等院校培育和践行社会主义核心价值观的主体力量，是全社会认同与践行社会主义核心价值观的先导力量，他们对社会主义核心价值观的认同与践行直接影响着广大人民群众对社会主义核心价值观的整体态度，

在“先知觉后知，先觉觉后觉”中发挥不可替代的作用。因此，将社会主义核心价值观融入高校思想政治教育，在推进社会主义核心价值观的社会认同中承担着极为重要的使命，是推进社会主义核心价值观由精神层面转化为推动我国文化发展甚至社会全面进步的物质力量的中介。

高校思想政治教育的创新和发展，是促进社会主义核心价值观在大学生中培育和践行的推动力量。首先，高校思想政治教育的发展提升了大学生群体的整体素质。教育对象综合素质的提高，尤其是政治理论素质、道德情操素养的提高，有利于其在系统地掌握马克思主义及其中国化理论成果的基础上更好地认同和践行社会主义核心价值观。其次，高校思想政治教育的发展，优化了培育践行社会主义核心价值观的人文环境，马克思指出：“既然人的性格是由环境造成的，那就必须使环境成为合乎人性的环境。”① 高校思想政治教育正是在遵循人性的基础上，在我国社会转型期社会思潮多元价值取向多样的环境中，突出了马克思主义意识形态导向的重要手段，优化了培育和践行社会主义核心价值观的社会环境。最后，经过三十年的发展，思想政治教育学科已经形成了系统的学科体系，形成了一套马克思主义意识形态灌输、认同与遵循的系统理论，尤其是载体论、发展论、方法论和环境论等，对培育和践行社会主义核心价值观具有方法论上的借鉴意义。

3. 社会主义核心价值观融入高校思想政治教育，是构建我国文化治理体系和增强我国文化治理能力的内在需求

社会主义核心价值观融入高校思想政治教育，是构建我国文化治理体系的有机组成部分，是增强我国文化治理能力的重要环节。十八届三中全会指出：“全面深化改革的总目标是完善和发展中国特色社会主义制度，推进国家治理体系和治理能力现代化。”② 培育和践行社会主义核心价值观，从本质上讲就是要充分发挥社会主义核心价值观社会教化、社会整

---

① 马克思，恩格斯．神圣家族//马克思，恩格斯．马克思恩格斯全集：第2卷．北京：人民出版社，1957：167.

② 中共中央关于全面深化改革若干重大问题的决定．(2013-11-15) [2017-03-20]. http://news.xinhuanet.com/politics/2011-11/15/c_118164235.htm.

合、社会引导和社会推动等作用，实现其社会治理功能。社会主义核心价值观对国家治理体系现代化具有重要意义。“国家治理体系现代化要以社会主义核心价值观为指导，从制度取向上看，社会主义核心价值观对国家治理体系现代化具有定向导航作用；从制度整合上看，社会主义核心价值观对国家治理体系现代化具有凝心聚力的功能；从制度评价上看，社会主义核心价值观对国家治理体系现代化具有评价判断功效；从制度修正上看，社会主义核心价值观对国家治理体系现代化具有调节规范效果。”① 一个国家的主流价值观建构是一个国家现代文化治理体系的重要作用对象，而一个国家主流价值观建构的成功与否则说明了这个国家文化治理能力的强弱。社会主义核心价值观融入高校思想政治教育，直接影响着大学生群体对社会主义核心价值观的认同与践行，进而影响社会主义核心价值观的渗透力、影响力和统合力。因而社会主义核心价值观融入高校思想政治教育，成为构建我国文化治理体系和增强我国文化治理能力的内在需求。

（二）社会主义核心价值观融入高校思想政治教育的基本原则

1．理论说服与实践体验相统一的原则

培育和践行社会主义核心价值观，是一个群众化和大众化的系统工程。在我国由社会转型所引发社会价值体系日趋多元的时代背景下，大学生思想道德意识的形成离不开外在的理论说服。因此，要把社会主义核心价值观融入高校思想政治教育的全过程，而只有经过系统的理论宣传、理论讲解、理论培训和理论研讨等方式，才能提高大学生对我国社会各种社会价值观的剖析、比较和鉴别能力，提高其对社会主义核心价值观的“理性认同”。同时，理论说服离不开实践体验的佐证，因此，只有将学校的理论教育与校外的实践体验结合起来，才能有效地促成核心价值观从大学生思想观念转化到比较稳定的价值标准的形成，将社会主义核心价值观外

① 李建华．积极培育和践行社会主义核心价值观 推进国家治理体系现代化．光明日报，2014-02-10（1）．

化为自觉的行动。因此，把社会主义核心价值观融入高校思想政治教育，既需要通过“理论说服”来将核心价值观内化为大学生的价值认同，又需要通过“外化实践”实现大学生对核心价值观的掌握和践行。

2. 一元主导与多元并存相协调的原则

改革开放以来，我国社会转型日益深化，在意识形态领域呈现出社会思潮多样、价值观念多元的基本特征，这就要求在社会主义核心价值观融入高校思想政治教育的过程中，要坚持“一元主导”与“多元并存”相协调的原则，以便实现理性包容。所谓“一元主导”与“多元并存”相协调的原则，就是在巩固社会主义核心价值观在高校思想政治教育中主导地位的基础上，在承认各种社会思潮和价值观念多元并存的现实的前提下，用核心价值观主导、引领、带动和整合其他社会价值观，从而构建核心价值观与其他社会价值观念的良性互动的协调关系。因此在将社会主义核心价值观融入高校思想政治教育的过程中，要防止单纯地依靠批驳和排斥等强硬方式否定其他社会价值观的做法出现，在包容和尊重的基础上，用显性教育和隐性教育相结合的方式整合多种社会价值观，将社会主义核心价值观融入大学生的心理和行为中，构建教育过程中“一元主导”和“多元并存”的和谐关系。

3. 人文关怀与心理疏导相联结的原则

形成积极向上、理性平和、自尊自信的社会心态，是社会主义核心价值观的内在要求，也是其人文精神的集中体现，这就要求培育和践行社会主义核心价值观需要“人文关怀”与“心理疏导”。在社会主义核心价值观融入高校思想政治教育的过程中，一方面要坚持以人为本，进一步关注大学生的思想状况、情感需求和利益诉求，在尊重大学生自主性和主体性的基础上，通过将思想问题和实际问题相结合的方式解决大学生在成长、成才、就业等方面遇到的问题，体现人文关怀的学科精神；另一方面要注重心理疏导，通过语言交流、思想交流和心理交流等方式，解决大学生的心理问题，化解大学生之间的矛盾，塑造适合社会主义核心价值观培育与践行的校园心态环境。此外，人文关怀与心理疏导相结合的原则，也是在思想情感层面上通过“以理服人”和“以情感人”的方式实现社会主义核心价值观融入高校思想政治教育的基本方式，其能够有效地促进大学生对社会主义核心价值观所倡导的行为原则和价值理念从被动接受到乐于接受的转变。

4. 科学抽象与通俗具体相融合的原则

社会主义核心价值观所内含的思想精神属于社会意识的范畴。因此，其必须通过具体的形式、依托一定的载体，才能成为高校思想政治教育的鲜活内容。将社会主义核心价值观融入高校思想政治教育，需要在保障社会主义核心价值观科学性、系统性和准确性的前提下，结合大学生的不同学科背景，探索恰当的教育方式，促进社会主义核心价值观的理论内涵深入浅出，变抽象为具体，更加贴近实际、贴近生活、贴近群众，展现出亲和力和吸引力，防止出现教育者与大学生“语言不通”或“话不投机”的窘况。科学抽象与通俗具体相融合的原则，能够有效地适应来自不同社会阶层、具有不同政治经济文化背景的大学生的接受规律，因此这一原则符合社会主义核心价值观普遍化的基本要求。

（三）社会主义核心价值观融入高校思想政治教育的实现路径

1. 融入高校思想政治课堂教学，构建以社会主义核心价值观为主体的高校思想政治理论课教育新体系

“一定的思想理论要转化为思想政治理论课的教学体系，其过程一般包括两个阶段：第一阶段表现为特定思想理论（在课程标准的指导下）转化为教材体系，主要解决教什么的问题；第二阶段为教材体系转化为教学体系，主要解决怎么教、怎么学和将课程目标、内容转化为学生的知识、信念、品德的问题。”① 作为马克思主义中国化的重大理论创新，社会主义核心价值观融入高校思想政治课堂教学，其实质是在遵循思想政治教育基本规律的基础上，将社会主义核心价值观从理论体系转化为教学体系的过程。

① 陈秉公. 试论思想政治理论课教材体系向教学体系转化的规律性. 思想理论教育导刊，2008 (9)：42-47.

从这一角度讲，构建以社会主义核心价值观为主体的高校思想政治理论课教育新体系，应从以下几个方面入手：首先，将社会主义核心价值观作为课程改革的基本标准和教材建设的重要内容。当前亟须重新编写展现社会主义核心价值观的规范的教材体系，在史论结合的原则下着重突出体现社会主义核心价值观的案例和情境。同时，要注重教材的形式和体例创新，增强教材的逻辑性、结构性、科学性和权威性，实现社会主义核心价值观由理论到教材的科学转化。其次，在准确把握高校大学生的思想行为特点和思想政治教育教学活动的基本规律的基础上，建构生活化的教育教学新模式。针对大学生自我意识、主体意识、平等意识和自由民主意识等十分强烈的思想特点和当前高校思想政治理论课教育存在着“理论与实践的裂度”的现实背景，注重采取启发式和互动式教育教学方法，在师生平等对话互动中引入和社会主义核心价值观有关的现实案例，从而实现理论的生活世界和日常的生活世界的融通，并最终实现社会主义核心价值观由教材到教学的科学转化。最后，营造自由、民主、和谐的思想学术交流气氛。社会主义核心价值观的培育和践行，需要与之相适应的文化生态环境，只有将社会主义先进文化同与其异质的社会思潮结合起来进行介绍、分析和评价，在不同价值观的交流与碰撞中实现社会主义核心价值观从“空中楼阁”转化为“现实样态”，才能促进大学生在了解、思考、比较和认同中自觉践行，并推进社会主义核心价值观由教学到实践的飞跃。

2. 融入高校思想政治教育的实践环节，形成一系列涵养社会主义核心价值观的社会实践体系

高校思想政治教育的实践环节是思想政治理论课课堂教学的延伸、扩展和深化，它不仅拓展了高校思想政治教育的空间维度，创新了教学方法与途径，增强了高校思想政治教育的现实感与实效性，还发展了高校思想政治教育的比较优势，突出了大学生的主体地位，调动了他们学习的主动性、积极性，增加了其对理论理解的速度和深度，提升了高校思想政治教育的吸引力与针对性。

社会主义核心价值观融入高校思想政治教育的实践环节集中表现

在以下几个方面：首先，课上实践与课下实践相结合，全面认识社会主义核心价值观。课上实践要在活跃的课堂气氛中，通过课堂讨论、演讲、辩论、知识竞赛、案例教学、师生异位教学等形式，促使学生辨别多元价值观之间的差异，充分认识社会主义核心价值观的优越性；课下实践要充分利用大学生课余时间，组织和指导学生开展政治理论学习实践，鼓励学生观看体现社会主义核心价值观的视频、书籍和资料等，从而最终使得大学生在课上实践与课下实践相结合的过程中形成对社会主义核心价值观的全面的系统的认识。其次，集中实践和分散实践相结合，全面体现社会主义核心价值观。集中实践，主要指教育者带领班集体通过参观考察，如体现社会主义核心价值观的博物馆、纪念馆、革命烈士馆等形式，增强对大学生的价值观教育，同时，鼓励学生开展“三下乡”活动，通过组织学生调研农村地区社会主义核心价值观的认同现状，并到农村、农场或者企业等去宣传和讲解社会主义核心价值观，以加深大学生对社会主义核心价值观的认知；分散实践，主要指利用课余时间和寒暑假组织学生进行社会调查、参观访问、社会服务、志愿者服务等活动，从而促使学生在服务社会、服务他人过程中自觉践行社会主义核心价值观。再次，基地实践和生活实践相结合，全面彰显社会主义核心价值观。实践教学基地是高校思想政治理论课实践环节的重要场所，因此要选择能够涵养社会主义核心价值观基本内容的教学实践基地，促使大学生将在课堂所学的社会主义核心价值观基本理论内化为自己的思想理念，并指导自己的行动；生活实践主要是指校园生活实践，例如学生的社团活动、演讲辩论、征文比赛、办报办刊、文明（班级、宿舍）评比、爱心工程、文艺演出、小品比赛、歌咏比赛、电影周等多种形式的校园活动，通过将社会主义核心价值观的内容融入这些活动中，以保障大学生自觉认同与践行社会主义核心价值观。最后，在网络虚拟实践中弘扬社会主义核心价值观。网络虚拟实践，是指在现有教学资源的基础上利用网络虚拟空间开展的实践教学活动。通过建立培育和践行社会主义核心价值观的网站、开发思想政治理论课实践教学的虚拟软件等形式，进一步弘扬社会主义核心价值观。

3. 融入高校校园文化生活，推进以社会主义核心价值观为导向的校园文化生态环境建设

高校校园文化是一所学校在长期的历史发展进程中由高校师生共同培育的物质文化和精神文化的总称，是具有导向性、时代性和内聚性等特征的文化形态。高校校园文化“对广大师生精神、心灵和性格的塑造起着重要的作用，对师生思想意识中的不同社会思想文化思潮具有导向、同化、激励、协调和整合等功能”①。将社会主义核心价值观融入高校校园文化生活，实质上就是建构一种“一元主导，和谐共生”的校园文化生态格局，充分发挥校园文化的熏陶作用，并以此来凝聚大学生的价值追求和精神力量。

推进以社会主义核心价值观为导向的校园文化生态环境建设，集中表现在以下几个方面：首先，不断挖掘高校自身的历史文化积淀，探寻高校核心价值观与社会主义价值观的交汇点，实现“校园精神”与社会主义核心价值观的融通。建构“自由、民主、文明、和谐”的校园文化氛围，在加强校风建设的过程中突出思想引导，并将核心价值观融入到校园规章制度中，尤其要突出“爱国、敬业、诚信、友善”的个人行为准则，以便化解矛盾冲突并形成和谐的校园人际关系。其次，要以高校党团组织活动和校园文化活动为载体，不断增强核心价值观的亲和力，如开展爱心公益活动、教育培训活动和志愿服务活动等，在不断拓展社会主义核心价值观表现形式和教育途径的过程中增强大学生对社会主义核心价值观的切身感悟。再次，要不断加强学校报刊、广播电视、网络等校园媒介的建设，并发挥校园媒介的信息传播和舆论引导功能，将社会主义核心价值观贯穿于日常的宣传报道之中，尤其要注重宣传先进典型的积极方面，形成有利于大学生认同和践行社会主义核心价值观的舆论强势。最后，要注重发挥校园文化建设对全社会主流文化的“文化反哺”功能，在大学生培育和践行社会主义核心价值观的过程中，发挥其面向全社会解释、宣传、普及社会主义核心价值观的基本功能，形成高校校园文化与社会主流文化的互动促进的良好局面。总之，要“重视校园人文环境培育和周边环境整治，建设

① 李有玉．以社会主义核心价值体系引领高校校园文化建设．当代世界与社会主义，2009（4）：82.

体现社会主义特点、时代特征、学校特色的校园文化”①。

4. 融入高校校园传播媒介，建设社会主义核心价值观的宣传与传播阵地

校园传播媒介具有明显的隐性教育功能，具有通达性、即时性和渗透性等基本特征。它们一方面拓展了社会主义核心价值观的宣传空间和传播渠道，另一方面也将好坏不一、良莠不齐的信息传递给大学生，严重冲击着主流文化的教育功能。因此，要将社会主义核心价值观融入高校校园传播媒介并建设其宣传与传播的阵地，不仅要发挥校报、校院期刊、电台、广播等传统校园媒介的功能，而且要加强校园信息网络等新兴校园媒介建设。

从传统媒介的角度看，首先，要加大对校园传统媒体的投入，扶植、发展和整合传统校园媒体，充分发挥其形势宣传、成就宣传、主题宣传、典型宣传、热点引导和舆论监督等基本功能；其次，强化对传统校园媒体的管理，在遵循新闻出版自由的基础上强化其行业自律，坚持正面宣传为主的原则，不为错误的观点提供渠道，从而增强其用社会主义核心价值观的引导大学生的能力；最后，要创新传统校园媒体的宣传形式，把理论宣传与大学生的生活紧密联系起来，找准社会主义核心价值观与大学生思想的共鸣点，增强宣传的感染力。从新兴媒介的角度看，首先，要净化网络环境，国家要加强对网络媒体的规范与管理，消除不良信息、阻止网络犯罪、推进网络法治建设，改善大学生价值取向选择的外部环境，同时，“面对媒体信息潮流，高校必须尽快建立对大学生网络行为的监控机制和完善的管理制度，加强对网络管理的监控”②；其次，要发挥高校理论宣传队伍优势，创作适于新兴媒体传播、格调健康、体现社会主义核心价值观的网络文化作品，同时，高校应把思想政治工作规律和网络媒体特点有机结合起来，创立一批有影响力的宣传社会主义核心价值观的特色网站；最后，加强高校大学生信息网络舆论宣传队伍和信息网络评论员队伍建设，

① 中共中央办公厅印发《关于培育和践行社会主义核心价值观的意见》. 人民日报，2013-12-24 (1).

② 张蓉蓉，白林立. 利用现代媒体培养大学生社会主义核心价值观. 兰州大学学报（社会科学版），2012 (6)：154.

在潜移默化中增强大学生认同与践行社会主义核心价值观。总之，要“适应互联网快速发展形势，善于运用网络传播规律，把社会主义核心价值观体现到网络宣传、网络文化、网络服务中，用正面声音和先进文化占领网络阵地”①。

① 中共中央办公厅印发《关于培育和践行社会主义核心价值观的意见》. 人民日报，2013-12-24 (1).

后　记

立德树人是中国特色社会主义高校的立身之本，也是中国特色社会主义高等教育的中心环节。作为一门专门研究“培养什么样的人”和“怎样培养人”的专业，思想政治教育也必定以立德树人作为自身专业建设的目标。自 1984 年思想政治教育专业建立以来，思想政治教育专业呈现出蓬勃发展的趋势，也取得了令人瞩目的成就。在 30 多年的发展中，思想政治教育逐渐拥有了完备系统的学科体系、经验丰富的师资队伍、成熟健全的人才培养模式和全面发展的人才储备资源。在新的历史条件下，我们面临着推动思想政治教育专业现代转型，打造思想政治教育专业特色和构建适应时代需要的发展路径的机遇和挑战。作为人类灵魂的工程师，思想政治教育理论工作者承担着神圣的使命，这就要求我们自觉站在时代的前沿，准确把握时代的脉搏，以问题意识为导向，积极探寻思想政治教育的前沿问题，认真总结思想政治教育的实践经验，深刻把握思想政治教育的发展规律，以饱满的热情投身到学科发展中，抓住机遇、回应挑战，推动思想政治教育的现代转型和范式革新。

作为全国较早设立思想政治教育专业的学院，兰州大学马克思主义学院思想政治教育专业历史悠久、积淀深厚，体系健全、特色鲜明、队伍结构合理、科研成果突出、发展潜力显著。我们在学科建设中已经形成了从本科到硕士再到博士的系统的学科培养体系，并建立了博士后流动站。同时，思想政治教育本科专业是甘肃省省级特色专业，并组建了省级思想政治教育教学团队，成立了省级思想政治教育理论与实践教育创新研究基地。在团队建设中，我们坚持老中青科学化结构，整合多方面研究力量，形成“传帮带”发展模式，打造了一支以中青年学者为主，专业基础扎实、知识视野开阔，业务能力强、综合素质高，结构合理、团结协作的教师队伍。在思想政治教育研究中，我们突出问题意识和创新意识，确定了一系列特色鲜明的研究方向，并取得了具有一定影响力的研究成果。在长期的研究中，我们始终秉持着以问题为导向、以创新为宗旨的研究态度，对于思想政治教育所涉及的重大理论问题和现实问题进行了多角度、多视角和多维度的考量，其中涉及了思想政治教育学科建设问题、思想政治教育重大理论问题和思想政治教育重大现实问题等多个研究角度，并形成了一系列的研究成果。

2017 年年初，中国人民大学出版社的编辑牛晋芳同志向我发出了约稿的请求，邀请我把自己对思想政治教育的一些思考结集出版。我接到这个邀请后心中很高兴，也正好想借此机会将自己近期在思想政治教育领域的一些学术思考和带领团队进行研究的成果进行一个阶段性的总结。现在呈现在读者面前的《思想政治教育理论与实践问题的研究视角》，正是我对思想政治教育一些重大的理论与实践问题的思考。本书中的成果大部分已经公开发表，因而从某种程度上来讲，这本书也是对我长期以来对于思想政治教育研究历程的一个梳理总结。就本书的特色而言，包括三个方面：从研究的内容上看，它突破了常规的思想政治教育逻辑框架，撷取了当前思想政治教育过程中一系列重要的理论和实践问题进行研究，其中包括思想政治教育的本质、空间、信息、生态、制度、权威、理想信念、日常生活、核心价值观等，为思想政治教育理论与实践研究开辟了新视角。从研究的方法上看，它不局限于对思想政治教育某一专门领域的系统性研究，而是以整体、协同的方法来审视思想政治教育。从研究的价值上看，一方面通过开拓思想政治教育研究视角，它有助于进一步把握思想政治教育理论与实践过程中所涌现的问题，促进思想政治教育学科的发展与思想政治工作实践的深入；另一方面通过对思想政治教育的价值引领分析，它进一步深化了对价值问题、社会主义价值、社会主义核心价值观的研究，并将思想政治教育与社会主义核心价值观教育相结合，不断实现社会主义核心价值观的落实、落小、落细。

当然，本书的成型并不是我一个人的功劳，应该说是我们整个师生团队进行科研工作的结晶。其中包括李永杰、李东坡、张哲、李晓莉、魏泳安、郭绍均、杜敏、金德楠、李媛媛、杨昌华、孙茵、刘珂、许伟、顾超、王瑞芳、李迎娣等，他们在本书的出版方面均做出了研究贡献。本书能够得以出版，得到了中国人民大学出版社的大力支持，编辑李梦珅同志提出了宝贵的修改意见，在此深表感谢。同时，本书在写作过程中参考了同行专家和学者的优秀研究成果，在此我对原作者表示感谢。

整个思想政治教育研究的涉及面非常广，复杂程度也相当高，我所撷取的本书中的几个视角也只是我觉得非常重要的一些理论和现实性的问题，同时也是对我带领的团队近年来研究成果的一个分类和总结概括，只能说是一个不太成熟的阶段性成果，所以，研究中难免会出现一些遗漏，无法囊括整个思想政治教育的所有问题；同时，研究中还存在着逻辑性不强、研究深度不够的问题，恳请同行专家与广大读者批评指正。

王学俭

2017 年 3 月 20 日

于兰州大学齐云楼

图书在版编目（CIP）数据

思想政治教育理论与实践问题的研究视角/王学俭著．—北京：中国人民大学出版社，2017.6
（高校马克思主义理论教学与研究文库）
ISBN 978-7-300-24438-9

Ⅰ.①思… Ⅱ.①王… Ⅲ.①高等学院-思想政治教育-研究-中国 Ⅳ.①G641

中国版本图书馆 CIP 数据核字（2017）第 116051 号

国家出版基金项目
高校马克思主义理论教学与研究文库
思想政治教育理论与实践问题的研究视角
王学俭　著

出版发行	中国人民大学出版社		
社　　址	北京中关村大街 31 号	**邮政编码**	100080
电　　话	010－62511242（总编室）		010－62511770（质管部）
	010－82501766（邮购部）		010－62514148（门市部）
	010－62515195（发行公司）		010－62515275（盗版举报）
网　　址	http://www.crup.com.cn		
	http://www.ttrnet.com（人大教研网）		
经　　销	新华书店		
印　　刷	北京昌联印刷有限公司		
规　　格	165 mm×230 mm　16 开本	**版　　次**	2017 年 6 月第 1 版
印　　张	22.5 插页 1	**印　　次**	2017 年 6 月第 1 次印刷
字　　数	329 000	**定　　价**	78.00 元